Ingolf U. Dalferth

Gegenwart

Ingolf U. Dalferth

Gegenwart

Eine philosophische Studie in theologischer Absicht

Mohr Siebeck

Ingolf U. Dalferth, geboren 1948; Professor em. für Systematische Theologie, Symbolik und Religionsphilosophie an der Universität Zürich; Danforth Professor Emeritus für Religionsphilosophie an der Claremont Graduate University (USA); Ehrendoktor der Universitäten Kopenhagen und Uppsala.

ISBN 978-3-16-160658-8 / eISBN 978-3-16-160659-5
DOI 10.1628/978-3-16-160659-5

Die Deutsche Nationalbibliothek verzeichnet diese Publikation in der Deutschen Nationalbibliographie; detaillierte bibliographische Daten sind im Internet über *http://dnb.dnb.de* abrufbar.

Das Buch wurde von Martin Fischer in Tübingen gesetzt, von Gulde Druck in Tübingen auf alterungsbeständiges Werkdruckpapier gedruckt und von der Buchbinderei Nädele in Nehren gebunden.

„Got ist ein got der gegenwerticheit.“*

* *Meister Eckharts Traktate*, hg. und übers. v. Josef Quint, Stuttgart 1963 (Unveränderter Nachdruck 1987), 233 f. (http://www.eckhart.de/index.htm?reden.htm).

Vorwort

Der vorliegende Text wurde im Herbst 2020 am Forschungskolleg Humanwissenschaften in Bad Homburg abgeschlossen, wo ich als Fellow des Instituts für religionsphilosophische Forschung der Goethe-Universität Frankfurt ein Semester verbrachte. Die ersten Studien zu diesem Projekt habe ich beinahe drei Jahrzehnte zuvor in Frankfurt begonnen. Das Thema hat mich seither begleitet und zu einer Reihe von Veröffentlichungen geführt.[**] In einer früheren Version dieser Überlegungen waren sie Teil einer ausführlichen Auseinandersetzung mit Zeittheorien. Je deutlicher mir wurde, dass Gegenwart keine Eigenschaft von Ereignissen, aber auch nicht einfach des Erlebens von Ereignissen ist, sondern sich besser als eine Kategorie unserer Orientierung in den Zeitstrukturen der Ereigniswelt verstehen lässt, desto mehr sind die Beziehungen zu philosophischen, physikalischen, biologischen und psychologischen Zeittheorien in den Hintergrund getreten. Anders als prozessphilosophische Entwürfe, deren Auseinandersetzungen mit dem Gegenwartsproblem zeittheoretisch angelegt sind, entfalte ich eine Sicht, die Gegenwart vortheoretisch als zentrales Moment unserer lebensweltlichen Orientierung in der Zeit versteht, die es nicht ohne uns, sondern nur mit und durch uns gibt. Zeit ist

** Vgl. insbesondere I. U. Dalferth, Gott und Zeit, in: D. Georgi u. a. (Hg.), *Religion und Gestaltung der Zeit*, Kampen 1994, 9–34; ders., *Becoming Present. An Inquiry into the Christian Sense of the Presence of God*, Leuven/Paris/Dudley 2006; ders., Von der Gleichzeitigkeit zur Gegenwart, in: R. Egloff/G. Folkers/M. Michel (Hg.), *Archäologie der Zukunft*, Zürich 2007, 53–65; ders., Hier und Jetzt. Anwesenheit und Abwesenheit als Modi der Gegenwart Gottes, *Archivio Di Filosofia/Archives of Philosophy* LXXXVI 2: *La Presenza* (2018) 27–41; ders., Gott der Gegenwart. Was Christen heute zu sagen haben, *Publik-Forum* 17 (2020) 28–33.

immer die Zeit von Ereignissen und Ereignisfolgen. Sie gäbe es auch, wenn es uns nicht gäbe. Von der Gegenwart lässt sich das nicht sagen. Die Gründe dafür werden im Folgenden dargelegt.

Die Möglichkeit, in der idealen Umgebung des Forschungskollegs Humanwissenschaften meine Überlegungen zum Gegenwartsproblem zu bündeln, verdanke ich der Einladung meiner Kollegen Thomas M. Schmidt und Matthias Lutz-Bachmann. Sie haben dafür gesorgt, dass es trotz der außergewöhnlichen Einschränkungen infolge der Covid-19-Pandemie ein intensiver und fruchtbarer Aufenthalt wurde. Ich danke ihnen.

Ingolf U. Dalferth Bad Homburg im November 2020

Inhalt

Einleitung

„Gott ist ein Gott der Gegenwart" schrieb Meister Eckhart.[1] Für ihn war das eine tröstliche Einsicht. Er widersprach damit nicht der Fehlmeinung, dass Gott von gestern sei[2] oder einer, der erst in der Zukunft Gott sein würde. Gott wäre nicht Gott, wenn er nicht immer, also auch hier und heute da wäre. Eckharts Feststellung hat eine andere Pointe. Dass Gott ein Gott der Gegenwart ist, ist keine metaphysische Aussage über Gott, sondern eine soteriologische Aussage über die Menschen. Es geht um ihre Gegenwart, genauer: um die Menschen, wie sie jeweils in ihrer Gegenwart da sind. Gott blickt nicht auf das, was sie waren, sondern auf das, was sie sind, „Wie er dich findet, so nimmt und empfängt er dich, nicht als das, was du gewesen, sondern als das, was du jetzt bist." Gott ist ein Gott der Gegenwart, weil er für die Menschen hier und jetzt so Gott ist, wie sie es in ihrer Gegenwart nötig haben.

Diese Zuversicht ist unsere Zeit schon lange abhanden gekommen. Sie weiß nicht mehr, ob und was Gott ist. Sie ist sich uneins, was Menschen nötig haben, um wirklich menschlich leben zu können. Und sie hat keine klare Vorstellung davon, was Gegenwart ist. Meister Eckharts These ist für die meisten Menschen heute in mehr als einer Hinsicht unverständlich geworden. Um sie verständlich zu machen, muss man klären, was mit ‚Gott' gemeint

---

[1] „Got ist ein got der gegenwerticheit. Wie er dich vindet, alsô nimet er und enpfæhet dich, niht, waz dû gewesen sîst, sunder waz dû iezunt bist." *Meister Eckharts Traktate*, hg. und übers. v. Josef Quint, Stuttgart 1963 (Unveränderter Nachdruck 1987), 233 f. (http://www.eckhart.de/index.htm?reden.htm).

[2] Vgl. Chr. Bundschuh-Schramm, Der Gott von gestern, *Publik-Forum* 13 (2020) 28–31; I. U. Dalferth, Gott der Gegenwart. Was Christen heute zu sagen haben, *Publik-Forum* 17 (2020) 28–33.

ist, was es heißt, menschlich zu leben, und was unter ‚Gegenwart' zu verstehen ist.

Allein um das letzte geht es in den folgenden Überlegungen.[3] Im Zentrum steht das Thema *Gegenwart.* Die Frage nach Gottes Gegenwart schwingt aber stets mit. Sie bildet den Horizont, in dem das Gegenwartsthema behandelt wird. Ohne sich über das Verständnis von Gegenwart Klarheit zu verschaffen kann man auch die Rede von Gottes Gegenwart nicht verstehen. Was heißt es, dass etwas oder jemand gegenwärtig ist? Und in welchem Sinn kann man sagen oder bestreiten, dass Gott gegenwärtig ist? Gewiss, ein Gott, der gar nicht ist, ist auch nicht gegenwärtig. Aber ein Gott, der nicht gegenwärtig ist, ist auch kein Gott. Nur der ist Gott, ohne den nichts anderes gegenwärtig wäre – das ist die Grundüberzeugung aller Religionen, die den einen und einzigen Gott als Schöpfer bekennen. Mit Recht ziehen sie in der Regel die Konsequenz, dass es nichts Gegenwärtiges gibt, ohne dass Gott gegenwärtig ist. Gott ist jeder Gegenwart gegenwärtig. Nur in seiner Gegenwart gibt es Gegenwärtiges, und nur in ihr gibt es Gegenwart von anderem als Gott.

Aber was ist Gegenwart, wenn das von ihr gilt? Darüber besteht keine Einigkeit, sondern große Unklarheit. Im Folgenden versuche ich, auf diese Frage in fünf Gedankengängen über Gegenwart, Anwesenheit und Abwesenheit, Gegebensein und Gegenwärtigkeit, Wahrnehmung und Wahrnehmung Gottes eine Antwort zu geben. Die Pointe meiner Antwort besteht darin, den Rekurs auf Gegenwart als Teil einer menschlichen Orientierungsstrategie in den Wirklichkeitsstrukturen des Lebens zu begreifen. Zeit gibt es ohne uns, Gegenwart nur mit und durch uns. Und beides nicht ohne die Gegenwart Gottes.

---

[3] Das zweite habe ich in meinem Buch *Sünde. Die Entdeckung der Menschlichkeit,* Leipzig 2020 behandelt. Das erste ist das Thema einer Untersuchung über *Deus Praesens. Gottes Gegenwart und der christliche Glaube,* die in Kürze erscheinen wird.

A. Gegenwart

1. Das Wort ‚Gegenwart‘

Es gibt kaum einen zentralen Begriff in der deutschsprachigen Philosophie und Theologie, der seine Konturen und Pointen nicht durch Übersetzungen gewonnen hätte – aus dem Griechischen und Lateinischen, aber auch aus dem Italienischen, Französischen oder Englischen. Die Sinngeschichte dieser Begriffe ist ein Reservoir von Sinnverschiebungen, Sinnverkürzungen und Sinnerweiterungen, die sich diesen Übersetzungsprozessen verdanken und die immer wieder zu Bedeutungsdifferenzen und neu angelegten Sachdebatten geführt haben.[1] Ohne diese Sinngeschichte zu beachten, wird man weder die Debatten um diese Begriffe noch die mit diesen Begriffen geführten Debatten verstehen können.

Das gilt auch für den Begriff der Gegenwart. Seit Notker von St. Gallen (950–1022) wird mit *Gegenwart* (ahd. *geginwerti*, mhd. *gegenwart*) das lateinische *praesentia* übersetzt, mit dem seinerseits im Lateinischen das griechische παρουσία wiedergegeben wird.[2] Trotz mancher ähnlicher Verwendungsweisen sind das

---

[1] Sinn ist das, was im Kommunizieren durch Zeichen konstituiert und vermittelt wird. Vgl. I. U. Dalferth, *Die Kunst des Verstehens. Grundzüge einer Hermeneutik der Kommunikation durch Texte*, Tübingen 2018, 167–193. Der Sinn eines Zeichens besteht in den bzw. der Summe der Differenzen, durch die es sich semantisch von anderen Zeichen des Systems, zu dem es gehört, unterscheidet. Die Bedeutung eines Zeichens ist das, was mit ihm aufgrund seines jeweiligen Sinns in einem konkreten Zusammenhang bezeichnet wird, wozu dieses Zeichen also konkret gebraucht wird. Sinn ist daher eine semantische Kategorie, Bedeutung eine pragmatische.

[2] E. Sehrt, *Notker-Glossarium. Ein althochdeutsch-lateinisches-neuhochdeutsches Wörterbuch zu Notkers des Deutschen Schriften*, Tübingen 1962; J. Hennig, Zur Stellung des Begriffs ‚gegenwärtig‘ in Religions-

deutsche und das lateinische Wort semantisch nicht deckungsgleich, fungieren vielmehr in verschiedenen semantischen Feldern und weisen dementsprechend beachtenswerte Differenzen in ihrem Bedeutungsspektrum auf.

So besagt *praesentia* im klassischen Latein nicht nur das zeitlich-örtliche Gegenwärtigsein (etwa: *praesentiam sui facere*: erscheinen, sich einstellen), sondern kann auch unmittelbare Einwirkung und Macht bzw. Schutz und Beistand meinen (von *praeesse*: vorn sein, vorstehen, leiten, aber in abgeleitetem Sinn auch die Hauptperson sein oder schützen). Entsprechend kann *praesens* neben der Bedeutung anwesend (im Blick auf Ort oder Zeit) auch schnell wirkend, wirksam, kräftig oder entschlossen, unerschrocken bzw. hilfreich, mit der Hilfe zur Hand besagen.

Demgegenüber steht bei dem deutschen Wort *Gegenwart* in seiner alt- und mittelhochdeutschen Bedeutung im Vordergrund, dass etwas feindlich begegnet bzw. entgegengerichtet ist. In gewisser Hinsicht ist dem lateinischen und deutschen Wort gemeinsam, dass es um etwas meinem Zugriff Entzogenes geht, das mir begegnet, und zwar in einem eher positiven (*praesentia*) oder negativen Sinn (Gegenwart). Für das deutsche Wort *Gegenwart* ist jedenfalls entscheidend, dass es etwas Dynamisches, sich mir Entgegenstellendes, mich Betreffendes meint, das nicht ich setze, sondern das mich (von außen) betrifft, sich mir entgegen- und in den Weg stellt.

Von diesem Ausgangspunkt aus sind für die weitere Wortgeschichte vor allem vier Entwicklungslinien relevant, nämlich[3]

1. der *juristische Gebrauch*, in dem *Gegenwart* (bzw. in der lateinischen Fachterminologie der Jurisprudenz *praesentia*) bestimmte Verhältnisse zwischen Vorgesetzten und Untergebenen bezeichnet, bis hin zum *Repräsent* bzw. *Repräsentant;*

---

und Geistesgeschichte, *Zeitschrift für Religions- und Geistesgeschichte* 17 (1965) 193–206.

[3] Vgl. J. Hennig, Gegenwart, *HWPh* 3, 136–138.

2. der *theologische Gebrauch*, der von der *Gegenwart Gottes* spricht, von der *gegenwirtig/gegenwerticheit* Gottes in der Mystik bis zur *Realpräsenz* Jesu Christi im Sakrament;

3. der *grammatikalische Gebrauch*, der bis zum Ende des 18. Jahrhunderts die *gegenwärtige Zeit* meinte (aus ἐνεστιός χρόνος im Sinn von τὰ παρόντα); dazu gehört auch das Adjektiv *praesentia* (*praesentia numina*), das Dinge, Wesen oder Zeiten bezeichnet und durch die gleiche Gestalt mit dem Substantiv *praesentia* immer wieder zu Verwirrrungen über die Differenz zwischen *dem Gegenwärtigen* (den gegenwärtigen *Dingen, Ereignissen* oder *Zeiten*) und der *Gegenwart* dieser Dinge, Ereignisse oder Zeiten führt, also die Differenz zwischen einer gegenwärtigen *Sache* und der *Gegenwartsform* einer Sache verwischt; und schließlich

4. der *philosophische Sprachgebrauch*, der nicht einfach in der Ersetzung des temporalen Jetzt (νῦν, *nunc*, nun) durch ‚Gegenwart' besteht, sondern sich aus der Verknüpfung beider Momente ergibt, also présence (presence) und présent (the present) verbindet. Diese Verknüpfung findet nicht willkürlich und von ungefähr statt, sondern ist eine Konsequenz der Konzentration der neuzeitlichen Philosophie auf das Selbst und sein Bewusstsein. Denn der Ort, an dem die beiden Momente présence und présent sachlich tatsächlich zusammenfallen, ist das Selbst(bewusstsein), die Geistesgegenwart: Ich bin das Gegenwärtige gerade insofern, als ich mir selbst gegenwärtig, also in der Gegenwart meiner selbst bin.

Um die Pointe dieser Entwicklung zu verstehen, müssen wir etwas genauer in die theologisch-philosophische Vorgeschichte des zum Begriff gewordenen Wortes *Gegenwart* zurückgehen.

2. Zur Sinngeschichte des Gegenwartsbegriffs

Das Substantiv *Gegenwart* hatte lange primär keine zeitliche, sondern eine *räumliche Bedeutung*. Nur das Adjektiv *gegenwart* (bis ins 14. Jahrhundert) bzw. *gegenwärtig* wird schon früh zeitlich gebraucht, und zwar im Sinn von *gegenwärtige Zeit*. Noch 1735 bietet J.H. Zedlers *Großes vollständiges Universal-Lexikon* folgende Definition von *Gegenwart*: „Gegenwart, in so ferne sie von Creaturen gesagt wird, bestehet in derjenigen Relation, da eine Sache mit der andern so zugleich existiret, daß sie sich mit ihrem Wesen bey derselben entweder nahe oder nicht nahe befindet [...] Die Gegenwart Gottes aber nennet man die Allgegenwart."[4] Bestimmt wird der Begriff hier in traditioneller Dihairesis durch eine Reihe von Unterscheidungen. So werden zunächst zwei Arten von Gegenwart unterschieden, die des *Schöpfers* und die von *Geschöpfen*. Bei geschaffenen Sachen (und zwar *existierenden* und nicht nur möglichen Sachen) werden wiederum verschiedene Arten des Miteinander oder Zugleich unterschieden, nämlich die der *Wirkung* und die des *Wesens*: Nur im Bereich des Wirklichen (Existierenden) und nicht des bloß Möglichen gibt es Gegenwart, und nur wo etwas Existierendes nicht (bloß) aufgrund seiner Wirkungen (also mit dem, was durch es ist), sondern mit seinem Wesen (also dem, was es ist) einem anderen nahe oder nicht nahe ist, spricht man von Gegenwart.

Gegenwart wird hier also nicht mit Nähe gleichgesetzt, sondern als eine bestimmte Relation zwischen Existierendem bestimmt, nämlich diejenige, in der ein geschaffenes Wesen zugleich mit einem anderen geschaffenen Wesen existiert, sei es in dessen Nähe oder nicht in dessen Nähe. Der Begriff der *Gegenwart* wird also nicht nur in *Gottesgegenwart* (die Gegenwart des Schöpfers beim Geschaffenen) und die wechselseitige *Gegenwart von Geschaffenem* differenziert, sondern diese wird ihrerseits wiederum nicht als Gleichzeitigkeit eines Existierenden mit den Wirkungen eines anderen, sondern als *Zugleich zweier existierender Wesen* bestimmt, die sich räumlich nahe oder fern sein können. Nicht ihre

---

[4] J.H. Zedler, *Großes vollständiges Universal-Lexikon aller Wissenschafften und Künste, welche bishero durch menschlichen Verstand und Witz erfunden und verbessert wordem*, Halle/Leipzig 1735, Bd. 10, Sp. 594 (https://www.zedler-lexikon.de/index.html?c=blaettern&id=105438&bandnummer=10&seitenzahl=0310&supplement=0&dateiformat=1%27).

Nähe oder Ferne ist entscheidend, sondern die *räumliche Relation* zwischen ihnen: *Gegenwart* ist bei Geschaffenem die *räumliche Kopräsenz existierender Sachen.* Zahlen oder Pegasus haben keine Gegenwart, das kann man nur von Wirklichem im Raum sagen.

Ein solches am Raum ausgerichtetes Verständnis von Gegenwart bringt auch Kant zur Geltung, wenn er 1766 sagt: „Alle Materie widerstehet in dem Raume ihrer Gegenwart und heißt darum undurchdringlich".[5] *Gegenwart* wird hier als *Widerständigkeit* begriffen und in diesem Sinn mit dem Ort oder Raum verbunden, den (eine) Materie besetzt oder einnimmt. Von Gegenwart kann da geredet werden, wo etwas ist und wirkend seinen Raum einnimmt. Denn solange das der Fall ist, kann etwas anderes nicht an diesem Ort sein, weil das, was da ist, dadurch, *dass* es da ist, und durch das, *wie* es da ist, weil es ist, was es ist, an einem bestimmten Ort wirkt und dadurch anderem entgegenwirkt (‚widersteht'), so dass dieses an diesem Ort nicht sein und wirken kann. Nur im Hinblick auf Wirkliches im Raum kann so von Gegenwart gesprochen werden, denn nur diese räumlichen Gegenstände besitzen eine wechselseitige Widerständigkeit, die es dem einen Wirklichen unmöglich macht, den Ort eines anderen Wirklichen einzunehmen, ohne dieses zu verdrängen. Oder mit Schillers Wallenstein gesagt: „Doch *hart* im Raume *stoßen* sich die *Sachen*; Wo eines *Platz* nimmt, *muß* das *andre* rücken."[6]

Dass damit die bei Zedler betonte Unterscheidung von *Wirkung* und *Wesen* nicht eingezogen ist, macht wenige Jahre zuvor J. Chr. Adelung deutlich. Er definiert Gegenwart nicht im Rekurs auf Gegenstand und Widerstand, sondern als einen „Zustand, da man durch seine eigene Substanz, ohne moralische Mittelursachen, ja ohne alle Werkzeuge an einem Orte wirken kann".[7] Gegenwart ist derjenige Zustand eines Handelnden, der diesem ermöglicht, an

---

[5] I. Kant, *Träume eines Geistersehers* (1766), A 14, *AA* 2, 322 f.

[6] F. Schiller, *Wallenstein*, Kapitel 13: Zweiter Aufzug, zweiter Auftritt. (http://gutenberg.spiegel.de/buch/wallenstein-3306/13).

[7] J. Chr. Adelung, *Versuch eines grammatisch-kritischen Wörterbuchs*, Bd. 2, Leipzig 1755, 483.

einem Ort *ohne Mittelursachen* zu wirken, also allein durch sein Dasein. Auch hier kann Gegenwart nur von Wirklichem (Existierendem) ausgesagt werden, aber es bezeichnet die Fähigkeit eines Wirklichen, durch sein bloßes Dasein zu wirken. Das kann nur dort der Fall sein, wo Wirkung und Wirkender an *ein und demselben* Ort, also kopräsent sind.

Mit dieser Bestimmung wird nicht nur der Wirklichkeits- und Ortsbezug des Gegenwartsbegriffs unterstrichen, sondern sein Gebrauch wird auf *personale Handlungsinstanzen* zugespitzt: Personen sind *Handlungswesen*, d.h. sie können die Initiative zum Vollzug von Handlungen in bestimmten Situationen und an bestimmten Orten ergreifen; und sie sind *gegenwärtig*, wenn sie durch ihr bloßes Dasein und nicht erst dadurch, dass sie handeln, in eine Situation eingreifen und diese (mit)bestimmen. Gegenwart wird damit primär von Personen-in-Situationen und nur in abgeleiteter Weise auch von ihrem Handeln ausgesagt. Ihr Handeln geschieht genau dann in der Gegenwart, wenn es in derselben Situation initiiert wird, in der sie es auch ausführen.

Anders als bei Zedler schließt Gegenwart also nicht ein, dass man *hier handelt* (Nähe) und *dort wirkt* (Ferne). Beides muss vielmehr in ein und derselben Situation bzw. an ein und demselben Ort stattfinden, und diese Bedingung ist nur dann erfüllt, wenn und insofern der Handelnde seiner Handlung gegenwärtig ist. Während z.B. *vom Dach herabfallen* etwas ist, das einem geschieht, ist *vom Dach herabspringen* eine Handlung, und zwar im Unterschied zu *das Dach decken lassen* eine solche Handlung, die nur ausgeführt werden kann, wenn der Handelnde selbst gegenwärtig ist. Gegenwart wird hier nicht etwa von bestimmten Handlungen ausgesagt, als ob einige Handlungen gegenwärtig wären, andere dagegen nicht (nicht mehr oder noch nicht), sondern sie wird von der *Ausführung* bzw. *dem Vollzug* einer Handlung ausgesagt; und dieses Ausführen einer Handlung impliziert die Gegenwart des Handelnden. Nicht schon da, wo etwas geschieht oder gewirkt wird, kann von Gegenwart geredet werden, sondern erst da, wo eine Person aktuell handelt.

Nicht der Ortsbezug, sondern der Personbezug wird damit entscheidend für den Gegenwartsbegriff. In diesem Sinn verwendet Goethe das Wortfeld der Gegenwart besonders für menschliche, subjektbezogene Zustände und Beziehungen, bezeichnet damit also etwa – wie im *Torquato Tasso* – die Gegenwart von Personen bzw. menschlichen Subjekten beieinander. Gegenwart ist das Zusammen-Da-Sein von Personen, meint also weit mehr nur eine formale Orts- oder Zeitangabe wie *Jetzt* oder *Nun*.[8]

All das heißt nicht, dass *Gegenwart* nicht auch in zeitlichem Sinn gebraucht würde. Die zeitliche Bedeutung ist seit etwa 1745 ausdrücklich belegt. Sie tritt aber erst mit der Wende vom 18. zum 19. Jahrhundert deutlicher hervor und markiert eine bemerkenswerte Bedeutungsverlagerung im Gebrauch des Wortes ‚Gegenwart'. In dieser zeitlichen Bedeutung verbindet sich *Gegenwart* mit dem traditionellen Indexwort *Jetzt* (νῦν, *nunc*, nun), ohne es zu ersetzen. Im mittelalterlichen Denken hatte *nunc* einen Zeitmoment, genauer: *jeden* Zeitmoment bezeichnet, denn die Zeit wurde so vorgestellt, dass sie aus *nunc*-Einheiten aufgebaut war. Das *gegenwärtige nunc* musste dementsprechend vom *nunc* anderer Zeiten unterschieden werden. In diesem Sinn wird *Gegenwart* zur Näherbestimmung eines bestimmten *nunc* (des *nunc hier und jetzt*) und konnte deshalb nicht einfach mit *nunc* identifiziert werden: Nicht jedes Jetzt (*nunc*) ist Gegenwart, aber jede Gegenwart ist ein Jetzt.[9]

---

[8] Vgl. J. Kraus, *Wort und Begriff ‚Gegenwart' bei Goethe*, Diss. Berlin (Humb.) 1962.

[9] Wer diese Auffassung von *Jetzt* als Moment der Zeit vertritt, muss mit einer sich ständig verändernden Zeitwelt rechnen. „This moment [...] is constantly changing; time doesn't stand still." (W. Hasker, Can eternity be saved? A comment on Stump and Rogers, *International Journal for Philosophy of Religion* 87 (2020) 140). Das wirft für presentistische Positionen (*presentism*), die davon ausgehen, dass „there is at any time a single priviledged moment which is *now*", und die zugleich an einem atemporalen Gott jenseits aller Zeitreihen festhalten wollen, grundlegende Probleme auf: „*A timeless God cannot know which moment this is.* In order to know what time it is now, God would have to be constantly changing" (ebd.). K. Rogers, Foreknowledge, Freedom, and Vicious Circles: Anselm versus

Die damit angesprochenen Probleme sind präziser zu fassen, um das Gegenwartsthema zu klären.

3. Gegenwart als Zeitbegriff

Für uns ist *Gegenwart* bzw. *gegenwärtig* in der Regel eine Zeitkategorie, genauer: ein Ausdruck unserer Orientierung in der Zeit. So unterscheiden wir *Vergangenheit, Gegenwart, Zukunft* bzw. *vergangen, gegenwärtig, zukünftig* und legen diese Bestimmungen allem bei, was in der Zeit ist: Dingen, Personen, Gedanken, Ereignissen, Handlungen, Tatsachen usf. Wir sagen, dass diese *in der Zeit* sind, weil sie anders als Zahlen, Pegasus oder Gott in der Folge von Ereignissen loziert werden können, die sich ergibt, wenn wir Ereignisse aufgrund ihrer zeitlichen Relationen zu anderen Ereignissen

---

Open Theism, in: B.H. Arbour (Hg.), *Philosophical Arguments against Open Theism*, London 2019, 93–109, hat darauf – ganz klassisch – mit einer Konzeption des „isotemporalism" geantwortet, derzufolge „all moments of time, and all the objects, persons, and events contained in them, literally co-exist in the four-dimensional continuum, the eternal present." (Hasker, 140): „Past, present, and future are all ‚there' and what counts for ‚now' just depends on what moment of time is in question" (Rogers, 96). Dann gibt es kein Problem für das göttliche Vorherwissen, wohl aber für die menschliche Freiheit. Man kann diese Sicht nur vertreten, „by rejecting libertarian free will and embracing divine determinism" (aaO. 148). Das ist das klassische Problem der Boethianischen Tradition, die zwischen dem *nunc labile* und *nunc stabile* unterscheidet und ausblendet, dass der Gedanke einer ‚isotemporalen' Ewigkeit in sich widersprüchlich ist, weil er zeitliche Beziehungen wie räumliche konstruiert, die also zwischen der A-Reihe und B-Reihe – siehe dazu das Folgende – nicht unterscheidet und unterstellt, dass zeitlich unterschiedene Sachverhalte (p ist früher als q) gleichzeitig bestehen. Vgl. zur Debatte zwischen „Äternalisten" und „Temporalisten" auch L. Neidhart, *Gott und Zeit*, Münster 2017; O.J. Wiertz, Allgegenwart, (Außer-)Zeitlichkeit und Unveränderlichkeit, in: K. Viertbauer/G. Gasser (Hg.), *Handbuch Analytische Religionsphilosophie*, Stuttgart 2019, 159–174; zur philosophischen Position der *presentists* vgl. D.H. Mellor, *Real Time* II, London/New York 1998, 20–22.

ordnen, also danach fragen, mit welchen Ereignissen sie *gleichzeitig* sind und welche Ereignisse *früher* oder *später* sind als sie.

Ordnen heißt hier nicht willkürlich arrangieren. Zwar gibt es nicht nur eine Weise, ein Ereignis in einer Zeitreihe zu verorten: Ich bin nicht nur heute hier in Zürich, sondern auch im Januar 2019, im 21. Jahrhundert oder im dritten christlichen Jahrtausend. Es gibt auch nicht nur eine Zeitreihe, in der Ereignisse angeordnet werden können: Was mit einem gegebenen Ereignis gleichzeitig ist, hängt – zumindest teilweise – vom Bezugsrahmen ab, den wir wählen. Aber wenn wir den Bezugsrahmen gewählt haben, ist im Blick auf die zeitlichen Beziehungen zwischen den Ereignissen der entsprechenden Zeitreihe nichts Willkürliches: Sie bestehen und gelten ganz unabhängig davon, was wir über sie denken oder von ihnen halten. Das heißt: Wir wählen zwar den Bezugsrahmen, aber wir konstituieren nicht die Ereignisse, die wie in diesem Rahmen zeitlich ordnen.

Mit all dem ist noch nicht von Gegenwart die Rede, sondern allein von dem, was John McTaggart Ellis McTaggart 1908 die B-Reihe der Ereignisse genannt hat.[10] Um das Zeitproblem präziser zu fassen, möchte er zeigen, „daß die Zeit irreal ist und daß alle Aussagen irrtümlich sind, die von ihrer Realität ausgehen".[11] Dazu unterscheidet McTaggart in einem ersten Schritt zwischen *Zeitpunkten* und *Ereignissen.*[12] „Eine Position in der Zeit wird ‚Zeitpunkt' (moment) genannt".[13] „Die Inhalte einer Position in der Zeit werden ‚Ereignisse' genannt".[14] Zeit besteht also aus einer Reihung von Ereignissen, die jeweils einen Zeitpunkt einnehmen bzw. zu denen jeweils ein Zeitpunkt gehört. Jede Position in der Zeit ist damit auf der einen Seite „früher als einige und später als

[10] J. M. E. McTaggart, The Unreality of Time, *Mind* 17 (1908) 457–474 = Die Irrealität der Zeit, in: W. Ch. Zimmerli/M. Sandbothe (Hg.), *Klassiker der Modernen Zeitphilosophie*, Darmstadt 1993, 67–86.

[11] AaO. 67.

[12] AaO. 68.

[13] Ebd.

[14] Ebd.

einige andere Positionen"[15] – das nennt McTaggart die B-Reihe. Auf der anderen Seite ist sie „entweder vergangen, gegenwärtig oder zukünftig"[16] – das nennt er die *A-Reihe.* Die Unterscheidungen der B-Reihe sind permanent, die der A-Reihe nicht. Wenn ein Ereignis „M jemals früher als N ist, dann ist es immer früher. Aber ein Ereignis, das jetzt gegenwärtig ist, war zukünftig und wird vergangen sein."[17]

Beide Reihen sind für die Zeit wesentlich, aber die A-Reihe ist McTaggart zufolge fundamentaler als die B-Reihe.[18] Als Grund dafür nennt er die *Zeitwahrnehmung*: Wir können Zeit „niemals anders als diese beiden Rehen bildend *beobachten [to observe]*", und wir nehmen Ereignisse in der Zeit nur wahr, wenn sie *gegenwärtig* sind. Die übrigen erschließen wir uns durch Erinnerung (memory) als vergangen oder durch Folgerungen (inference) als künftig.[19] Aber wir könnten uns ja täuschen: Dann wäre Zeit nur durch die B-Reihe konstituiert, weil *vergangen/gegenwärtig/zukünftig* nur subjektive Ansichten wären.[20]

Doch so zu argumentieren, ist unzureichend. Geht man davon aus, „daß die Zeit Veränderung einschließt"[21], was kaum bestritten werden kann, dann müsste nach dieser Sicht in der B-Reihe Veränderung möglich sein. Das aber ist es nicht. Nur in der A-Reihe lässt sich Veränderung denken. Ereignisse können sich nicht verändern, sie können nur durch andere Ereignisse abgelöst werden, mit denen sie in einer eindeutigen und unveränderlichen Ordnung stehen. Ereignisse können sich auch nicht in andere verwandeln.[22] Veränderungen sind Ereignisse, die sich an etwas vollziehen, das vorher und nachher in je andere Weise bestimmt ist, aber sich

[15] AaO. 67.
[16] Ebd.
[17] Ebd.
[18] AaO. 68.
[19] Ebd.
[20] AaO. 68 f.
[21] AaO. 69.
[22] AaO. 70.

durch diese Veränderung als dasselbe durchhält. Die beiden Aussagen ‚Das Wasser ist heiß' und ‚Das Wasser ist kalt' beschreiben nur dann eine Temperaturveränderung, wenn sie wahrheitsgemäß *von demselben Wasser* gemacht werden. Allerdings ist die Möglichkeit solcher konträrer oder kontradiktorischer Aussagen von demselben nur eine notwendige, aber keine hinreichende Bedingung, um eine Veränderung zu beschreiben. Wenn Uta mit 1.70 m 2019 das größte Mädchen in der Klasse ist, im folgenden Jahr aber zwei Mitschülerinnen größer sind als sie, dann hat nicht sie sich verändert, sondern ihr Verhältnis zu ihren Mitschülerinnen, weil diese gewachsen sind, während sie gleich groß blieb. Die beiden Aussagen ‚Uta ist die Größte der Klasse zur Zeit t_1' und ‚Uta ist die Drittgrößte der Klasse zur Zeit t_2' beschreiben damit keine Veränderung Utas, sondern der Größenverhältnisse in der Klasse.[23]

Seit Aristoteles war die Nötigung, von demselben zu verschiedenen Zeiten unterschiedliche Aussagen machen zu müssen, einer der entscheidenden Gründe, zwischen *Dingen* und *Ereignissen*, bzw. zwischen Substanzen (οὐσίαι) und dem akzidentellen und substantiellen Werden zu unterscheiden.[24] McTaggart dagegen kennt nur Ereignisse und argumentiert, dass sich Veränderungen „an Ereignissen von solcher Natur ereignen [müssen], daß das Eintreten dieser Veränderungen die Ereignisse nicht daran hindert, Ereignisse, und zwar dieselben Ereignisse sowohl vor als auch nach der Veränderung zu sein".[25] Diese Bedingung erfüllt nur die A-Reihe *vergangen/gegenwärtig/zukünftig*. Jedes Ereignis (etwa der Tod von Napoleon) fängt als zukünftiges an, wird gegenwärtig und ist dann vergangen, ohne dass es sich selbst dabei veränderte, also nicht mehr dasselbe Ereignis wäre. „Ohne die A-Reihe gäbe es

[23] P. Geach, *God and the Soul*, London 1969, 71–72 hat dieses Phänomen unter dem Stichwort der *Cambridge changes* analysiert.

[24] Mellor, *Real Time* II, 84–96 argumentiert „that things, unlike events, even when extended in time, lack temporal parts" (85). Dinge können räumlich komplex sein, also räumliche Teile enthalten, aber keine zeitlichen.

[25] McTaggart, Irrealität der Zeit, 70.

also keine Veränderung“[26] und folglich keine Zeit, wie McTaggart folgert.[27]

Allerdings kann man Zeit auch nicht auf die A-Reihe reduzieren. „[W]enn wir die Bestimmungen der A-Reihe von der Zeit abziehen“, also *Zeit* ohne die A-Reihe betrachten, dann bleibt eine C-Reihe übrig, die wie die Reihenfolge des Alphabets eine *Ordnungsstruktur* (M,N,O,P) hat, aber *keine Veränderung* zum Ausdruck bringt und offen lässt, *in welcher Richtung* man diese Ordnung lesen soll, also von M nach P oder umgekehrt.[28] Zwar ist aufgrund der C-Reihen Ordnung M,N,O,P nicht jede beliebige Richtung der Ordnungsstruktur möglich (O,M,P,N etc), aber damit allein ist eben nie schon entschieden, ob die früher-später-Reihe von M nach P (M,N,O,P) oder von P nach M (P,O,N,M) verläuft. Es „gibt weder in der C-Reihe noch in der Tatsache der Veränderung etwas, das bestimmt, welche dieser zwei Richtungen es sein wird“.[29] Erst wenn man die C-Reihe als eine *Ordnung von Ereignissen* interpretiert, also „die A-Reihe, die die Veränderung und die Richtung beiträgt, mit der C-Reihe, die die Permanenz beiträgt, kombiniert,“ entsteht die B-Reihe.[30] Wie es daher „keine Zeit geben kann, wenn die A-Reihe nicht auf die Wirklichkeit zutrifft,“ so sind „keine weiteren Elemente außer einer A-Reihe und einer C-Reihe erforderlich [...], um eine Zeitreihe zu konstituieren.“[31]

Könnte man auch umgekehrt argumentieren, also von der B-Reihe ausgehen und von ihr aus die A-Reihe konstruieren? McTaggart verneint das. Zum einen sind die „Unterscheidungen der A-Reihe [...] unhintergehbar (ultimate)“.[32] Man kann bis zu einem gewissen Grad beschreiben und durch Beispiele ver-

[26] AaO. 71.
[27] AaO. 72.
[28] Ebd.
[29] Ebd.
[30] AaO. 74.
[31] AaO. 73.
[32] AaO. 74.

deutlichen, was mit ‚vergangen', ‚gegenwärtig' und ‚zukünftig' gemeint ist (‚Die Vorlesung ist später als das Frühstück' usf.), aber man kann sie nicht von etwas anderem her- oder ableiten. „Die B-Reihe andererseits ist nicht unhintergehbar."[33] Wir können sie aus einer C-Reihe gewinnen, wenn wir diese als A-Reihe lesen. Zwar kann die B-Reihe nicht „aus der A-Reihe allein abgeleitet werden", aber „wenn die A-Reihe, die die Veränderung und die Richtung beiträgt, mit der C-Reihe, die die Permanenz beiträgt, kombiniert wird, kann die B-Reihe entstehen."[34]

Ohne A-Reihe kann es daher keine Zeit geben, wie McTaggart folgert. Aber eine A-Reihe kann es nicht geben, weil „‚[v]ergangen', ‚gegenwärtig' und ‚zukünftig' [...] inkompatible Bestimmungen" sind.[35] Ein Ereignis, das *vergangen* ist, kann nicht zugleich auch *künftig* oder *gegenwärtig* sein. „Jedes Ereignis muß entweder das eine oder das andere sein, aber kein Ereignis kann mehr als eines sein."[36] Doch daraus ergibt sich allenfalls eine Ordnung der Ereignisse in der C-Reihe, aber keine Veränderung und damit keine Zeit. Denn „die einzige Veränderung," die es mit diesen Bestimmungen geben kann, „ist die von ‚zukünftig' zu ‚gegenwärtig' und die von ‚gegenwärtig' zu ‚vergangen'."[37] „Die Charakteristika sind deshalb inkompatibel. Aber jedem Ereignis kommen alle drei zu. Wenn M vergangen ist, ist es gegenwärtig und zukünftig gewesen. Wenn es zukünftig ist, wird es gegenwärtig und vergangen sein. Wenn es gegenwärtig ist, ist es zukünftig gewesen und wird vergangen sein. Demnach sind alle drei inkompatiblen Terme prädizierbar für jedes Ereignis, was offensichtlich im Widerspruch dazu steht, daß sie inkompatibel sind und daß sie Veränderung erzeugen."[38] Das heißt, für jedes Ereignis e und die Zeitterme V

---

[33] Ebd.
[34] Ebd.
[35] AaO. 78.
[36] Ebd.
[37] AaO. 79.
[38] Ebd.

(vergangen), G (gegenwärtig), Z (zukünftig) gelten zwei Bedingungen, nämlich einerseits:

(1) Wenn Ge, dann nicht Ze; wenn Ze, dann nicht Ve; wenn Ve, dann nicht Ge; etc.

und andererseits:

(2) Ve & Ge & Ze

(1) und (2) aber sind inkompatibel: Wenn (1) wahr ist, müssen zwei Aussagen von (2) falsch sein, und infolgedessen muss (2) insgesamt falsch sein. Es besteht also ein Widerspruch zwischen diesen Aussagen; und eben das war zu beweisen.

Ein naheliegender Einwand, der sich aufdrängt, ist McTaggart zufolge nicht stichhaltig: „Es ist nie wahr, so wird der Einwand lauten, daß M gegenwärtig, vergangen und zukünftig *ist*. Es *ist* gegenwärtig, *wird* vergangen *sein* und *ist* zukünftig *gewesen* [...] Die Charakteristika sind nur dann inkompatibel, wenn sie gleichzeitig sind.“[39] Das heißt, es gilt nicht (2), sondern

(3) ZVe & Ge & VFe

(wobei ‚Zve‘ besagt: ‚e wird vergangen sein‘ und ‚Vfe‘: ‚e war zukünftig‘ usf.). (3) aber ist problemlos mit (1) kompatibel, so dass kein Widerspruch entsteht.

Doch dieses Gegenargument enthält einen *circulus vitiosus*, weil es „die Existenz der Zeit voraus[setzt], um die Weise zu erklären, wie Zeitpunkte vergangen, gegenwärtig und zukünftig sind.“[40] Es muss also „die Zeit vorausgesetzt werden, um die A-Reihe zu erklären. Aber wir haben bereits gesehen, daß die A-Reihe angenommen werden muß, um die Zeit zu erklären. Dementsprechend muß die A-Reihe vorausgesetzt werden, um die A-Reihe zu erklären. Und dies ist offenkundig ein Circulus vitiosus.“[41]

---

[39] Ebd.
[40] Ebd.
[41] Ebd.

Die Pointe dieses Einwands ist nicht einfach, „daß man die Zeit nicht erklären kann, ohne die Zeit vorauszusetzen“[42], sondern dass der *Zeitbegriff einen inneren Widerspruch* enthält, der sich nicht beseitigen lässt. Worin dieser Widerspruch besteht, haben in kritischer Verteidigung McTaggarts vor allem M. Dummett und D.H. Mellor[43] gezeigt.

Ihr zentraler Punkt ist, dass wir in einen Widerspruchsregress geraten, wenn wir wie McTaggart argumentieren. Wir beginnen mit *drei Prädikaten der ersten Stufe* (V,G,Z). ‚Ge‘ heißt dann, dass das Ereignis e gegenwärtig *ist*, zukünftig *war* und vergangen sein *wird*. Aber das Prädikat ‚*war* zukünftig‘ besagt ‚*in der Vergangenheit* zukünftig‘, das Prädikat ‚*ist* gegenwärtig‘ besagt ‚*in der Gegenwart* gegenwärtig‘ usf. Das heißt, wir erhalten *neun Prädikate zweiter Stufe*, nämlich

VV	VG	VZ
GV	GG	GZ
ZV	ZG	ZZ

In ähnlicher Weise erhalten wir *siebenundzwanzig Prädikate des dritten* Grads, wenn wir dieselbe Operation an jedem dieser Fälle wieder durchführen: (V,G,Z) in der (V,G,Z) in der (V,G,Z) und so weiter. „Aber auf jeder beliebigen Stufe sind die drei Prädikate: (vergangen, gegenwärtig, zukünftig) in der Gegenwart in der Gegenwart in der ... in der Gegenwart den Prädikaten erster Stufe ‚vergangen‘, ‚gegenwärtig‘ und ‚zukünftig‘ äquivalent, so daß, wenn ein Widerspruch mit den Prädikaten der ersten Stufe verbunden ist, der Widerspruch nicht durch Hinaufsteigen in der Hierarchie beseitigt wird.“[44] Das heißt: Wenn wir die Zeitprädikate V, G, Z

---

[42] AaO. 81.

[43] M. Dummett, A Defense of McTaggart's Proof of the Unreality of Time, *Philosophical Review* 69 (1960) 497–504; deutsch: McTaggarts Beweis für die Irrealität der Zeit. Eine Verteidigung, in: Zimmerli/Sandbothe, *Klassiker der Modernen Zeitphilosophie*, 120–126; D.H. Mellor, *Real Time*, Cambridge 1981, 92 ff; ders. *Real Time* II, 70–83.

[44] Dummett, McTaggarts Beweis, 121.

als *Zeitoperatoren* verstehen, die Ereignisse qualifizieren, dann erhalten wir nicht nur (3) ZVe & Ge & VFe, sondern z. B. auch GVe (*war* gegenwärtig), GGe (*ist jetzt* gegenwärtig) oder GZe (*ist jetzt* zukünftig), also

(4) *Wenn* Ve, *dann* GVe; *wenn* Ge, *dann* GGe; *wenn* Ze, *dann* Gze

und entsprechend auch VGe (*war* gegenwärtig); VZe (*war* künftig); ZGe (*wird* gegenwärtig *sein*); ZVe (*wird* vergangen *sein*) usf., also

(5) *Wenn* Ve, *dann* VGe; *wenn* Ve, *dann* VZe; *wenn* Ze, *dann* ZGe; *wenn* Ze, *dann* ZVe

Gilt die von McTaggart aufgewiesene Unvereinbarkeit von V und Z auf der ersten Stufe, dann gilt sie auch für VV und ZZ und jede weitere Stufe. Bleibt aber jedes Ereignis auch in dieser iterierten Form widersprüchlich bestimmt, dann bleibt es auch bei dem aufgewiesenen negativen Resultat, so dass gilt: Die Zeit ist irreal, weil der Begriff der Zeit einen Widerspruch enthält, der sich nicht beseitigen lässt und der die Anwendung dieses Begriffs auf die Wirklichkeit unmöglich macht.

4. Missverstandene Gegenwart

Nun könnte man einwenden, dass McTaggart an mehreren Punkten unpräzis argumentiert, weil er die Distinktionen der A-Reihe (*vergangen/gegenwärtig/zukünftig*) nicht nur auf Ereignisse, sondern auch auf Zeitpunkte bezieht.[45] Doch während die B-Reihe eine unveränderliche Ordnung der Ereignisse anhand ihrer festen Zeitpunkte nach den Relationen *früher*, *später* und *gleichzeitig* beschreibt, ist das bei der A-Reihe anders. *Vergangen, gegenwärtig* und *zukünftig* sind keine Bestimmungen von Ereignissen im Verhältnis zu anderen Ereignissen, sondern im Verhältnis zu einem

[45] McTaggart, Irrealität der Zeit, 79.

Jetzt-Zeitpunkt, der sich selbst verändern kann. Damit haben wir es bei den Zeittermen der B-Reihe und der A-Reihe nicht mit verschiedenen Bestimmungen des Gleichen zu tun, sondern mit unterschiedlichen Betrachtungsweisen von Ereignissen – zum einen im Verhältnis zu anderen Ereignissen (B-Reihe), zum anderen im Verhältnis zum Standpunkt eines Betrachters dieser Ereignisse (A-Reihe).

Das aber nötigt, aus McTaggarts Argumentation andere Schlussfolgerungen zu ziehen. Denn was hat er gezeigt? Nicht die Irrealität der Zeit, sondern – und das hat D. H. Mellor am klarsten aufgewiesen – die *Irrealität zeitlicher Tatsachen*, d.h. *zeitlicher Wahrheitsbedingungen für Aussagen* (also: die *unreality of tense*).[46] McTaggart hat gezeigt, dass die *Zeitstrukturen unserer Weltorientierung* (also wie wir uns zeitlich in der Welt orientieren) nicht die *Zeitstrukturen der Wirklichkeit* sind, in der wir uns orientieren: Wir können nur zeitlich handeln, sprechen, denken etc. Aber die Wahrheit unserer zeitlichen Aussagen (‚Das Essen ist vorbei', ‚Die Sonne scheint jetzt') setzt *keine zeitlichen*, sondern *zeitlose Wahrheitsbedingungen* voraus.

Versteht man unter *Tatsache* das, was über die Wahrheit und Falschheit einer Aussage entscheidet, dann sind Tatsachen die Wahrheitsbedingungen (oder die Wahrmacher[47]) von Aussagen. Denn was immer wir sagen, *ist wahr*, wenn das, was wir sagen, der Fall ist, und es *ist falsch*, wenn das, was wir sagen, nicht der Fall ist. Eine Aussage wie ‚Die Sonne scheint' ist dementsprechend dann und nur dann wahr, wenn die Sonne scheint. Das heißt, wann

[46] In *Real Time* II ersetzt Mellor die Rede von „tenses" durch „A-times". Vergangen, gegenwärtig und zukünftig sind ‚A-times', die „terms ‚tensed' and ‚tensless' I confine to their original, proper and trivial grammatical uses" (XI).

[47] Zur Differenz von Wahrheitsbedingungen und Wahrmachern vgl. D. H. Mellor, *The Facts of Causation*, London 1995; ders., *Real Time* II, 19–28; ders., Wahrmacher, in: I. U. Dalferth/Ph. Stoellger (Hg.), *Wahrheit in Perspektiven: Probleme einer offenen Konstellation*, Tübingen 2004, 103–118.

immer wir einen Fall (token) des Satzes (type) ‚Die Sonne scheint' gebrauchen, entscheidet sich dessen Wahrheit oder Falschheit an der Tatsache, *dass die Sonne scheint. Negative Aussagen* wie ‚Die Sonne scheint nicht' dagegen sind nicht dann wahr, wenn eine *negative Tatsache* besteht (dass die Sonne nicht scheint), sondern wenn zum Zeitpunkt der Aussage (*jetzt*) eine *bestimmte Tatsache nicht besteht*, nämlich diejenige Tatsache, die die Aussage ‚Die Sonne scheint' wahr sein ließe: ‚Die Sonne scheint nicht' heißt ‚Es ist nicht der Fall, dass die Sonne scheint', und das wieder heißt, dass es nicht der Fall ist, dass die Tatsache besteht, die die Aussage ‚Die Sonne scheint' wahr sein ließe. Anders gesagt: Es gibt *keine negativen Tatsachen*, sondern nur *negative Aussagen*, die wahr sind, wenn das, was sie bestreiten, der Fall ist: dass die Aussage ‚Die Sonne scheint' nicht wahr ist. ‚Die Sonne scheint' und ‚Die Sonne scheint nicht' sind deshalb zwar *sprachlich gegensätzlich*, sie werden aber beide *durch genau dieselbe Tatsache* wahr oder falsch gemacht: das Scheinen der Sonne zum Zeitpunkt, an dem diese Aussage gemacht oder behauptet wird.

Wie der Gedanke einer *negativen Tatsache* ist aber auch der Gedanke einer *zeitlichen Tatsache* ein Ungedanke. Die Aussage ‚Das Frühstück ist vorbei' ist nicht dann wahr, wenn der Sachverhalt ‚das Vergangensein des Frühstückens' besteht, sondern wenn *hier und jetzt*, zum Zeitpunkt, an dem diese Aussage gemacht wird, das Frühstück *früher* war als das Machen dieser Aussage. *Zeitliche Aussagen* werden nicht durch zeitliche Sachverhalte wahr gemacht, sondern durch die objektive Ereignis-Reihe, die alles, was geschieht, *früher* oder *später als* etwas anderes sein lässt. Nur diese zeitlosen Sachverhalte bzw. Ereignisse der B-Reihe sind nötig, um zeitliche Aussagen wahr sein zu lassen, keine besonderen zeitlichen Sachverhalte bzw. Ereignisse: ‚Das *Frühstück* ist früher als die *Vorlesung*', aber *nicht*: ‚Das *vergangene* Frühstück ist früher als die *gegenwärtige* Vorlesung'.

Das aber heißt: Die A-Reihe und die B-Reihe *korrelieren Verschiedenes*. Die A-Reihe bezieht sich auf *Aussagen*, aber *nicht auf deren Wahrheitsbedingungen*, also *nicht auf Ereignisse in der Zeit*, sondern auf unsere *sprachlichen Bezugnahmen* auf zeitlich geordnete Ereignisse, das heißt, sie thematisiert *unser zeitliches Verhältnis zu Sachverhalten in der B-Reihe.* Die B-Reihe dagegen bezieht sich auf *Ereignisse*, und Ereignisse sind *keine Veränderungen*, also ohne Zeit. Das heißt, die Aussagen

(1) Das Frühstück ist vorbei
(2) Die Vorlesung ist jetzt

haben beide die Tatsache *Das Frühstück ist früher als die Vorlesung* unter ihren Wahrheitsbedingungen. Diese Tatsache aber *ist kein zeitlich sich verändernder Sachverhalt*, sondern besteht sie überhaupt, dann besteht sie von ihrem Eintreten an immer.

5. Gegenwart als Kategorie der Orientierung in der Zeit

Der Zeitbegriff ist deshalb gerade umgekehrt aufzubauen als McTaggart vorschlägt: Die B-Reihe ist grundlegend, die A-Reihe ist darauf zu beziehen. Sie setzt die B-Reihe von Ereignissen immer schon voraus, denn ohne B-Reihe ist nichts, zu dem wir uns zeitlich ins Verhältnis setzen könnten.

Grundlegend ist die objektive Reihe von Ereignissen, die durch die Relationen *früher als*, *später als* und *gleichzeitig mit* strukturiert wird. In dieser Reihe *gibt es aber keine Gegenwart.* Sie lässt sich auch nicht über den Begriff der *Gleichzeitigkeit* gewinnen, etwa indem gesagt wird: Ein Ereignis ist gegenwärtig, wenn es gleichzeitig mit einem anderen ist. Gegenwart würde so als Gegenwart eines Ereignisses bei einem anderen Ereignis gedacht, also als relationales Prädikat. Damit ist aber nur ein notwendiges, kein hinreichendes Moment des Gegenwartsbegriffs erfasst.

Diese Argumentationslinie ist im 20. Jahrhundert nicht nur durch die Problematisierung des Begriffs der Gleichzeitigkeit in Schwierigkeiten geraten. Denn wie wir wissen, ist Gleichzeitigkeit keine unproblematische Grundrelation zwischen Ereignissen, sondern lässt sich ohne Rekurs auf ein jeweiliges Bezugssystem gar nicht präzis fassen. Gleichzeitig sind Ereignisse nur, wenn sie sich in ein und demselben Bezugssystem lokalisieren lassen. Geht man aber davon aus, dass zwei Ereignisse e_1 und e_2 nicht identisch sind und dass jedes Ereignis sein eigenes zeitliches Bezugssystem hat, dann sind diese Ereignisse nur dann gleichzeitig, wenn ihre zeitlichen Bezugssysteme so ‚überlappen', dass sie in der Korrelation ihrer Bezugsrahmen kopräsent sind, also *nicht* in einem Kausalverhältnis stehen. Diese Relativität der Gleichzeitigkeit löst aber auch die Eindeutigkeit der Gegenwart auf: Ob etwas bei etwas anderem gegenwärtig ist, hängt dann von dem gewählten Bezugssystem ab, in dem man diese Frage zu beantworten sucht: Ein Ereignis kann – in bestimmtem Rahmen – mit *Verschiedenem gleichzeitig sein*, das seinerseits *nicht miteinander gleichzeitig ist.* Ist aber e_1 mit e_2 gleichzeitig, e_2 mit e_3, aber e_3 nicht mit e_1, dann haben wir den Gegenwartsbegriff nicht zureichend erfasst.

Mit gutem Grund wurde Gegenwart als Gegenwart bei … daher auch von McTaggart nicht als Gleichzeitigkeit zweier Ereignisse zu fassen gesucht. Ihm zufolge nennen wir ein Ereignis vielmehr gegenwärtig, wenn *wir* es *wahrnehmen* können, es also *jetzt* als *mit uns, gleichzeitig mit uns* und *bei uns gegenwärtig* wahrzunehmen vermögen.[48] „Wir nehmen Ereignisse in der Zeit als gegenwärtig wahr", wie er schreibt, „und das sind die einzigen Ereignisse, die wir direkt wahrnehmen."[49] Gegenwart ist also nicht nur ein relationales Zeitprädikat, sondern genauer ein *Prädikat der Zeitwahrnehmung* oder *Zeiterfahrung*, so dass man sagen könnte: ‚e ist gegenwärtig' heißt ‚e wird jetzt wahrgenommen' bzw. (präziser) ‚Es ist möglich, e hier und jetzt wahrzunehmen'.

Dieser Ansatz kann in verschiedener Weise aufgenommen und ausgebaut werden. Folgt man dem Interpretationsgefälle, die Aussage ‚e ist gegenwärtig' zu interpretieren als ‚e wird jetzt wahrgenommen', dann ist zu fragen, wie diese Auskunft ihrerseits zu verstehen ist. Wird geantwortet: ‚Die Wahrnehmung von

---

[48] Vgl. McTaggart, Irrealität der Zeit, 68 (= to observe).
[49] Ebd.

e ist gleichzeitig mit dem Sichereignen von e', dann besagt diese Gleichzeitigkeit nichts anderes, als dass *die Wahrnehmung selbst* als Ereignis in der B-Reihe von früher/später/gleichzeitig loziert werden muss, zu der e gehört. Anders und allgemeiner gesagt: Die B-Reihe der zeitlich geordneten Ereignisse (*nicht* der geordneten *zeitlichen* Ereignisse!), also die Reihe, in der e früher als/später als/gleichzeitig mit anderen Ereignissen ist, bildet nur den Hintergrund zur Bestimmung des Gegenwartsbegriffs. Erst wenn *wir uns selbst* an einem bestimmten Ort *in* dieser Reihe lozieren (*hier, jetzt*), können wir die Unterscheidungsprädikate *gegenwärtig, vergangen, zukünftig* auf Ereignisse in der B-Reihe anwenden. Diese Prädikate charakterisieren nicht diese Ereignisse, sondern unser temporales Verhältnis zu ihnen: ‚e ist gegenwärtig' heißt ‚e ist *jetzt* gleichzeitig mit mir'.

Die Funktion von *gegenwärtig, vergangen, zukünftig* ist also nicht, das Zeit-Ordnungssystem der B-Reihe weiter zu spezifizieren, in dem wir Ereignisse nach früher/später/gleichzeitig ordnen. Die Bestimmungen der A-Reihe bringen vielmehr *unsere zeitliche Perspektive auf diese Ereignisse von einem bestimmten Ort innerhalb dieses Zeitordnungszusammenhangs* zum Ausdruck. Das heißt, sie dienen uns nicht dazu, irgendwelche Ereignisse in der Zeit zu bestimmen, sondern *uns selbst in der Zeit* zu lozieren. *Gegenwart* ist kein relationales Zeitprädikat von Ereignissen, sondern ein *Prädikat der Zeitorientierung*: Ein Ereignis ist gegenwärtig, wenn es *gleichzeitig mit uns ist,* wenn es sich also *in unserer Situation hier und jetzt* ereignet.

Die Prädikate der A-Reihe formulieren also keine Eigenschaften von Ereignissen, sondern *unserer zeitlichen Verhältnisse* zu *Ereignissen in der Zeit.* Und das heißt: Wir sind nicht nur Teil von zeitlichen Ereignisserien, sondern wir sind in der Lage, uns zu diesen Serien in ein *zeitliches Verhältnis zu setzen.* Genau diese Fähigkeit macht den Kern unserer Fähigkeit zum Erfahren und Handeln aus. Denn indem wir uns zeitlich ins Verhältnis setzen zu den Ereignissen der Zeitserie, zu der wir selbst gehören, beziehen wir uns unterschiedlich auf das, was *gleichzeitig mit unserem In-*

Beziehung-Setzen ist oder *später* oder *früher* als es. Und da unsere Welt aufgrund der sie strukturierenden Kausalprozesse in permanenter Veränderung begriffen ist, müssen wir unser zeitliches In-Beziehung-Setzen zu den zeitlich geordneten Ereignissen unserer Welt unablässig an die sich verändernde Situation anpassen, einschließlich der Veränderungen von uns selbst: Wir beziehen uns nicht nur zeitlich auf Ereignisse in der Zeit, sondern zugleich immer auch auf unser *zeitliches Sich-Beziehen-auf Ereignisse* in der Zeit (das ja selbst ein Ereignis in der Zeit ist); und indem wir das tun, bilden wir unsere Biographien aus, indem wir die perspektivischen Kontinuitäten unseres Lebens aufbauen. So waren wir, unsere Erfahrungen und Handlungen und viele andere Dinge und Ereignisse, die jetzt gleichzeitig mit uns sind, einst künftig, sie werden bald vergangen sein und sind jetzt gegenwärtig. Denn *zukünftig* nennen wir das, was *später ist als jetzt*, *vergangen* das, was *früher ist als jetzt* und *gegenwärtig* das, was *jetzt ist*, was also mit unsere Erfahren/Tun hier und jetzt *gleichzeitig ist.* Und weil sich das permanent ändert, solange wir leben, müssen wir unsere Biographen permanent fortschreiben.

Die B-Reihe der *zeitlich* nach *früher als/später als/gleichzeitig mit geordneten Ereignisse* (*nicht* der geordneten *zeitlichen* Ereignisse!) bildet also nur die Folie zur Bestimmung des Gegenwartsbegriffs. Die Funktion der Prädikate *gegenwärtig, vergangen, zukünftig* ist nicht, Ereignisse der B-Reihe näher zu spezifizieren. Sie bringen vielmehr unsere zeitliche Perspektive auf diese Ereignisse von einem bestimmten Ort innerhalb des Zeitordnungszusammenhangs der B-Reihe zum Ausdruck. Das heißt, die Prädikate der A-Reihe dienen nicht dazu, irgendwelche Ereignisse in der Zeit zu bestimmen, sondern uns selbst in der Zeit zu lozieren. Sie sind keine deskriptiven Prädikate von Ereignissen, sondern Orientierungsunterscheidungen in unseren zeitlichen Verhältnisse zu Ereignissen in der Zeit.

Die B-Reihe ist die objektive Zeitstruktur der Ereignisse unserer Welt, zu denen wir auch gehören und deren objektive Ordnung wir stets in Rechnung stellen müssen, wenn wir sinnvoll handeln und in dieser Welt zumindest eine Zeit lang überleben wollen. Deshalb hat es keinen Sinn, sich zu bemühen, für uns *vergangene Ereignisse* durch unser Handeln jetzt zu revidieren, die napoleonischen Kriege heute gewinnen zu wollen oder jetzt das zu tun, was allenfalls übermorgen getan werden kann. Wir können die A-Reihe nicht nach Belieben handhaben, sie ist vielmehr die Art und Weise, wie wir als zeitliche Wesen uns zu uns vorgegebenen Ereignissen in der zeitlichen Ordnung des Früher und Später ins Verhältnis setzen. Das richtig zu tun, ist entscheidend für das richtige Handeln: Was *vergangen* ist, ist nicht mehr Gegenstand unseres Handelns, sondern nur was *zukünftig* ist; und *Gegenwart* ist nichts anderes als der Zeitpunkt unseres Erlebens, Erfahrens und Handelns, nämlich das Hier und Jetzt, an dem wir dieses *vollziehen* oder von ihm *betroffen sind.*

Für uns, d.h. für das *menschliche Leben*, ist die A-Reihe deshalb grundlegend. Es genügt daher nicht, Gegenwart als Gleichzeitigkeit zu fassen. Die Gleichzeitigkeit zweier Ereignisse macht sie noch nicht gegenwärtig: Dass ich in der letzten Vorlesung gleichzeitig mit den Studierenden im Hörsaal war, ändert nichts daran, dass diese Vorlesung jetzt Vergangenheit ist. Die Gleichzeitigkeit zweier Ereignisse allein macht sie *für uns* noch nicht gegenwärtig. Es steht auch nicht alles in zeitlichen Relationen: Für uns ist die Französische Revolution Vergangenheit, für die Zahl 4 oder für Pegasus dagegen ist sie weder vergangen noch zukünftig noch gegenwärtig. Umgekehrt stehen auch wir nicht nur in zeitlichen Relationen zu anderem. So können uns immer nur einige Ereignisse in der Zeit gegenwärtig sein, nicht alle, die in der B-Reihe stehen: Wenn es Mittwoch ist, kann es eben nicht gleichzeitig Dienstag sein usf. Aber alle nicht zeitlichen Gegenstände (Zahlen, fiktionale Gegenstände usf.), die nicht zur Ordnung der B-Reihe und daher auch nicht zur A-Reihe gehören, sind uns stets und notwendig und immer gegenwärtig, d.h. sie sind gleichzeitig mit all unseren (zeitlichen und nichtzeitlichen) Perspektiven auf anderes.

Deshalb ist *Gegenwart* keine Eigenschaft bestimmter Ereignisse, Erlebnisse oder Handlungen im Unterschied zu anderen, sondern des *Vollzugs* von Handlungen und Erlebnissen und des *Geschehens* von Ereignissen. Sie ist keine *zeitliche Eigenschaft* eines Ereignisses oder Ereigniskomplexes, sondern unserer *zeitlichen Beziehung* (A-Reihe) zu Ereignissen in der Zeit (B-Reihe). Ereignisse sind nur gegenwärtig für die, die gegenwärtig sind, während sie sich ereignen, so dass sie *hier und jetzt* mit ihnen umgehen und sich auf sie beziehen können. In diesem Sinn ist eine Vorlesung gegenwärtig, wenn und solange sie gehalten wird, aber sie ist auch nur für diejenigen gegenwärtig, die gegenwärtig sind, während sie gehalten wird. Was immer sonst hier in Zürich oder sonst irgendwo gleichzeitig sonst noch geschieht, ist nicht allein deshalb auch schon ein Fall von Gegenwart: *Für uns hier und jetzt* ist es nicht gegenwärtig, weil wir uns in unserem gegenwärtigen Erleben und Handeln nicht darauf beziehen können.

Deshalb bezeichnet der Ausdruck *Gegenwart* keinen bestimmten Zeitpunkt, keine bestimmte Zeitposition und keinen bestimmten Zeitmoment wie das indexikalische *jetzt*. Es ist vielmehr ein *relationales Prädikat*: Wenn etwas gegenwärtig ist, dann ist es gegenwärtig *für jemanden*, und diese Relativität ist entscheidend. Das muss nicht besagen, dass ‚e ist gegenwärtig' heißt ‚e ist *dem Bewusstsein von x* gegenwärtig', dass also nur das *gegenwärtig* genannt werden könnte, dessen wir uns *bewusst* sind. Im Gegenteil, die meisten gegenwärtigen Ereignisse sind uns *nicht bewusst* – z. T. aufgrund der Struktur unseres Wahrnehmungsvermögens, z. T. aber auch aufgrund der Tatsache, dass das, was mir oder uns gegenwärtig ist, immer in bestimmter Hinsicht auch von dem Bezugssystem abhängt, mit dessen Hilfe ich bzw. wir darüber entscheiden, was mit mir bzw. uns gleichzeitig ist. *Gegenwärtigsein* impliziert also keineswegs *als gegenwärtig bewusst sein*, sondern allenfalls *als gegenwärtig bewusst werden können* – und selbst dass wird man diskutieren müssen. Denn warum sollte alles, was gegenwärtig ist, uns auch bewusst werden können? Nur eines kann man auf jeden Fall sagen: dass das, was *gegenwärtig* ist, *für jemanden* gegenwärtig ist. Ohne diesen Für-Bezug zu beachten, wird man nicht sagen können, was mit ‚gegenwärtig' ausgesagt wird. Gegenwärtig sind Ereignisse nur, wenn sie *hier und jetzt* in derselben Situation stattfinden, in der auch wir da sind. Alles, was *gegenwärtig* ist, ist *für jemanden* gegenwärtig. Ohne diesen Für-Bezug gibt es keine Gegenwart.

6. Gegenwartsbewusstsein als Leibbewusstsein

Geht man vom Gebrauch des Zeichens ‚Gegenwart' als einer Kategorie zur *Orientierung in der Zeit* aus, dann liegt es nahe, den Für-Bezug nicht ontologisch, sondern (im weitesten Sinn) *epistemisch* zu verstehen: Er sagte nicht nur, wie wir im Verhältnis zu etwas anderem zeitlich loziert *sind*, sondern wie wir uns loziert *wissen*. Vor dem Hintergrund der darin mit gesetzten Unterscheidung von *objektiven* und *subjektiven* Bedingungen hat man so immer wieder versucht, *Gegenwart* nicht als Kategorie der (objektiven) Zeit, sondern des (subjektiven) *Zeitbewusstseins* bzw. *Zeiterlebens* zu verstehen. Das gilt vor allem für Versuche, das Phänomen des Zeiterlebens phänomenologisch aufzuklären. Sie führten zu Beginn des 20. Jahrhunderts zur Unterscheidung des *Jetzt* als eines sich auf der Skala der Zeit verändernden *Zeit-Punktes* von der *Gegenwart* als des *Horizontes, innerhalb dessen ich etwas (gut oder schlecht) machen kann*: *Gegenwart* wird als ein handlungs-, erlebens- und damit lebensbezogener Begriff verstanden und expliziert, erhält also eine existentielle Bedeutung.

Das wird in verschiedener Hinsicht versucht, nämlich einerseits am Leitfaden der *Leiblichkeit*, andererseits an dem des *Bewusstseins*: *Gegenwart und Leib bzw. Leiblichkeit* und *Gegenwart und Bewusstsein* sind so zwei typische Konstellationen des Problems, und beide treten zu Beginn des 20. Jahrhunderts in charakteristischer Verknüpfung auf.

In Fortführung seines *Essai sur les données immédiates de la conscience* (1889)[50] argumentiert H. Bergson 1896 in *Matière et mémoire*, dass meine Gegenwart im Bewusstsein bestehe, das ich von meinem Körper bzw. Leib habe: „Mon présent consiste dans la conscience que j'ai de mon corps."[51]

Um diese These zu erklären und zu begründen, unterscheidet Bergson in einem ersten Schritt zwischen physikalisch-kosmologischer *Weltzeit* und psychologischer *Erlebniszeit*. Die erste ist objektiv, homogen, messbar und mathematisierbar, die zweite dagegen wird empfunden, kann aber nicht gemessen werden, sie baut sich auf durch *Erinnerung*, *gegenwärtige Erfahrung* und *Vorgriff auf die Zukunft*.

In beiden Zeitarten gibt es *Dauer*. Doch die Dauer (*durée*) der Weltzeit ist von der Dauer der erlebten Zeit (*durée réelle*) darin unterschieden, dass diese nicht im Sinne des räumlich vorstellbaren Zeitstrahls der physikalischen Weltzeit als eine quantifizierbare Menge von Zeitpunkten verstanden werden kann, sondern als *ganzheitliches Erleben* auftritt, das eine qualitative Ganzheit wechselseitiger Präsenz bildet: „die Momente der inneren Dauer sind nicht einander äußerlich."[52] Ist die äußere Zeit homogen und gleichförmig, so ist es die innere, erlebte gerade nicht. Sie kann schneller und langsamer vergehen, gefüllt oder leer sein, und es gibt sie nicht ohne die fundierende Rolle der *mémoire*. Diese „sichert [...] die Identität des Bewußtseins; sie bildet eine Ganzheit gegenüber der Zerstückelungstendenz des modernen Lebens."[53] Genau das gilt auch für die Dauer der äußeren Veränderungen: „die äußeren Dinge sind gewiß der Veränderung unterworfen,

[50] H. Bergson, *Essai sur les données immédiates de la conscience* (1889) = *Zeit und Freiheit*, Frankfurt am Main 1989.

[51] H. Bergson, *Matière et mémoire*, 1896, 153 = *Materie und Gedächtnis*, Jena 1908.

[52] Bergson, *Zeit und Freiheit*, 168.

[53] K. Flasch, *Was ist Zeit?* Frankfurt am Main 1993, 32.

aber nur *für ein Bewußtsein, das sich ihrer erinnert*, sukzedieren ihre Momente einander."[54]

Die seit Platon, den Pythagoreern und Aristoteles bestehende Verbindung von *Zeit und Zahl* bzw. *Zeit und Bewegungsmessung* wird von Bergson also ausdrücklich aufgelöst. Aristoteles hatte die Zeit bekanntlich bestimmt als ἀριθμὸς κινήσεως κατὰ τὸ πρότερον καί ὕστερον (die Zahl der Veränderung hinsichtlich des Davor und Danach).[55] Mit dieser Bestimmung ordnet er sie dem Seinsbereich des Bewegten zu. *Bewegung* ist ein Attribut bzw. eine Eigenschaft von Substanzen, aber nicht aller Substanzen, sondern nur von Substanzen einer bestimmten Art. Lässt sich nach Aristoteles doch die Gesamtheit des Seienden (ὄν), in drei Bereiche einteilen: den Bereich der οὐσίαι, die *für sich bestehen* und *nicht unbewegt* sind (Physik); den Bereich der οὐσίαι, die *nicht für sich bestehen* und *unbewegt* sind (Mathematik); und den Bereich der οὐσία, die *für sich bestehend* und *unbewegt* ist (Theologie).[56] Als Attribut bzw. Eigenschaft von *Bewegung* ist *Zeit* für Aristoteles nicht selbst Bewegung, sondern die *Zahl* der Bewegung. Damit wird sie als ein *Attribut zweiter Ordnung* bestimmt – als Attribut eines Attributs von Substanzen. Im Kontext aristotelischen Denkens heißt das, das Zeit als solche weder Realität noch Sein hat. Es gibt sie nicht und sie kann auch nicht erfahren werden ohne das, dessen Attribut sie ist: Nur wo es *Bewegung* gibt, gibt es Zeit; und nur wo Bewegung als *Veränderung einer Substanz nach früher und später* aktuell erfahren wird, wird auch Zeit erfahren. *Zeit* ist damit keine Substanz, die sich als solche erkennen und definieren ließe, sondern sie ist eine *Sekundärqualität einer Primärqualität von Substanzen einer bestimmten Art*, nämlich derer, die sich – im Unterschied zu Zahlen oder zu Gott – *bewegen* (bzw. bewegen lassen) *können*. Zeit ‚gibt' es daher nur, wo es die messbare Bewegung physikalischer Gegenstände gibt, also im Bereich der Physik.

[54] AaO. 168.

[55] Aristoteles, *Physik* IV,11, 219b 1–2.

[56] Vgl Aristoteles, *Metaphysik*, 1026 a 14 ff bzw. 1064 a 31 ff.

Anders Bergson, demzufolge eben das nur für die *physikalische Weltzeit*, aber nicht für die *psychologische Erlebniszeit* gilt. Das raumbezogene Zählen und Messen von Zeit im physikalischen Zusammenhang kann ihm zufolge gerade nicht auf die Innenerfahrung von Dauer übertragen werden. Der entscheidende Vorgang ist ihm zufolge vielmehr umgekehrt: „Die real erfahrene Dauer, *la durée pure*, ist die von der Dominanz der diskreten Raumvorstellung befreite Zeiterfahrung“[57] des Innenlebens des Bewusstseins, denn wir finden „im Bewußtsein Zustände, die einander sukzedieren, ohne sich voneinander zu unterscheiden.“[58]

Der entscheidende Schritt, um das zu erfassen, besteht darin, die Mathematisierung des *Jetzt* zu überwinden. Das konkrete erfahrene Jetzt ist etwas anderes als der mathematische Jetztpunkt, weil es anders als dieser real auftritt. Es wird als ein Moment erlebt, der sich als „eine unteilbare Einheit der Gegenstandswahrnehmung, der Wahrnehmung der unmittelbaren Vergangenheit und der aktiven Zuwendung zum Kommenden“ beschreiben lässt.[59] Das *reine Erinnern* (*le souvenir pur*) verlässt das bloße Erinnern und mischt sich in den gegenwärtigen Zustand. Und der ist immer ein nicht auflösbares Ineinander von Vergangenheitserinnerung, Gegenwartswahrnehmung und Zukunftserwartung.

Diese für das Zeiterleben charakteristische Ganzheitlichkeit ist die Ganzheit eines *permanenten Bewusstseinsprozesses*, des „Lebens des Geistes“, wie Bergson auch sagen kann.[60] Dieser Prozess würde nie zum Handeln führen, gäbe es den Körper bzw. Leib nicht. Bergson spricht so dem Körper bzw. Leib, der ihm zufolge „immer auf die Tätigkeit gerichtet“ ist, die wesentliche Funktion zu, „zum Zwecke der Tätigkeit das Leben des Geistes zu beschrän-

---

[57] Flasch, *Was ist Zeit?*, 33.

[58] Bergson, *Zeit und Freiheit*, 168.

[59] Flasch, *Was ist Zeit?*, 35.

[60] Man beachte den Untertitel zu *Materie und Gedächtnis*: *Essays zur Beziehung zwischen Körper und Geist.*

ken."[61] Der Leib ist nach Bergson „in Beziehung auf die Vorstellung einzig und allein ein Werkzeug zur Auswahl. Er könnte einen Geisteszustand weder erzeugen noch veranlassen."[62]

Aber das ist noch nicht alles. *Ohne diese Selektionsleistung des Leibs gäbe es kein Gegenwartsbewusstsein*, sondern immer nur Erinnern und Erwarten im Übergang. Zum Gegenwartsbewusstsein kommt es, insofern der Leib der Ort ist, an dem und über den der Geist auf die Umwelt wirkt. Das *leibliche Gegenwartsbewusstsein* ist deshalb der charakteristische Ort, über den die Erlebniszeit zur physikalischen Weltzeit vermittelt ist: Nicht diese ist das Erste und Grundlegende, von dem her auch die Innen- oder Erlebniszeit zu verstehen ist (wie in den mechanistischen Ansätzen der zeitgenössischen Assoziationspsychologie), sondern gerade umgekehrt: Das Zeiterleben der Erlebniszeit wird über das Messen in die physikalische Welt hineingetragen konstituiert damit die Weltzeit und nicht umgekehrt.

Das aber heißt, dass *Gegenwart* als *Gegenwartsbewusstsein* das *Bewusstsein meines leiblichen Daseins* ist. Der Leib wird damit als zentrales Medium der Gegenwart erkannt, an dem der endlose Bewusstseinsfluss fixiert, unterbrochen und damit ‚vergegenwärtigt' wird: *Ohne Leiblichkeit, keine Gegenwart.* Allerdings ist nicht die Leiblichkeit als solche schon Gegenwart, sondern erst das *Bewusstsein* meines leiblichen Daseins ist *Gegenwartsbewusstsein*. Nicht der Leib als Körper, sondern der *erlebte* Leib, der Leib als Medium, in dem ich mir selbst präsent bin, ist somit das entscheidende. Das aber verschiebt das Gewicht von der Betonung der Körperlichkeit des Leibes auf das Leib*erleben* oder das *Leibbewusstsein.*

---

[61] Bergson, *Materie und Gedächtnis*, 185.
[62] Ebd.

7. Gegenwart als basale Erlebniseinheit

Dieses durch den Leib individuierte Bewusstsein, so versuchen um die Wende vom 19. zum 20. Jahrhundert die psychologisierenden Analysen von W. James, J. Dewey, E. Grisebach oder W. Dilthey klar zu machen, ist kein Erlebnis neben und unter anderen, sondern begleitet alle meine Erlebniszustände. Anders als die Assoziationspsychologie (Herbart, Wundt u. a.) meinte, ist die Gegenwart nicht nur die punktuelle Grenze zwischen Vergangenheit und Zukunft. Sie ist, wie W. James 1886 formulierte, „keine Messerschneide, sondern ein Sattelrücken mit einer gewissen ihm eigenen Breite“, einer Dauer, die sich messen lässt.[63] Denn als der „kleinste Teil des Fortrückens der Zeit schließt“ auch die Gegenwart „noch einen Zeitverlauf in sich“, wie W. Dilthey betonte.[64] Sie ist die kleinste *Erlebens-Einheit*, die sich im Fluss der Zeit als Einheit der Präsenz bildet.

Als Grundeinheit der Erlebniszeit wird *Gegenwart* von Dilthey in seinen *Entwürfen zur Kritik der Historischen Vernunft*[65] folgendermaßen beschrieben: Zeit – und nicht von ungefähr verwendet Dilthey die in diesem Zusammenhang immer wieder gebrauchte *Fluss-Metapher*[66] – wird von uns erlebt als ein Strom, auf dem das Schiff unseres Lebens unablässig dahingetragen wird.[67] Zeit wird dabei „erfahren als das rastlose Vorrücken der Gegenwart, in welchem das Gegenwärtige immerfort Vergangenheit wird und das Zukünftige Gegenwart. Gegenwart ist die Erfüllung eines Zeitmoments mit Realität, sie ist die Realität im Gegensatz

[63] W. JAMES, The Perception of Time, *Journal of Speculative Philosophy* XX (1986) 374–407; dtsch: Die Wahrnehmung der Zeit, in: ZIMMERLI/SANDBOTHE, *Klassiker der Modernen Zeitphilosophie*, 31–66, 35.

[64] W. DILTHEY, *Der Aufbau der geschichtlichen Welt in den Geisteswissenschaften* (1927*), Gesammelte Schriften,* Bd. 7, Stuttgart [5]1958, 194.

[65] Entstanden zwischen 1907–10 und posthum veröffentlicht in *Der Aufbau der geschichtlichen Welt*, 191–291.

[66] Vgl. J. J. C. SMART, The River of Time, *Mind* LVIII (1949) 483–494.

[67] DILTHEY, *Aufbau*, 193.

zur Erinnerung oder zu den Vorstellungen von Zukünftigem, die im Wünschen, Erwarten, Hoffen, Fürchten, Wollen auftreten."[68] Die *Gegenwart* ist damit „immer da, und nichts ist da, als was in ihr aufgeht."[69] Aber das je und je *Gegenwärtige* und damit allein Wirkliche lässt sich niemals fassen: „in demselben Moment, in welchem das Zukünftige ein Gegenwärtiges wird, versinkt dieses auch schon in die Vergangenheit."[70]

Damit werden auch von Dilthey *Realität* bzw. *Wirklichkeit* und *Gegenwart* in klassischer Weise gekoppelt.[71] Denn die „Erfüllung mit Realität oder Gegenwart besteht beständig, während das, was den Inhalt des Erlebens ausmacht, sich immerfort ändert."[72] Wir können das je und je Gegenwärtige und damit allein Wirkliche nie wirklich fassen: Eben noch ist es Zukunft, und schon versinkt es wieder in die Vergangenheit. Weil sie *nur* in der Gegenwart ist, entzieht sich uns die Wirklichkeit systematisch. Im Blick auf das Vergangene, „das Unabänderliche", verhalten wir uns notgedrungen ganz und gar passiv.[73] Im Verhältnis zur Zukunft dagegen „finden wir uns aktiv, frei. Hier entspringt neben der Kategorie der

---

[68] Ebd.

[69] Ebd.

[70] Ebd.

[71] Vgl. als eine Stimme von vielen A. Schopenhauer, *Senilia. Gedanken im Alter*, hg. v. F. Volpi/E. Ziegler, München ²2015: „Was gewesen ist, das ist nicht mehr; ist ebenso wenig wie das, was nie gewesen ist. Aber alles, was ist, ist im nächsten Augenblick schon gewesen. Daher hat vor der bedeutendsten Vergangenheit die unbedeutendste Gegenwart die Wirklichkeit voraus; wodurch sie zu jener sich verhält wie Etwas zu Nichts." Vgl. O. A. Böhmer, Der Gegenwartist, in: ders., *Schopenhauer oder die Erfindung der Altersweisheit*, München 2010, 100–106. B. Russell, *The Analysis of Mind*, London 1921, 159 folgert aus einer solchen Sicht: „There is no logical impossibility in the hypothesis that the world sprang into being five minutes ago, exactly as it then was, with a population that ‚remembered' a wholly unreal past . […] I am not here suggesting that the non-existence of the past should be entertained as a serious hypothesis. Like all sceptical hypotheses, it is logically tenable but uninteresting."

[72] Dilthey, *Aufbau*, 193.

[73] Ebd.

Wirklichkeit, die uns in der Gegenwart aufgeht, die der Möglichkeit."[74] Die Wirklichkeit aber können wir gerade, weil sie ‚uns in der Gegenwart aufgeht', immer nur im Nachhinein verstehen oder erklären, uns also hermeneutisch oder (natur)wissenschaftlich aneignen.

Dabei bleibt allerdings die Zeitstruktur erhalten: Zur Vergangenheit als dem Unabänderlichen können wir uns nur passiv verhalten, zur Zukunft dagegen verhalten wir uns frei und aktiv, und beides, das passive Verhalten zur Vergangenheit und das aktive Verhalten zur Zukunft findet in der Gegenwart statt. Diese Struktur prägt damit aber auch alles, was wir in der Gegenwart erleben und tun. Auch das (hermeneutische) Verstehen besteht Dilthey zufolge im Versuch, im gegenwärtigen Erleben einerseits passiv nachzuerleben, was vorgelebt wurde, und andererseits eben dabei aktiv die Möglichkeiten zu erschließen, die uns dadurch als Gestaltungsmöglichkeiten der Zukunft zugänglich werden. Verstanden wird so stets das am Vergangenen, was in der Gegenwart für uns zur Gestaltungsmöglichkeit von Zukunft werden kann.

Wie aber steht es im Blick auf die Gegenwart? Zu ihr scheinen wir uns, anders als zur Vergangenheit und Zukunft, nicht verhalten zu können: „Gegenwart *ist* niemals; was wir als Gegenwart erleben, schließt immer Erinnerung an das in sich, was eben gegenwärtig war. Unter anderen Momenten teilt das Fortwirken des Vergangenen als Kraft in der Gegenwart, die Bedeutung desselben für sie, dem Erinnerten einen eigenen Charakter von Präsenz mit, durch die es in die Gegenwart einbezogen wird. Was so im Fluß der Zeit eine Einheit in der Präsenz bildet, weil es eine einheitliche Bedeutung hat, ist die kleinste Einheit, die wir als Erlebnis bezeichnen können."[75] Erlebnisse sind Bedeutungseinheiten, und das gilt auch da, wo sie komplexere Gestalt annehmen und eine Sukzession verschiedener basaler Erlebnisse „durch eine gemein-

---

[74] AaO. 193 f.
[75] AaO. 194.

same Bedeutung für den Lebenslauf" zu einem Erlebnis „verbunden sind."[76]

Damit kann Dilthey grundsätzlich festhalten: „Das Erleben ist ein Ablauf in der Zeit, in welchem jeder Zustand, ehe er deutlicher Gegenstand wird, sich verändert, da ja der folgende Augenblick immer sich auf den früheren aufbaut, und in welchem jeder Moment – noch nicht erfaßt – Vergangenheit wird."[77] Wir können Erlebnisse dementsprechend überhaupt nur erfassen, weil und insofern sie schon vergangen und *als* vergangene präsent sind. Anders gesagt: Erlebnisse lassen sich immer nur *erinnern*, nicht aber *beobachten*: „Die Beobachtung [...] zerstört das Erleben."[78] Der Erlebnisfluss lässt sich von uns niemals als solcher erfassen und wahrnehmen, sondern immer nur erinnern. Doch „der erinnerte Moment ist [...] nicht mehr Fluß,"[79] und deshalb geraten wir in die Aporie, entweder zu *erleben*, dann aber nicht wahrzunehmen, was wir erleben, oder es zu *erinnern*, und es damit nicht mehr zu erleben. Denn im Erinnern wird der Erlebnisfluss *„fixiert durch die Aufmerksamkeit, die nun das an sich Fließende festhält.* Und so können wir das Wesen dieses Lebens selbst nicht erfassen."[80]

Die Folge dieser Aporie ist, „daß der Zeitlauf nicht im strengen Sinn erlebar ist. Die Präsenz des Vergangenen ersetzt uns das unmittelbare Erleben. Indem wir die Zeit beobachten wollen, zerstört die Beobachtung sie, denn sie fixiert durch die Aufmerksamkeit; sie bringt das Fließende zum Stehen, sie macht das Werdende fest."[81] In der Beobachtung treten wir aus dem Erlebniszusammenhang des Lebens heraus. Denn der „Lebensverlauf besteht aus Teilen, besteht aus Erlebnissen, die in einem *inneren Zusammenhang* miteinander stehen."[82] Dieser Zusammenhang wird dadurch konstituiert, dass

---

[76] Ebd.
[77] Ebd.
[78] Ebd.
[79] AaO. 195.
[80] Ebd.
[81] Ebd.
[82] Ebd. (meine Hervorhebung).

jedes „einzelne Erlebnis […] auf ein Selbst bezogen" ist, „dessen Teil es ist; es ist durch die Struktur mit anderen Teilen zu einem Zusammenhang verbunden." Die Kategorie des Zusammenhangs, die „allem Geistigen" eignet,[83] ist so im Leben selbst angelegt, so das Dilthey betonen kann: „Auf dem Boden des Physischen tritt das geistige Leben auf."[84] Zwar fassen wir „Zusammenhang auf vermöge der Einheit des Bewußtseins."[85] Das heißt aber nicht, dass der Zusammenhang durch eine Bewusstseinsleistung erst gestiftet würde. Er ist vielmehr gerade umgekehrt „die Bedingung, unter welcher alles Auffassen steht […] Nur weil das Leben selbst ein Strukturzusammenhang ist, in welchem die Erlebnisse in erlebbaren Beziehungen stehen, ist uns Zusammenhang des Lebens gegeben."[86]

Das Verhältnis von *Erlebnis* zu *Leben* lässt sich bestimmen als das „Verhältnis des Ganzen zu Teilen."[87] Sofern es dieses Ganze nur plural gibt, weil (menschliches) Leben konkret immer nur in der Pluralität individueller Lebensläufe auftritt, gilt dann aber: „Jedes Leben hat einen eigenen Sinn. Er liegt in einem Bedeutungszusammenhang, in welchem jede erinnerbare Gegenwart einen Eigenwert besitzt, doch zugleich im Zusammenhang der Erinnerung eine Beziehung zu einem Sinn des Ganzen hat. Dieser Sinn des individuellen Daseins ist ganz singular, dem Erkennen unauflösbar, und er repräsentiert doch in seiner Art, wie eine Monade von Leibniz, das geschichtliche Universum."[88] Auch *Gegenwart* ist dann aber stets *lebensgeschichtlich konkret* und damit nicht anders als *plural* gegeben: Sie ist das immer wieder neu sich aktualisierende unhintergehbare Grunderlebnis eines jeden individuellen Lebens, in dem dieses sich dadurch, dass es sich seine

[83] Ebd.
[84] AaO. 196.
[85] AaO. 195.
[86] Ebd.
[87] Ebd.
[88] AaO. 199.

Vergangenheit verstehend aneignet, in einem kontingenten Sinnentwurf die Möglichkeiten seiner Zukunft erschließt.

Bis zu diesem Punkt stoßen Diltheys Analysen vor. Es ist nicht nur deutlich, welche Bedeutung die Teil-Ganze-Dialektik für seinen Analyseansatz hat, sondern auch, wie die Auslegung der Für-Relation als Bewusstseinsrelation dazu führt, Gegenwart als Erlebniseinheit und das Leben als bedeutungsbestimmten Sinnzusammenhang zu begreifen. Nur das (bewusste) Leben kennt Gegenwart. Denn nur das bewusste Leben ist ein sinnvolles Ganzes, nur dieses Leben hat eine Geschichte (es gibt keine Naturgeschichte!) und einen verstehbaren Sinn; und jedes einzelne Leben hat seine individuelle Sinngeschichte, die es im je gegenwärtigen Erleben immer wieder neu und anders aktualisiert in der Aneignung der Vergangenheit und der Möglichkeitserschließung der Zukunft.

Die Pointe dieser Analyse des Gegenwartserlebens versteht Gegenwart also nicht als den Ort, wo *etwas* in der Zeit ist, sondern wo *ich* in der Zeit bin. Es geht immer um die Relation, die etwas zu einem bzw. für ein Bewusstsein hat. Diese Für-ein-Bewusstsein-Relation wird von Dilthey von Innen, von der Position des Bewusstseins mit Hilfe der Fluss-Metaphorik beschrieben. Bergson beschreibt sie von Außen mit Hilfe der Leibterminologie als etwas dem Bewusstsein *Gegebenes*, also als etwas, das durch den Leib vermittelt dem Bewusstsein gegeben ist, von diesem daher nicht geschaffen, sondern wahrgenommen wird. Dilthey dagegen analysiert die Für-Relation als *Gegenwart*, in der es im Fluss der Zeit zur aktualisierenden Aneignung des Vergangenen und zur Erschließung der Möglichkeiten des Zukünftigen kommt. Das Gegenwartserleben wird auf diese Weise allerdings gerade nicht analysiert, sondern es wird nur ein Strukturzusammenhang beschrieben, in dem es analysiert werden könnte. Denn ist die Gegenwart der Ort, an dem das Ich in der Zeit sich und anderes erlebt? Oder ist sie das, was das Ich erlebt? An diesem Punkt geht Husserl weiter.

8. Gegenwart als Bewusstseinsphänomen

In seinen *Vorlesungen zur Phänomenologie des inneren Zeitbewußtseins* von 1928 versucht Husserl, das Phänomen der *Erlebniszeit* nicht lebensphilosophisch zu beschreiben, sondern phänomenologisch zu klären.[89] Die Frage nach der Wesensstruktur dieses Phänomens beantwortet er, indem er an die Zeitanalysen Brentanos[90] anknüpft und die begrenzte Aufgespanntheit der Erlebniszeit, also ihren Vergangenheits- und Zukunftshorizont, mit den Begriffen der *Urimpression*, *Retention* und *Protention* analysiert. Geleitet ist seine Analyse von zwei Grundannahmen:

Um das *Sein* zu erhellen, also um zu klären, was es heißt, dass etwas *ist*, muss auf das *Gegebensein* rekurriert werden: *Sein* heißt *für etwas Gegeben-Sein*. Was nicht *für eine Instanz* gegeben ist, ist nicht. Wird diese Instanz als Bewusstsein gedacht, dann ist etwas nur, insofern es *für ein Bewusstsein* ist. *Für* ein Bewusstsein aber ist nur, was diesem *gegenwärtig* ist. Absolut gegeben ist Husserl zufolge daher allein das *Gegenwärtige*, und zwar das *für ein Bewusstsein Gegenwärtige*.

Der Schlüssel zum Verständnis des Gegenwärtigen ist damit die phänomenologische Analyse des Bewusstseins. Diese setzt voraus, dass das Bewusstsein sich absolut selbstzugänglich ist, dass „Bewußtsein" also, wie Husserl prägnant sagt, „durch und durch aus Bewußtsein" besteht.[91] Das phänomenlogische Bewusstmachen der intentionalen Struktur der Bewusstseins macht also etwas

---

[89] E. Husserl, *Vorlesungen zur Phänomenologie des inneren Zeitbewußtseins*, hg. v. M. Heidegger, *Jahrbuch für Philosophie und phänomenologische Forschung* X (1928) = *Husserliana* X: *Zur Phänomenologie des inneren Zeitbewußtseins* (1893–1917) hg. v. R. Boehm, The Hague 1966.

[90] F. Brentano, *Philosophische Untersuchungen zu Raum, Zeit und Kontinuum*, aus dem Nachlaß hg. v. A. Kastil, Hamburg 1976. Vgl. §§ 3–6 bei Husserl, *Vorlesungen.*

[91] E. Husserl, *Phantasie, Bildbewusstsein, Erinnerung. Zur Phänomenologie der Anschaulichen Vergegenwärtigungen.* Texte aus dem Nachlass (1898–1925) hg. v. E. Marbach, *Husserliana* XXIII, 265.

deutlich, das Bewusstsein immer und überall wesentlich charakterisiert, weil Bewusstsein immer wieder und nichts anderes als Bewusstsein produziert.

Zur intentionalen Struktur des Bewusstseins als Bewusstsein *von etwas* gehört nun aber wesentlich, dass dieses *etwas* ihm gegenwärtig ist: Nur Gegenwärtiges kann bewusst sein, und was bewusst ist, ist gegenwärtig. Aber *wie* ist dem Bewusstsein das gegenwärtig, dessen es sich bewusst ist? Husserls Antwort lautet: als Wahrgenommenes. Ist das Gegenwärtige Korrelat des Bewusstseins, dann muss es als Korrelat von Wahrnehmung verstanden werden. Wahrnehmung wird damit zur Quelle alles Gegebenseins und alles Seins überhaupt: Was ist, ist auf (aktuelle oder potentielle) Wahrnehmung bezogen.[92]

Nun ist *Wahrnehmung* aber kein einsinniger Begriff.[93] So kann damit der konkrete, sich in seiner eigenen Zeitlichkeit entfaltende *Wahrnehmungsprozess* gemeint werden, dessen Einheit der Einheit des nach und nach erfahrenen Gegenstands entspricht. Mit ‚Wahrnehmung' kann aber auch die in diesen Prozess lebendig integrierte *Präsentation des je und je gerade jetzt wirklich Präsenten* bezeichnet werden, also die Sukzession der Jetzt-Punkte und ihres jeweiligen Inhalts, aus dem sich der Wahrnehmungsprozess aufbaut. Wenn von Wahrnehmung die Rede ist, sind deshalb immer zugleich zwei Ebenen im Spiel: die Ebene der *momentanen Wahrnehmungseindrücke*, und die *Synthetisierung dieser Eindrücke im Wahrnehmungsprozess*, aus denen sich erst so etwas wie ein *Gegenstand* der Wahrnehmung ergibt.

Gegenwart im strengen Sinn gibt es nur auf der Ebene des *Wahrnehmungsprozesses*, nicht der punktuellen Jetzt-Wahrnehmungen, aus denen sich dieser Prozess aufbaut. Denn sie ist nicht identisch mit dem *Jetzt*, sondern eine *Wahrnehmung* des Jetzt, eine Wahrnehmung aber kommt nie allein sondern knüpft an vorangehende Wahrnehmungen an und führt zu anderen Wahrnehmungen

---

92 Husserl, *Vorlesungen*, § 7.

93 Vgl. unten Kap. D.

weiter. Weil es Gegenwart nur als Wahrnehmungsphänomen gibt, gibt es sie nur auf der Prozess-Ebene. Sie ist ein Phänomen mit Vor- und Nachgeschichte, genauer: mit einem Vergangenheits- und Zukunftshorizont, die konstitutiv zu ihr hinzugehören. Was ist damit gemeint?

Man kann sich das an einem bekannten Beispiel klarmachen.[94] Wer ein Musikstück hört, registriert nicht nur die Aneinanderreihung einzelner isolierter Töne, die er hört: Das ergäbe nie ein Thema oder eine Melodie. Eine Melodie hört nur, wer den ersten Ton durch ihm folgenden Töne hindurch nachklingen hört, und diese durch die ihnen folgenden usf. Wir hören zwar nicht ohne je punktuelle Wahrnehmung. Aber darauf ist unser Hören nicht beschränkt: Es umfasst *das Ganze* einer Melodie, Sonate, Symphonie – und eben deshalb unterscheiden wir zwischen Lärm und Musik. Nehmen wir nur punktuell und nicht etwas Ganzes (etwas sich zu einem Ganzen Verknüpfendes) wahr, hören wir keine Musik (also eine *Ordnung* von Tönen), sondern Lärm (also ein akustisches Chaos).

Orientiert sich die Analyse der Zeit an solchen Wahrnehmungsphänomenen, wie sie Husserl, aber auch Bergson, analysieren, dann wird deutlich, dass der je gegenwärtige Augenblick in sich den Augenblick bewahrt, der soeben in die Vergangenheit geglitten ist, dieser wiederum den ihm vorangehenden usf. Das heißt, ein Ton enthält seinen Vorgänger, dieser wieder seine Vorgänger usf. und eben so eine ganze Melodie. Diese ist keine Reihung, sondern eine *Verschachtelung* von Tönen, in denen Erinnerungen an die Vorgänger aufbewahrt werden.

Husserl nennt dieses Phänomen des aktuellen und impliziten Gedächtnisses *Retention*[95] und meint damit die in der Wahrnehmung festgehaltene Wahrnehmung der soeben vorübergegangenen Gegenwart. Diese in jeder unmittelbaren Wahrnehmung enthaltene Retention ist von der ausdrücklichen Erinnerung bzw.

---

[94] Vgl. AaO. § 3; Brentano, *Philosophische Untersuchungen,* 11; § 7, 25.
[95] Husserl, *Vorlesungen* § 11, 29 ff; § 12, 31 ff.

Wieder-erinnerung zu unterscheiden, bei der ich meine Aufmerksamkeit von der aktuellen Gegenwart und Gegebenheit abwende und in der Gegenwart ein vergangenes Ereignis in den Blick fasse: Nicht *es* wird erinnert, sondern ich erinnere *mich* daran, wie es (von mir oder anderen) erinnert wurde.

Wahrnehmung gibt es nicht ohne Retention. Sie ist Husserl zufolge deshalb zwar immer *produktiv*, d. h. *Gegenwärtigung*,[96] aber sie ist damit allein noch nicht *Re*produktion, also bewusste *Vergegenwärtigung* von Vergangenem.[97] Wiedererinnerung ist nicht unmittelbar und kann daher Gelegenheit zu Irrtum bieten. Retention dagegen ist unmittelbar, das heißt, sie ist gewiss im Augenblick des Wahrnehmens. Wenn wir uns etwas Vergangenes, also Nicht-mehr-Gegenwärtiges ins Gedächtnis zurückrufen können, dann nur aufgrund der Retention, die *gegenwärtig* gegeben ist.

Unser Leben – verstanden als eine Wahrnehmungsprozess – lässt sich demnach in zweifacher Hinsicht beschreiben. Es besteht zum einen aus gegenwärtigen Gegebenheiten, die permanent in Vergangenheit übergehen. Jeder Augenblick bringt ein neues Gegenwärtiges hervor, das das erste zurückdrängt und seinerseits vom nachfolgenden verdrängt wird. Zum anderen bleibt jeder vergangene Augenblick erhalten und fügt sich den *Horizont* (Hintergrund) *der Gegenwart* (des Vordergrunds) ein. Wahrnehmungen sind also keine Augenblickserscheinungen, sie haben eine *Dauer*, umfassen also stets die Gegenwart *und* die soeben vorübergegangene Gegenwart, das Auftauchen eines Gegenwärtigen *und* seinen Weggang; und zwar je so, dass das Vorangehende nicht nur weggeschoben, sondern zugleich auch behalten und aufbewahrt wird. Ursprüngliches Zeiterleben ist daher kein Aufeinanderfolgen von Momenten, sondern das Wahrnehmen eines *kontinuierlichen Übergangs*, eines *Erlebnisflusses*.

An dieser Stelle wirft Husserls Analyse aber zwei Probleme auf, nämlich das Problem des *beständigen, objektiven Gegenstands*,

---

[96] AaO.

[97] AaO.

und die Frage nach dem Verhältnis von *Gegenwart, Vergangenheit* und *Zukunft.* Wenn jedes Gegenwärtige vorübergeht, also im Übergang begriffen ist, was bleibt dann als Beständiges und objektiv Bestimmbares jenseits des gleichförmig-kontinuierlichen Auftauchens und Verschwindens von Eindrücken? Und gibt es Gegenwart nicht ohne Aufbewahrung der soeben vergangenen Gegenwart, also nicht ohne ein gewisses Gegenwärtigbleiben des Vergangenen, was besagt das im Blick auf das Verhältnis von Gegenwart und Zukunft?

a) Das Problem des Gegenstands

Trotz des von Husserl beschriebenen Flusses der Wahrnehmung nehmen wir ja durchaus mehr oder weniger beständige Gegenstände wahr. Husserl bestreitet das nicht, und er verwendet dafür auch den traditionellen Begriff der *Substanz.* Allerdings verwendet er ihn in einem von der Tradition abweichenden, vorprädikativen Sinn: ‚Substanz' meint zunächst nicht mehr als eine *Sache in ihrer völligen relativen Stabilität*, also so, wie sie je und je in meiner Wahrnehmung auftaucht und unmittelbar in meiner Retention verharrt – nicht im Sinne dessen, was nachträglich durch meine angesammelten Erfahrungen mit der Sache als der Bezugspunkt verschiedener Bestimmungen gefasst wird. Sachen sind immer, wie Husserl sagt, ‚Zeitgegenstände', also etwas, was im Fluss der Wahrnehmung auftaucht und in ursprünglicher Retention festgehalten wird. Diese *Urimpression*[98] ist die ursprüngliche Anschauung einer Sache, wie sie sich uns zeigt; und auf der Basis der Sukzession solcher Urimpressionen bilden wir den Begriff eines bestimmten Gegenstands. Das heißt, ein Gegenstand ist die Synthese der Aspekte bzw. Abschattungen, die ich von ihm nacheinander wahrgenommen habe und zur Einheit eines Gegenstandes synthetisiere.

[98] AaO. § 11, 29 f; § 31, 64.

Diese Urimpression, also das Auftauchen einer Sache in meiner Wahrnehmung, ist unhintergehbar. Zugleich aber – und da stoßen wir auf ein Grundproblem dieser Analyse – hat diese Urimpression die Struktur der Gleichzeitigkeit des *wahrnehmenden Ich* und der *wahrgenommenen Sache*, ist also durch die Differenz zwischen Subjekt und Objekt bestimmt. Zwar betont Husserl, dass die wahrgenommene Sache relativ vielfältig sein kann. Sie kann verschiedenen Sinnen zugleich gegeben sein und führt immer eine Umgebung mit sich, vor deren Hintergrund sie sich in gewisser Weise als eine Gestalt abhebt. Aber dass jede Sache mit einer (Um-)Welt auftaucht, ändert nichts daran, dass sie – als wahrgenommene Sache – *für ein Ich* auftaucht und damit eine Differenz voraussetzt, die zunächst einmal gerade nicht in Anspruch genommen werden sollte.

Denn mit dieser Differenz muss Husserl zwei fundamentale Gewissheiten oder Evidenzen unterstellen: die *Ich-Evidenz* und die *Welt-Evidenz* in der vorprädikativen Erfahrung bzw. Wahrnehmung. So gibt es ihm zufolge eine *Gewissheit der Welt im allgemeinen*, aber keine Gewissheit einer Sache im besonderen. Bei besonderen Sachen gibt es immer die Möglichkeit des Zweifels, die es bei der *Welt* und beim *Ich* nicht ernsthaft gibt: Ich kann nicht ernsthaft zweifeln, dass ich bin, denn wie Descartes gezeigt hat, ist solcher Zweifel im Akt des Zweifelns existentiell unmöglich. Husserl geht darüber hinaus, indem er analog auch für die *Welt* argumentiert: Das In-der-Welt-sein zu bezweifeln, hieße zu bezweifeln, was Zweifeln erst möglich macht, wäre also selbstwidersprüchlich: Die Welt ist apriorisches Korrelat des Ich, „Korrelatidee zur Idee einer vollkommenen [unendlichen] Erfahrungsevidenz".[99]

Mit dieser Unterstellung erweist sich Husserl Analyse aber trotz aller Absetzversuche der neuzeitlichen epistemologischen Problemstellung des erkennenden Subjekts verhaftet und bleibt somit der cartesischen Tradition und ihrer Subjektivitätsanalyse

---

[99] E. Husserl, *Cartesianische Meditationen und Pariser Vorträge,* hg. v. S. Strasser, [2]1978, § 28, *Husserliana* I, 97 (dort gesperrt).

verpflichtet: Wie die *Noesis* die aktive Gegenwart des Subjekts bei der Ausübung einer Wahrnehmung ist, so ist das *Noema* der im Erlebnis konstituierte Gegenstand oder Sinn, betrachtet in seiner wesenhaften Abhängigkeit von dem ihn konstituierenden Akt.

Zugleich hält sie an einem Verständnis von Erkenntnis fest, das seit Platon das westliche Denken problematisch belastet: dass Wahrnehmen und Erkennen nach dem Modell des *Sehens von etwas* beschrieben wird. Aber nehmen wir wirklich *etwas*, eine Sache, einen Gegenstand wahr, dem wir dann erst in einem zweiten Akt prädizierend Bestimmungen zu- oder absprechen? Oder ist der Gegenstand unserer Wahrnehmung nicht ein *Sachverhalt* (‚Ein rotes Hemd' bzw. ‚Das Hemd ist rot'), das wir erst in einem zweiten Schritt in einen *Gegenstand* und seine *Bestimmung* zergliedern? In diesem Fall wird es schwierig, Husserls Rede von vorprädikativer Erfahrung aufrecht zu erhalten.[100]

Husserl konzipiert *Gegenwart* also von der *Wahrnehmung* her. Er begreift Wahrnehmung als Bewusstseinsphänomen. Und er bestimmt Bewusstsein als intentionales Bezogensein auf Welt: *Bewusstsein-von-etwas.*

Die Problematik dieser Analyse ist, dass Husserl das Bewusstsein gegenstandsbezogen konzipiert, es also als vorprädikatives Bewusstsein beschreibt und nicht als propositionales, d.h. sachverhaltsbezogenes Bewusstsein. Die Stärke seiner Analyse dagegen ist, dass sie das Bewusstsein ipso facto als Bezug zur Welt fasst. Es ist kein ‚leerer Behälter', der erst durch Impressionen der Welt gefüllt werden müsste, die die Sinne aufsammeln. Bewusstsein ist vielmehr unsere Art und Weise in der Welt zu sein: Wir leben immer schon in intentionalen Weltwahrnehmungsverhältnissen, und es ist die Aufgabe methodischen Erkennens, uns zu helfen, uns von unseren verworrenen und unentfalteten Wahrnehmungen zu ausdrücklicheren und klareren Wahrnehmungen emporzuarbeiten. Dazu müssen wir nicht nur eine immer bessere Sukzession

---

[100] Vgl. E. Tugendhat, *Vorlesungen zur Einführung in die sprachanalytische Philosophie*, Frankfurt am Main 1976, Vorl. 5, 6, 9 und 10.

von Abschattungen sammeln und synthetisieren, indem wir z.B. ein Phänomen variieren und es unter verschiedenen Aspekten durchspielen. Wir müssen vor allem auch die Evidenzen unserer Urimpressionen gewissermaßen permanent *abbauen*, also das, was uns zunächst ganz selbstverständlich erscheint, wieder (wie Blumenberg sagt) *entselbstverständlichen* – gerade das ist die fundamentale kritische Aufgabe der Philosophie.

b) Vergangenheit und Zukunft

Es gibt aber noch ein zweites zentrales Problem in Husserls Analyse. Er untersucht das Problem der *Gegenwart* primär im Verhältnis zur *Vergangenheit* unter dem Stichwort der *Retention*, d.h. der produktiven Gegenwärtigung des je gerade vergangenen Augenblicks, den er von der *re*produzierenden *Ver*gegenwärtigung in der Wiedererinnerung unterscheidet. Erst im Horizont seiner Wiedererinnerungsanalyse kommt Husserl in Ansätzen auf den ‚protentionalen' Zukunftshorizont der Gegenwart zu sprechen, im Unterschied zur ausführlichen Analyse von deren ‚retentionalem' Vergangenheitshorizont[101] aber sehr knapp. Die *Protention*, so meinte Blumenberg zu recht, „ist das Stiefkind der Phänomenologie", weil „sie nicht in derselben Weise deskriptiv analysiert werden kann wie die *Retention*."[102] Denn während diese sich auf Wirkliches bezieht, das sie als vergangen in der Gegenwart festhält, umfasst die Protention „das Phänomen, daß immer *mehr* möglich ist als wirklich werden kann."[103] Für jede Gegenwart gibt es mehr als eine Möglichkeit, wie es weitergehen könnte, und zugleich kann doch nicht alles möglich sein, „sofern das Bewußtsein überhaupt symmetrisch zur Gegenwart fungiert, also außer der ‚Rücksicht' noch eine ‚Aussicht' besitzt. Diese wäre sinnlos, [...]

---

[101] Vgl. Husserl, *Vorlesungen*, § 14.

[102] H. Blumenberg, *Zu den Sachen und zurück*. Aus dem Nachlaß hg. v. M. Sommer, Frankfurt am Main 2002, 209.

[103] AaO. 211.

wenn *alles Mögliche* dem Bewußtsein bevorstände."[104] Wie daher die *Retention* wesentlich zum Bewusstsein gehört, weil dieses sonst nicht Bewusstsein *von etwas* sein könnte, so gehört auch die *Protention* wesentlich zu ihm, weil das Bewusstsein sonst weder durch anderes störbar wäre (also kein Bewusstsein *von anderem* werden könnte) noch davor geschützt wäre, dadurch zerstört, also unstetig und in seiner Kontinuität unterbrochen zu werden (also nicht mehr *Bewusstsein* von etwas zu sein). Insofern ist die Protention „Bedingung seiner Stetigkeit bei Störbarkeit".[105] Und wie die Retention Erinnerung ermöglicht und sich zugleich von ihr unterscheidet, so ermöglicht die Protention Erwartung, ohne mit ihr zusammenzufallen.

Genau das aber lässt sich nicht direkt aufweisen, sondern wird erst im Horizont der Wiedererinnerungsanalyse deutlich. Denn zur Reproduktion gehört Husserl zufolge nicht nur die *Wiedererinnerung*, sondern auch die *Erwartung* – freilich nur im Blick auf einen Phänomenbereich, der *schon vergangen ist* und jetzt nur unter dem Gesichtspunkt analysiert wird, dass er wieder in Erinnerung gerufen wird.[106] Damit steht die Analyse der *Erwartung* aber von vornherein unter dem Primat der Vergangenheit. Nicht von ungefähr gibt es auch keine vergleichbar intensive Analyse wie im Fall der Vergangenheit, bei der ausdrücklich zwischen Retention bzw. Gegenwärtigung und Wiedervergegenwärtigung unterschieden wird. Die Zukunftsanalyse, also die Ausleuchtung des Zukunftshorizonts der Gegenwart bleibt damit faktisch unausgeführt – ja es wird nicht einmal bedacht, ob die *Erwartung* und ihre Analyse überhaupt ein sachgemäßer Zugang zum Problem der Zukunft ist.[107]

Grund dieser auffälligen Asymmetrie in seiner Analyse der beiden Verhältnisse Gegenwart-Vergangenheit und Gegenwart-

[104] Ebd.

[105] AaO. 213.

[106] HUSSERL, *Vorlesungen,* § 26.

[107] Vgl. THEUNISSEN, Gebetsglaube, in: *Negative Theologie der Zeit*, Frankfurt am Main 1991, 341 ff.

Zukunft ist Husserls Ausgangspunkt bei der *Gegenwart*: Die absolute Gegenwart ist nicht nur der Grundort allen Gegebenseins und damit Seins – „in dem lebendigen Quellpunkt des Seins, dem Jetzt" quillt „immer neues Ursein auf", wie Husserl betont[108] – , sondern auch aller Zeit. Zeit wird in der Gegenwart als das wahrgenommen, was in die Vergangenheit fließt. Die Dauer der Gegenwart ist so gegen die Vergangenheit hin bestimmt. Zukunft dagegen kommt nur als das Woher dieses Zeitflusses[109] unter den Bedingungen der Gegenwart in den Blick – also bestenfalls noch als primäre *Erwartung*, weil und insofern diese zur Gegenwart gehört, nicht dagegen als bloß *ver*gegenwärtigende „Antizipation der Zukunft"[110], der Entsprechung der *Wieder*erinnerung in der Zukunft.

Husserls Analysen nötigen deshalb nicht nur dazu, den Begriff des *Gegebenseins* und damit das Verhältnis von Gegenwart und Vergangenheit genauer zu erhellen, sondern auch die *Bedeutung der Zukunft für die Gegenwart* präziser zu erkunden. Genau diesen Versuch macht *Heidegger*.

9. *Daseinsgegenwart*

In deutlicher Abgrenzung und Auseinandersetzung mit Husserl entwickelt Heidegger seine Zeitauffassung als die „Ontologie ei-

---

[108] E. Husserl, *Zur Phänomenologie des inneren* Zeitbewusstseins, hg. v. R. Bernet, Hamburg 2013, 75. Vgl. Th. Streubel, *Das Wesen der Zeit: Zeit und Bewusstsein bei Augustinus, Kant und Husserl,* Würzburg 2006, 145; H. Scholl, *Erinnerung und Authentizität. Zur Zeitphilosophie bei Husserl, Bergson und Heidegger mit einem Exkurs über Proust,* Books on Demand 2015, 61–91.

[109] Vgl. Schleiermachers Rede vom im Selbstbewusstsein mitgesetzten „*Woher* unsres empfänglichen und selbsthätigen Daseins". F. D. E. Schleiermacher, *Der christliche Glaube nach den Grundsätzen der evangelischen Kirche im Zusammenhange dargestellt.* Zweite Auflage (1830/31), § 4,4, *KGA* I/13,1, 39.

[110] Husserl, *Vorlesungen,* § 26.

nes Daseins, das Zukunft nicht bloß *hat*, sondern *ist*."[111] In seiner Marburger Vorlesung von 1927 *Die Grundprobleme der Phänomenologie*[112] und dann vor allem in *Sein und Zeit* aus demselben Jahr propagiert Heidegger geradezu die Umwertung aller von Husserl vertretenen Werte. Er konzentriert sich ganz darauf, den Vorrang der Zukunft gegenüber den beiden anderen Zeit-Exstasen der Gegenwart und Vergangenheit zu erweisen. Die „*ursprüngliche Zeit*", so sagt er in § 81 von *Sein und Zeit*, „zeitigt sich *primär* aus der *Zukunft*. Das vulgäre Zeitverständnis hingegen sieht das Grundphänomen der Zeit im *Jetzt* und zwar dem in seiner vollen Struktur beschnittenen, puren Jetzt, das man ‚Gegenwart' nennt."[113]

Um die ursprüngliche Zeitlichkeit des Daseins herauszuarbeiten, kehrt Heidegger, grob gesprochen, die Husserlsche Zeitauffassung um. Die *Vergangenheit*, der methodisch beherrschende Faktor der Husserlschen Phänomenologie des Zeitbewusstseins, wird aus dem Bereich ursprünglicher Zeitlichkeit verbannt: das Dasein ist nicht durch Vergangenheit, sondern durch *Gewesenheit* geprägt. Die *Gegenwart*, der wichtigste Zeitmodus bei Husserl, wird dagegen zum letzten Glied in der Reihe der Ekstasen: *Zukunft* wird auf Kosten der Gegenwart stark gemacht. Und zwar auf folgende Weise: *Dasein* nennt Heidegger dasjenige Seiende, das dadurch ausgezeichnet ist, ein Seinsverständnis und Verständnis seiner selbst, seines Seins, seines ‚Da' zu besitzen. Will man klären, was ‚sein' meint (also der Sinn von Sein ist), dann – so Heidegger – muss an sich an den *Ort* bzw. die *Instanz* halten, bei der diese Frage auftritt und beantwortet wird bzw. werden kann: *das Seiende, das um sein Da weiß*. Von diesem Dasein gilt vor allem, dass es *ist*. Denn was weiß das Dasein, das um sich selbst weiß, also sich versteht? Es weiß, dass es *ist*. Ergo gilt: „*Das ‚Wesen' des Daseins liegt in seiner Existenz*."[114] Dasein ist nicht nur wie anderes Seiendes

---

[111] Theunissen, Gebetsglaube, 343.

[112] M. Heidegger, *Die Grundprobleme der Phänomenologie, GA* 24, §§ 19–22, Frankfurt am Main 1975, 322–469.

[113] M. Heidegger, *Sein und Zeit*, § 82, Tübingen [11]1967, 426 f.

[114] AaO. § 9, 42.

vorhanden, sondern es ek-sistiert aus dem Gesamt des Seienden als das, was in je bestimmter Weise da ist, dem also als Seiendem sein Sein insofern erschlossen ist, als es „sich in seinem Sein verstehend zu diesem Sein verhält."[115]

Diesem Dasein, so sucht Heidegger im ersten Teil von *Sein und Zeit* zu zeigen, eignet eine bestimmte *Struktur* (Existenzstruktur); deren Charakteristika („die Seinscharaktere des Daseins"[116]) lassen sich erschließen und werden *Existentialien* genannt. Dabei geht Heidegger von der „Grundverfassung des Daseins" aus, das er „*In-der-Welt-sein*" nennt.[117] Das Dasein ist also von vornherein so bestimmt, dass es als in der Welt seiend begriffen wird. Die Analogie zu Husserls Bewusstseinsbegriff, der immer schon einen Weltbezug hat, springt in die Augen. Das Dasein hat die ursprüngliche Struktur, in der Welt zu sein, und nur aufgrund dieser ontologischen Struktur kann es sich handelnd und begreifend zur Welt und in der Welt verhalten.

Zu diesem wesenhaften In-der-Welt-sein des Daseins gehört auch eine grundlegende *Zeitlichkeit*. Dasein *ist* in der Welt, insofern es sich *in der Welt vollzieht*. Das heißt nicht nur, dass wir in einer Sukzession einzelner Akte existieren – die Analogie zu Husserls abstrakt-absolutem Jetzt ist deutlich –, sondern dass unser Dasein insgesamt Vollzug ist. Um das Dasein als Ganzes in den Blick zu fassen, muss man es in seinem Gesamtverlauf erfassen; dieser aber ist dadurch charakterisiert, dass es ein *Sein zum Tode* ist.[118] Erst *vom Tod her* ist das Dasein als Ganzes zu begreifen. Für sich und aus sich selbst betrachtet, also als solches ist das Dasein durch „eine *ständige Unabgeschlossenheit*"[119] charakterisiert, der sich als der *Entwurfscharakter*, das *Auf-etwas-hin-Entworfensein* des Daseins fassen lässt. Dieses sich auf etwas hin entwerfende Dasein kann als Ganzes und in Gänze nur erfasst werden, sofern

---

115 AaO. § 12, 52 f.

116 AaO. § 9, 44.

117 AaO. § 12–27, 52–130.

118 Vgl. aaO. §§ 46–53, 235–267.

119 AaO. § 46, 236.

sein Tod miterfasst wird. Das geschieht aber noch nicht, wenn man den Tod als *Ende* des Daseins fasst. Das wäre eine ganz *äußerliche* Sicht. Um die existentialontologische Struktur des Todes zu erweisen,[120] ist dieser *aus der Sicht des Daseins selbst* zu verstehen. Im Horizont von dessen Sich-Entwerfen-auf läßt sich der Tod aber als eine „Seinsmöglichkeit" begreifen, „die je das Dasein selbst zu übernehmen hat. Mit dem Tod steht sich das Dasein selbst in seinem *eigensten* Seinkönnen bevor. In dieser Möglichkeit geht es dem Dasein um sein In-der-Welt-sein schlechthin. Sein Tod ist die Möglichkeit des Nicht-mehr-dasein-könnens. Wenn das Dasein als diese Möglichkeit seiner selbst sich bevorsteht, ist es *völlig* auf sein eigenstes Seinkönnen verwiesen [...] Als Seinkönnen vermag das Dasein de Möglichkeit des Todes nicht zu überholen. Der Tod ist die Möglichkeit der schlechthinigen Daseinsunmöglichkeit. So enthüllt sich der *Tod* als die *eigenste, unbezügliche, unüberholbare Möglichkeit*."[121]

Angesichts der unübersteigbaren Möglichkeit des Nichtmehrseinkönnens wird das Dasein ganz auf sein Sein*können* zurückverwiesen: Weil es sich als Sein zum Tode als seiner äußersten Möglichkeit vollzieht, vollzieht es sich nur dort *authentisch*, wo es sich angesichts des Todes vollzieht.[122] Denn die Erschlossenheit – das verstehende Sich-Verhalten zu seinem Sein – die das Dasein auszeichnet, ist ipso facto ein verstehendes Sichverhalten zum Tod. Wir wissen nicht nur, dass alles irgendwann einmal ein Ende hat, sondern dass *wir* sterben müssen. Und dieses Wissen ist die Grundbestimmung, die unseren Daseinsvollzug prägt bzw. – soll dieser authentisch bzw. eigentlich sein – prägen sollte. Denn es ist das Wissen um die Möglichkeit, nicht mehr sein zu können, die unserem Seinkönnen den Charakter der *Freiheit* verleiht, dieses also instand setzt, sich aus den Illusionen und Verstellungen un-

---

[120] AaO. § 50, 249–252.
[121] AaO. § 50, 250.
[122] AaO. § 53, 260–267.

seres faktischen Lebens zu lösen und die Möglichkeit zu ergreifen, „es selbst zu sein."[123]

Es ist genau diese – wie Heidegger sagt – „Freiheit zum Tode"[124], die uns authentisch zu existieren ermöglicht.[125] Das Dasein läuft in seinen Tod als seiner äußersten Möglichkeit voraus, kommt von dort her auf das zurück, was es schon ist, und ist erst aufgrund dieser aus der Zukunft in die Gewesenheit gehenden Bewegung in der Lage, wirklich *gegenwärtig* zu sein, also sich auf das jeweils Begegnende so einzulassen, dass es nicht im Bann seiner Gewesenheit verbleibt und eben damit uneigentlich, sondern frei als es selbst existiert.

Gewesenheit ist Heideggers Ausdruck für die *Anwesenheit* bzw. *Gegenwärtigkeit des Gewesenen*, das sich von dem *Erledigtsein des Vergangenen* durch seinen Gegenwartsbezug unterscheidet und abhebt. Insofern ist *Gewesenheit* Heideggers Folgekategorie für das, was bei Husserl die Retention bzw. der retentionale Gegenwartshorizont war: Menschliches Dasein ist alles, was es schon ist und gewesen ist, nur in der Gegenwart der *Er-innerung*, d.h. der gegenwärtigen Aneignung als Daseinsmöglichkeit.

Wie aber wird die *Zukunft* bestimmt? Heidegger bestimmt sie als *Sich-auf-sich-zukommenlassen.*[126] „‚Zukunft' meint hier nicht ein Jezt, das *noch nicht* ‚wirklich' geworden, einmal erst *sein wird*, sondern die Kunft, in der das Dasein in seinem eigensten Seinkönnen auf sich zu kommt."[127] Zum Sein des Daseins gehört das eigentliche bzw. uneigentliche Sein zum Tode. Deshalb ist das Dasein nur möglich als *zukünftiges*, d.h. als ein solches, das „über-

---

[123] AaO. § 53, 266.

[124] AaO. § 53, 266 – man beachte die Gegenformulierung zu Kierkegaards ‚Krankheit zum Tode'.

[125] Dass die „Ineinandersetzung von Authentizität mit Selbstverwirklichung" bei Heidegger hochproblematisch ist, betont CHR. WIESINGER, *Authentizität. Eine phänomenologische Annäherung an eine praktisch-theologische Herausforderung*, Tübingen 2019, 28 f zu Recht.

[126] HEIDEGGER, *Sein und Zeit*, § 65, 325.

[127] Ebd.

haupt schon immer auf sich zukommt, das heißt in seinem Sein überhaupt zukünftig ist."[128] In diesem Sinn *hat* das Dasein keine Zukunft, sondern es *ist Zukunft*.

Doch die damit intendierte Ablösung der Kategorie der Gegenwart durch die der Zukunft zur Analyse des Daseins ist nur unvollständig, wie Theunissen mit recht kritisiert hat.[129] Denn das Dasein, das das Dasein selber auf sich zukommen lässt, ist ja immer schon *dasjenige, was es als das faktische, gegenwärtige schon ist*. Das Vorlaufen des Daseins zum Tode und sein Zurückkommen auf sich führt das Dasein in einen geschlossenen Zirkel der Selbstbezüglichkeit. Das Dasein ist dadurch zukünftig, dass es in einen Tod vorläuft, in welchen es nur *sich* begegnet: nämlich seinem *Seinkönnen* angesichts seines Nichtmehrseinkönnens. Ist das der Charakter der von Heidegger beschriebenen Zukunft, dann ist diese gerade nicht durch *Offenheit*, sondern durch prinzipielle *Geschlossenheit* ausgezeichnet. Denn in einem Dasein, das in diesem Sinn vom Tod her lebt, wird die auf es zukommende Zukunft mehr und mehr von der Gewesenheit überwältigt und eingeholt: Am Ende *war* es nur, ein *Wird-Sein* gibt es nicht mehr.

Diese nur unvollkommene Ablösung von der Analyse Husserls zeigt sich auch am *Gegenwartsbegriff*. „Die ungerechtfertigte Reduktion der Gegenwärtigung auf Wahrnehmung ersetzt Heidegger lediglich durch die ebenso dogmatische Meinung, eine Gegenwart, die auf ihrer Gegenwärtigkeit beharrt, könne es allein im besorgenden Umgang mit ‚Zeug' geben."[130] Gegenwart wird so zum *Index verfallenden oder uneigentlichen Daseins*. „Zeichnet sich *Eigentlichkeit* durch ihre Unterordnung der Gegenwart unter die Zukunft aus, die sie zum ‚Augenblick' der Entscheidung qualifiziert,"[131] so lässt sich *Uneigentlichkeit* Heidegger zufolge daran erkennen, dass in ihr umgekehrt die Zukunft durch ein Gegenwärtigen eingefärbt ist, unter dessen Herrschaft das Sich-Vorweg-

[128] Ebd.

[129] Theunissen, Gebetsglaube, 344 f.

[130] AaO. 345.

[131] Heidegger, *Sein und Zeit*, § 65, 328.

sein zum Gegenwärtigen verkommt.[132] Heidegger zeichnet die Gegenwart damit zwar als die geringste, nachgeordnetste der Zeit-Ekstasen aus, aber faktisch wird sie auch bei ihm zu der Instanz, an der sich der Charakter der Zukunft und der Vergangenheit entscheidet.

Wie Kierkegaard geht also auch Heidegger davon aus, dass sich menschliches Leben als „Einholung eines Entwurfs" vollzieht, „durch den der Mensch auf das Ganze seines wesentlich noch ausstehenden Daseins vorausgreift. Wer nicht das Ganze seines Daseins ‚umschifft' hat, kann [...] nicht wahrhaft leben."[133] Menschliches Leben vollzieht sich als *Wiederholung*, in der sich die Antizipation seines *ganzheitlichen Sinns* verwirklicht. Bei Heidegger heißt das, dass sich *genuines, eigentliches, authentisches Leben nur unter Maßgabe seiner Ganzheitlichkeit* vollziehen kann; und da das Leben als Ganzes nur unter Einbeziehung seiner *Zukunft* gegeben ist, muss diese vorausgreifend ergriffen werden.

Nicht die Zukunft, sondern der Gedanke der *Ganzheit* bzw. *Ganzheitlichkeit* ist damit aber der Grundbegriff, an dem sich die Einschätzung von Gegenwart, Vergangenheit und Zukunft entscheidet. Aber wie kann ganzheitliches Leben *in der Gegenwart* gelebt werden? Husserl antwortet: Indem es sich *seine Vergangenheit* je und je aneignet und sich so auf Zukunft erstreckt. Heidegger dagegen: Indem es auf *seine Zukunft* (den Tod) vorausläuft (Entwurf), und von dorther seine Gewesenheit bzw. Gewordenheit auf das hin kritisch unterscheidet, was zu eigentlichem Leben gegenwartsbestimmend sein soll oder darf und was nicht. In beiden Fällen ist Gegenwart als ein *Vermittlungsbegriff verschiedener Existenzbewegungen* verstanden: In der Gegenwart ereignen sich jeweils die Übergänge zwischen Vergangenheit und Zukunft bzw. Zukunft und Vergangenheit, in denen sich Leben als Leben-in-der-Welt vollzieht. Nur unter Bedingung dieser temporalen Übergangs- und Vermittlungsstruktur gibt es etwas für uns, ist uns also

[132] AaO. § 68, 337.
[133] AaO. § 68, 347.

eine Welt gegeben. Da-sein als Mit-anderem-zusammen-Dasein ist damit fundamental *zeitlich* strukturiert. Und das heißt: Anderes ist für uns gegeben, für uns da nur im Horizont dieser temporalen Übergangs- und Vermittlungsprozesse.

Ist es dann aber jemals wirklich *da*? Oder kommt es immer nur entweder als *Dagewesenes* oder als *Kommendes* in den Blick? Um das beantworten zu können, müssen wir einem mit der Gegenwart eng verbundenen Phänomen nachgehen: der *Anwesenheit* von etwas. Dabei wird sich zeigen, dass ebenso wenig, wie es Gegenwart ohne intrinsisches Verhältnis zu den beiden anderen Zeitexstasen Vergangenheit und Zukunft gibt, es Anwesenheit ohne die Dialektik von *Anwesenheit und Abwesenheit* gibt. Denn vor dem Hintergrund der Analysen Husserl und Heideggers zeichnen sich zwei Extremmöglichkeiten ab, die in Auseinandersetzung mit ihnen auch vertreten wurden: Entweder heißt es, dass aus den genannten Gründen *nichts schlechthin anwesend sein kann*, es also nichts gibt, was rein gegenwärtig wäre. Oder es wird gerade umgekehrt gesagt, dass *überhaupt nur das ist, was anwesend ist*, alles, was es für uns gibt, also gerade dadurch ausgezeichnet ist, dass es gegenwärtig ist. Beides ist genauer zu betrachten.

10. Illusionäre Gegenwart

Beide Positionen lassen sich am besten vor dem Hintergrund der phänomenologischen Gegenwartsanalyse Husserls verstehen, von dem sie ausgehen. Dieser hatte Gegenwart als Gegebenheit intentionaler Gegenstände für ein Bewusstsein analysiert, und zwar unabhängig davon, welche Gegenstände das jeweils sind und ob es sie tatsächlich gibt. *Jeder* intentionale Gegenstand ist dem Bewusstsein gegenwärtig, denn was bewusst ist, ist bewusst und damit gegenwärtig. Die Methode der phänomenologischen Reduktion ist daher nicht nur gegenüber der Existenz von Gegenständen gleichgültig, sie läuft auch auf nichts anderes hinaus als auf die

‚lebendige Gegenwart'. Diese ist der „Urgrund, in dem Wesen und Faktum, Weltenthobenheit und Weltlichkeit, Noesis und Noema zugleich unterschiedslos eines und unterschieden sind [...] Noesis und Noema der lebendigen Gegenwart sind identisch."[134] Deshalb kann Husserl diese lebendige Gegenwart auch mit dem „reinen Ich" gleichsetzen, das nicht Teil der Welt ist, sondern diejenige Instanz, *für die* alle Welt ist. Dieses Ich ist, wie Husserls Zeitanalyse zeigt, ein „Präsenzfeld, in dem jeweils das ganze Leben beschlossen liegt, da die unmittelbar zum Präsenzfeld gehörigen Retentionen und Protentionen den gesamten Vergangenheitshorizont des Lebens und in gewissen Grenzen auch seinen Zukunftshorizont eröffnen."[135] *Lebendige Gegenwart* ist die „jeweilige Ichgegenwart", die „alle vergangene und künftige Lebensgegenwart retentional und protentional ‚impliziert'."[136]

An diesem Punkt setzt Derridas Kritik an der Verabsolutierung der présence bei Husserl ein.[137] Er weist nach, dass es kein Phänomen gibt, dessen Gegenwart oder Anwesenheit nicht unentwirrbar mit mannigfachen Formen der Abwesenheit verflochten wäre.[138] Um das zu markieren, führt er den Begriff der Supplementarität bzw. der *Differänz* (différance) ein. Sie ist die Bedingung der Möglichkeit dafür, dass sich die ursprüngliche Gegenwart nicht mehr nur wie bei Husserl als Jetztpunkt der Wahrnehmung bestimmen lässt, an dem etwas gegenwärtig wird, sondern dass dieser Punkt selbst noch einmal *als* gegenwärtig gefasst werden kann.[139] Wenn, so Derrida, die Retention des

---

[134] K. Held, Nachwort des Übersetzers, in: L. Robberechts, *Edmund Husserl. Eine Einführung in seine Phänomenologie*, Hamburg 1967, 156f.

[135] AaO. 141.

[136] Ebd.

[137] E. W. Orth (Hg.), *Studien zur neueren französischen Phänomenologie. Ricoeur, Foucault, Derrida*, Freiburg 1986, 51–112.

[138] AaO. 52 f; 62f.

[139] Vgl. R. Kühn, Theologische Wende in der Phänomenologie? Zur Problematik der ‚absoluten Präsenz', *Theologische Revue* 89 (1993) 275-282, 278.

Jetzt keine Wahrnehmung ist, also kein Wahrnehmen des Wahrnehmens, aber zur Wahrnehmung und Erfahrung von Gegenwart notwendig ist, „dann wird die Gegenwart als Anwesenheit auch niemals ganz wahrgenommen. Wenn die Anwesenheit auch nicht nur Abwesenheit ist, so ist sie doch stets mit dieser durchsetzt. Die Erfassung eines rein gegenwärtigen Augenblicks ist als Phänomen nicht möglich [...] das Jetzt kann nur als *neu* auftauchen, wenn es sich vom vergangenen Jetzt als Nicht-Jetzt unterscheidet. Die Retention erhält dieses Vergangene in der Anwesenheit, allerdings als Nicht-Jetzt oder als Abwesenheit. Daraus folgt letztlich, daß das Jetzt sich niemals unmittelbar präsent ist. Das Selbstbewußtsein der Jetzt-Anwesenheit hat mithin die Form der ‚Nachträglichkeit' und nicht der ‚strömenden Gegenwart'."[140] Sind wir uns aber immer nur *nachträglich* der Gegenwart von etwas bewusst, dann ist uns seine Gegenwärtigkeit niemals *als gegenwärtig*, sondern immer nur *als vergangen* bewusst. „Die Verspätung also ist ursprünglich", denn ein „*zunächst* präsentes Leben, das sich *anschliessend* [..]. im Aufschub vorzubehalten begänne", gibt es nicht.[141] Damit ist Husserls Gegenwartsanalyse an ihrem entscheidenden Punkt gescheitert.

Derrida vertieft diese Analyse, indem er das an Husserl aufgewiesene Resultat der prinzipiellen Unfasslichkeit von Gegenwart zur Kritik an der ‚Metaphysik der Präsenz' des Logo- und Phonozentrismus steigert, die er auch bei Freud, Nietzsche und Heidegger noch diagnostiziert.[142] Wenn Gegenwart immer nur nachträglich als solche bewusst werden kann, dann gibt es kein Gegenwartsbewusstsein ohne Repräsentation. Ist Präsenz aber an Repräsentation gebunden, dann ist sie nicht der Schlüssel zum unverstellten Sein, sondern partizipiert an dem permanenten

---

[140] AaO. 278 f.

[141] J. DERRIDA, *Die Schrift und die Differenz*, Frankfurt am Main 1967, 311.

[142] Vgl. P. ZEILLINGER, *Nachträgliches Denken. Skizze eines philosophisch-theologischen Aufbruchs im Ausgang von Jaques Derrida*, Münster/Hamburg/London 2002, bes. 60 ff.

Rück- und Weiterverweisen von Zeichen auf andere Zeichen. Diese semiotische Verschiebung, Verweisung oder *différance* liegt jeder konkreten Differenz zugrunde. Sie ist nicht als solche wahrnehmbar, sondern immer nur als ‚Spur' an anderem zu fassen. Denn „[o]hne in der minimalen Einheit der zeitlichen Erfahrung festgehalten zu werden, ohne eine Spur, die das Andere als Anderes im Gleichen festhält, könnte keine Differenz ihre Arbeit verrichten und kein Sinn in Erscheinung treten."[143] Ist Gegenwart aber nur mit und durch Zeichen gegenwärtig, dann ist sie prinzipiell *nicht* gegenwärtig. Nicht retentionale ‚Gegenwärtigung' ermöglicht erinnernde ‚Vergegenwärtigung', wie Husserl meinte, sondern gerade umgekehrt: „Gegen Husserls ausdrückliche Absicht sieht man sich somit veranlasst, die Vorstellung als Vorstellung von der Möglichkeit ihrer Wiederholung und die einfachste Form der ‚Vorstellung' die ‚Gegenwärtigung', von der Möglichkeit der ‚Vergegenwärtigung' abhängig zu machen. Die Präsenz-des-Präsens ist von der Wiederholung und nicht umgekehrt ableitbar."[144] Gegenwart gibt es nur in der „Operation des Aufschiebens (différer), die die Präsenz zugleich spaltet und verschiebt, indem sie sie mit einem Schlag der ursprünglichen Teilung und dem ursprünglichen Aufschub (delai) unterwirft."[145] Sie ist damit immer nur als abwesende anwesend, als Spur, als Zeichen des Entzugs bzw. der Abwesenheit.[146] In jeder Präsenz ist Nichtpräsenz schon mitgesetzt.[147] Reine Präsenz ist reine Illusion.

Dass der denkende Zugriff auf Gegenwart über die sich verschiebende Differenz des nichtgegenwärtigen Gegenwärtigen und

[143] J. Derrida, *Grammatologie*, Frankfurt am Main 1974, 109.

[144] J. Derrida, *Die Stimme und das Phänomen*, Frankfurt am Main 1967, 106.

[145] AaO. 145.

[146] Vgl. Ph. Stoellger, *Metapher und Lebenswelt. Hans Blumenbergs Metaphorologie als Lebenswelthermeneutik und ihr religionsphänomenologischer Horizont*, Tübingen 2000, 212 ff.

[147] Vgl. die Kritik an Derrida durch M. Henry, *Radikale Lebensphänomenologie. Ausgewählte Beiträge zu Phänomenologie*, Freiburg 1992, 169 ff.

gegenwärtigen Nichtgegenwärtigen nicht hinausgelangen kann, da er Gegenwärtiges niemals *als* Gegenwärtiges zu begreifen, sondern ihm immer nur anhand der Spur des Nicht(mehr)präsenten in der Repräsentation nachzudenken vermag, hat prinzipielle Folgen. Alles, was wahrgenommen wird oder worauf sich das Denken richtet kann nur unter Bedingungen der Vergegenwärtigung und damit anhand der Differenz von Präsenz und Nichtpräsenz thematisiert werden. Das wird in der neueren französischen Phänomenologie mannigfach variiert. In jedem Sosein ist ein Anderssein, in jedem Anderssein eine prinzipielle und nicht aufhebbare Andersheit mitgesetzt. Das kann zeichentheoretisch durchgespielt werden, wie bei Derrida. Aber auch ethisch wie bei Levinas. Die alle Intentionalität übersteigende Transzendenz des Anderen begegnet mir als ethischer Anspruch, der nie vollständig in eine von mir intentional erschlossene Weltlichkeit aufgelöst werden kann, da dies eine entschärfende Aneignung des Anderen und damit die Verharmlosung der Provokation darstellte, die die des Anderen darstellt. Die Unnausweichlichkeit seiner Gegenwart wird nicht nur als geradezu traumatisierende ‚Geiselnahme' erfahren, sondern zugleich als Präsenz einer unendlichen Transzendenz in ‚meiner' Gegenwart. Erst durch den Anderen bin ich Ich. Erst seine Vergegenwärtigung gibt mir Gegenwart. Weil er sich aber nicht anders vergegenwärtigt als in seiner unendlichen Andersheit und Transzendenz, bin ich mir nie anders gegenwärtig als in der Differenz zum unendlich Anderen. Auch in ethischem Horizont gibt es keine reine Gegenwart, sondern nur die unabweisbare und unentrinnbare Vergegenwärtigung des Anderen in seiner unendlichen Andersheit. Reine Gegenwart ist Illusion.

11. Gegenwärtigkeit des Gegebenen

Das muss freilich nicht das letzte Wort sein und ist es auch nicht geblieben. Wie jede radikale Analyse bietet auch sie eine radikale Alternative: Ist nichts rein gegenwärtig, weil in jeder Präsenz von etwas dessen Nichtpräsenz mitgesetzt ist, dann ist die Nichtpräsenz von irgendetwas auch nicht ohne seine Präsenz zu haben, weil es sonst für mich noch nicht einmal als nicht präsent gegeben wäre. Es muss mir gegeben sein, um als präsent oder nicht präsent bezeichnet werden zu können. Was mir gegeben ist, ist mir aber gegenwärtig, und deshalb ist alles mir Gegebene gegenwärtig: das Präsente als Präsentes, und das Nichtpräsente als Nichtpräsentes. Fokussiert das Interesse nicht das, *was* gegenwärtig ist (oder für gegenwärtig gehalten wird), sondern den, *für den* es gegenwärtig ist, dann ändert sich das Bild. Die Illusion reiner Gegenwart entpuppt sich dann als Gegenwart dieser Illusion und schlägt in die Gegenwärtigkeit alles Gegebenen um.

Genau das lässt sich bei Jean-Luc Marion beobachten. Im Gegensatz zu Derrida betont er nicht die Abwesenheit auch des Anwesenden, sondern gerade umgekehrt die Anwesenheit auch des Abwesenden. Bei ganz ähnlicher Analyse führt sein Weg nicht zur Betonung der Nichtpräsenz des Präsenten, sondern der Präsenz auch des Nichtpräsenten. Sein Thema ist die *reine Anwesenheit*, nicht die bestimmter Phänomene im Unterschied zu anderen, sondern gerade umgekehrt „eine Anwesenheit von nichts, von keinem ‚Phänomen' mehr."[148] Nicht *was* oder *als was* etwas gegeben oder Phänomen ist, steht bei ihm im Zentrum der Analyse, sondern dessen Für-Bezug, also der, *für den* es Phänomen ist. Der aber ist, radikal gedacht, nicht zunächst da und wird dann zu dem, dem etwas gegeben ist, sondern er *wird* dadurch, dass es ihm gegeben ist, zu dem, für den es Phänomen ist. *Für mich* ist nur das Phänomen, was mich *zu dem macht*, für den es ein Phänomen ist. Phänomen ist für mich aber nur das, was mir gegenwärtig ist, und zwar so gegenwärtig ist, dass es meine Gegenwart konstituiert: Ich bin mir gegenwärtig, weil anderes *mir gegenwärtig wird* und eben damit, dass es mir als anderes meiner selbst gegenwärtig wird, *mich mir selbst gegenwärtig macht.*

---

[148] KÜHN, Theologische Wende, 276.

Das kann nach zwei Seiten entfaltet werden. Durchdenkt man diesen Vorgang seitens dessen, was mir als anderes meiner selbst gegenwärtig wird, dann ergibt sich eine *Phänomenologie der Offenbarung*, die auf das abhebt, was sich mir als es selbst so erschließt, dass es mir gegenwärtig wird und mich dadurch so von mir unterscheidet, dass ich mir selbst gegenwärtig werde: *Meine* Gegenwart bei mir selbst ist nicht Voraussetzung, sondern Folge dessen, was mir gegenwärtig wird. Nicht ich mache mir anderes gegenwärtig, sondern ich werde mir gegenwärtig, weil anderes mir gegenwärtig wird. Diese Linie einer phänomenologischen Offenbarungsanalyse wird von Marion detailliert ausgearbeitet.[149] Grund aller Gegenwart ist das Sichvergegenwärtigen der Phänomene, die, indem sie mir gegenwärtig werden, mich mir selbst gegenwärtig machen. Als Vollzugsform des reinen Sichgebens der Phänomene vollzieht sich die Konstitution von Gegenwart damit als „absolute Selbstaffektion des Lebens"[150] bzw. als „reine Form des Anrufs".[151] Dieser Gedanke kann in die Analyse von Subjektivität als *Selbstanwesenheit*,[152] oder, wie bei Marion, in das *reine Sichgeben* der Phänomene als Grund und Vollzugsform von Gegenwart ausgezogen werden.

Genau an dieser Stelle aber meldet sich das Leib-Problem zurück. Denn wenn ich mir gegenwärtig werde, weil und insofern mir anderes gegenwärtig wird, dann ist zu fragen, wer oder was denn genau die Instanz ist, *der* bzw. *für die* etwas von ihr Verschiedenes so gegenwärtig wird, dass sie dadurch sich selbst gegenwärtig werden kann. Die Antwort ist: *der Leib*, aber eben nicht im Sinne eines Körpers, der sich von einem in ihm gegenwärtigen Ich (‚Seele') als Objekt unter Objekten noch einmal unterscheiden ließe, sondern als leibliche Ichgegenwart, als leibhafte Gegenwart

---

[149] J.-L. Marion, *Givenness and Revelation*, Oxford 2016.

[150] Ebd. 275.

[151] D. Janicaud, *Le tournant théologique de la phénoménologie française*, Paris 1991, 26 ff. 39 ff. 57 ff.

[152] E. Ströker/P. Janssen, *Phänomenologische Philosophie*, Freiburg 1989, 203 ff.

meiner selbst bei bei mir in der Welt. Nur als Leib, nicht als Seele, Ich o. ä. bin ich Zentrum möglicher Orientierung in der Welt.[153] Damit ist ein Mehrfaches gesagt. Als Leib gehöre ich selbst zu dieser Welt, die Welt genau deshalb ist, weil auch andere und anderes zu ihr gehören (ich lebe zusammen mit anderen und anderem ‚weltlich'). Aufgrund meines Leibes und von meinem Leib her ist diese Welt mir in bestimmter, strukturierter Weise immer schon erschlossen (ich lebe immer schon in je meiner Welt, die mir fremd sein mag, aber niemals prinzipiell unzugänglich ist). In und unter Bedingungen dieser Welt vollzieht sich alles konkrete intentionale Erleben von etwas als etwas, erlebe ich Weltliches (andere, anderes oder mich selbst) also als verständlich oder unverständlich, sinnvoll oder sinnlos. Als Zentrum meiner Orientierung in der Welt ist der Leib das Hier und Jetzt meiner Gegenwart. Diese Ichgegenwart ist das Ich, das keinen Leib hat, sondern sein Leib *ist*, das sich seinem Leib also nicht noch einmal abstrakt gegenübersetzen kann (indem es diesen als Körper thematisiert), weil es sich dafür immer schon des Leibes bedienen müsste. Es ist die „vorprädikative Leiblichkeit des Ich, die ungegenständliche Einheit von Ich und Welt."[154]

Das kann seinerseits nun aber nicht wieder intentionalanalytisch verstanden werden, ohne in Aporien zu geraten. Die intentionale Anwesenheit, die Gegebenheit intentionaler Gegenstände, ist ihrerseits ja nur in Abgrenzung gegen eine unsichtbare Anwesenheit präzisierbar, aus der sie ‚entspringt'. Diese nicht intentional erschließbare Anwesenheit des Anderen, die in jeder Intentionalanalyse schon vorauszusetzen ist, gilt es zu verstehen, weil sich ihr das Gegebensein des Gegebenen und damit die Gegenwärtigkeit des Gegenwärtigen verdankt. Ihr Verständnis stellt die zentrale Herausforderung dar für den phänomenologischen Versuch, die Gegenwärtigkeit des Gegenwärtigen von der Präsenz leiblichen

---

[153] Vgl. C. A. van Peursen, *Phänomenologie und analytische Philosophie*, Stuttgart 1969, 104 ff.

[154] Held, Nachwort, 147.

Erlebens aus zu erhellen.[155] Denn der Leib ist der Ort, an dem Anwesendes anwesend und Abwesendes abwesend ist, ja an dem sich diese Differenz überhaupt erst konstituiert. Eben deshalb ermöglicht der Leib Orientierung in der Welt des Anwesenden und Abwesenden, auch religiöse Orientierung. Um das zu erhellen, ist dem Phänomen der *Anwesenheit* genauer nachzugehen.

---

[155] Vgl. STRÖKER/JANSSEN, *Phänomenologische Philosophie*, 330 ff, 336 ff.

B. Anwesenheit und Abwesenheit

1. Das Wort ‚Anwesenheit' und sein christlicher Gebrauch

Mit dem lateinischen *praesentia* wird das griechische παρουσία, παρεῖναι übersetzt, das die *Präsenz eines Dinges* oder *einer Person bei anderen* bzw. *an einem Ort* meint. Das Gegenteil wird ἀπουσία genannt und im Lateinischen mit *absentia* wiedergegeben. Entsprechend auch im Deutschen, wo das ahd. *abawesan* für das lat. *abesse* verwendet wird, für das Gegenteil *adesse* dagegen vermutlich entsprechend **anewesen* (*dabei-, gegenwärtig sein*). Die beiden Substantive *Anwesenheit* (ahd. anawesan: *in, an, auf etwas sein, innewohnen, anhaften*) und *Abwesenheit* übernehmen so im Deutschen die Rolle von παρουσία und ἀπουσία im Griechischen.

Nun wurde παρουσία in der griechisch-hellenistischen Umgangssprache sowohl sakral als auch profan gebraucht. Sakral verstanden meint es die Anwesenheit der Götter bei einer Stadt, einer Mahlzeit, einem Opfer o.ä.,[1] profan fungiert es als Terminus für den Besuch eines Herrschers bzw. hohen Beamten, die als παρουσία des Königs verstanden wird.

Eine präzise philosophische Bedeutung erhält es bei Platon, der von der *Anwesenheit einer Idee in der Erscheinung* spricht, durch die diese erst Seinshaftigkeit, also den Status von etwas Seiendem erhält. παρουσία fungiert hier als Synonym für μέθεξις oder κοινωνία. Nur sofern das Übersinnliche, die Idee, im Sinnlichen anwesend ist, *ist* dieses überhaupt bzw. ist es überhaupt das, *was* es ist. Oder wie es Sokrates im *Phaidon* sagt: „wenn mir jemand sagt, weswegen irgend etwas schön ist, entweder weil es eine blühende Farbe hat oder Gestalt oder sonst etwas dieser Art,

[1] A. Oepke, παρουσία, πάρειμι, *ThWB* V, 857.

so [...] halte ich mich ganz einfach und kunstlos und vielleicht einfältig bei mir selbst daran, daß nichts anderes es schön macht als eben jenes Schöne, nenne es nun *Anwesenheit oder Gemeinschaft*, wie nur und woher sie auch komme, denn darüber möchte ich nichts weiter behaupten, sondern nur, daß vermöge des Schönen alle schönen Dinge schön werden."[2]

Damit ist ein Sprachgebrauch angebahnt, der theologisch aufgegriffen werden konnte und in der altkirchlichen Christologie auch aufgegriffen wurde. Die platonische Bedeutung, so Gustav Teichmüllert, sei auch für den neutestamentlich-altkirchlichen Gebrauch von παρουσία konstitutiv.[3] Doch der Sachverhalt ist differenzierter. In der griechischen Patristik wird der Begriff zur Bezeichnung der *Epiphanie Christi* gebraucht, also seines, lateinisch gesagt, *adventus.* Im Neuen Testament bezeichnet der Begriff παρουσία nach Albrecht Oepke niemals das Kommen Christi ins Fleisch (die Inkarnation), sondern seine *eschatologische Ankunft.* „Die Zählung mehrerer Parusien gehört erst der späteren Kirche an."[4] So spricht der Apologet Justin von δύο παρουσίαι, unterscheidet also das *irdische Kommen Christi* und seine *Ankunft in Machtherrlichkeit.* Ähnliches findet sich auch bei Irenäus oder Hippolyt. Seit Clemens Alexandrinus dagegen wird mit παρουσία fast nur noch das *irdische Gekommensein Jesu Christi* gemeint. Gelegentlich ist von seiner αἰσθητὴ παρουσία, seiner spürbaren Anwesenheit in der Kirche die Rede. Der eschatologische Sinn der Vokabel scheint dagegen weitgehend verloren gegangen zu sein.

Gerade der aber ist der entscheidende Sinn im Neuen Testament. Die Parusie ist das *Kommen dessen, der schon anwesend ist,* und die Parusie zu erwarten heißt, das Reich, die gute Herrschaft Gottes zu erwarten, die in Jesus Christus angebrochen und im Geist auch bei uns schon Gegenwart ist. Seit Paulus wird mit παρουσία genauer die „*Ankunft* Christi in messianischer Herr-

---

[2] PLATON, *Phaidon* 100 c 10 – d 8.

[3] G. TEICHMÜLLER, *Geschichte des Begriffs der Parusie*, Halle 1873.

[4] OEPKE, *THWB* V, 863 ff, 863.

lichkeit"[5] bezeichnet. Die Pastoralbriefe sprechen, noch stärker hellenisierend, von der ἐπιφάνεια, 2. Thess. 2,8 etwa spricht von der ἐπιφάνεια τῆς παρουσίας αὐτοῦ.

Es ist kaum bestreitbar, dass das Denken Jesu von Parusievorstellungen durchtränkt war. Nach Mk 14,62 etwa soll Jesus seinen jüdischen Richtern mit seiner noch während ihrer Lebenszeit erfolgenden Ankunft als Richter bzw. Sitzender zur Rechten Gottes gedroht haben.[6] Ob und inwiefern zwischen *Parusie* und *Auferstehung* ein deutlicher Unterschied gemacht wurde, ist nicht klar auszumachen. Man hat wohl mit einer gewissen Zwischenzeit gerechnet, sonst wäre für Bekehrung der Juden und Heiden keine Zeit geblieben. Wahrscheinlich hat aber nicht nur Jesus, sondern haben auch seine Jünger seine Parusie in Herrlichkeit nahe geglaubt.

Das ist deutlich bei Paulus, der glaubt, dass er mit der Mehrzahl seiner Leser die Parusie erleben werde (1 Thess 4,15; 1 Kor 15,51). Angesichts dieser Naherwartung werden Vergangenheit und Gegenwart in ihrer Bedeutung erheblich zurückgestuft, ja zu einer quantité négligable.[7] Entscheidend ist die in Kürze anbrechende Zukunft: Sie ist das *eigentliche Offenbarungsereignis*. Das gilt nicht nur für Paulus, sondern für die ganze Urchristenheit. Die ersten Christen erwarteten die Wiederkehr Christi zum Gericht als *das* Offenbarungsereignis (vgl. 1 Thess 1,10).

Das (sogenannte) Schwinden der Naherwartung führt aber bald zur Umakzentuierung. In den Pastoralbriefen (2 Tim 1,10) wird ἐπιφάνεια für die Offenbarung Christi im Fleisch gebraucht. Damit bahnt sich ein Sprachgebrauch an, der später auch auf παρουσία und *adventus* übergreift: die Unterscheidung von *zwei Ankünften* – dem *Kommen ins Fleisch* und dem *Kommen als Weltenrichter*. Im Hebräerbrief etwa steht nicht das erwartete Kommen, sondern (fast ausschließlich) das *Gekommensein Christi*, des

---

[5] Ebd. 863.

[6] Vgl. auch die Parusierede Mk 13.

[7] H. Hübner, *Biblische Theologie des NT*, Bd. 1, Göttingen 1990, 199.

durch sein Leiden vollendeten, sich selbst opfernden Hohepriesters im Zentrum. Der 2. Petrusbrief und die Apokalypse dagegen halten nachdrücklich an der bevorstehenden Wiederkunft fest, so dass die urchristliche Naherwartung zunehmend durch die Existenz- und Zeitspannung zwischen dem Schon-gekommen-sein des Auferstandenen und seinem noch nicht erfolgten, aber bald erfolgenden Wiederkommen gekennzeichnet ist – eine Spannung, die das Apostolische Glaubensbekenntnis im zweiten *und* im dritten Artikel prägt.

Mit der Kategorie der Parusieverzögerung sollte man allerdings vorsichtig umgehen. Im Neuen Testament zeigt sich „keine Spur einer Parusie-Enttäuschung."[8] Dieses Urteil entspringt einem dem Neuen Testament fremden, am bloßen Verlauf orientiertes Zeitverständnis. Paulus etwa fasst die erhoffte und erwartete Parusie Christi nicht so sehr temporal (jetzt noch nicht – dann aber) ins Auge, sondern *qualitativ* im Bezug auf das Leben der Glaubenden: Wird sie noch während des gegenwärtigen Lebens stattfinden oder erst nach dem Tod? Es geht um das *Wie*, nicht das Wann. Die Parusie Christi ist jedenfalls nicht einfach mit dem Ende der Verlaufszeit gleichzusetzen. Sie ist ein *qualitatives Ereignis*: das Anbrechen der guten Herrschaft Gottes – ein Ereignis, das die (Verlaufs-)Zeit nach alt/neu, nach der Zeit des *alten Äon* und des *neuen Äon* zu unterscheiden nötigt. Und das Unterscheidungsprinzip ist nicht das temporale Früher und Später, sondern die Frage, ob die Gottesnähe in ihrer Herrlichkeit wahrgenommen oder nicht wahrgenommen wird.

Bei Johannes wird das zeitlose Haben des Heils im Glauben hier und jetzt so betont, dass das künftige, erwartete Kommen Christi aufs engste mit dem *Kommen des Geistes* verknüpft wird (vgl. die Abschiedsreden Joh 13–17).[9] *Im Geist* ist *die Zukunft*

---

[8] O. Weber, *Grundlagen der Dogmatik*, Bd. 2, Neukirchen-Vluyn ^{2}1972, 751.

[9] Chr. Hoegen-Rohls, *Der nachösterliche Johannes: Die Abschiedsreden als hermeneutischer Schlüssel zum vierten Evangelium*, Tübingen 1996.

präsent.[10] Damit steht die johanneische Theologie am einen Ende der Skala, an deren anderem die Apokalypse steht. Die erhoffte Gottesgegenwart wird nicht mehr (primär) in der Zeit-Spannung zwischen *Gegenwart* und *Zukunft* gedacht, sondern im Horizont des Gegensatzes von *Alt* und *Neu*, des Sich-zur-Geltung-bringens des Heils unter Bedingungen der damit zur alten gemachten Welt. Im Glauben ist wahrgenommen, dass sich die Zeiten- und Äonenwende bereits vollzogen hat. Dass dies so ist, dass sich Gottes Herrschaft also durchgesetzt *hat*, wird aber noch umfassend deutlich werden.

Der Parusiegedanke tritt so nicht ab (als unerfüllte Hoffnung), sondern er wird geradezu zu dem Ort, an dem sich die Spannung zwischen *Erfüllung* und *Vollendung* des Heils aufspannt. Damit wird er aber semantisch in einen anderen Kontrast eingebunden: Der leitende Gegensatz ist nicht der zwischen der *Verheißung* des Heils und seiner *Erfüllung* in der Parusie, sondern zwischen der *Erfüllung* der Heilsverheißungen in Jesus Christus und im Glauben an ihn und der *Vollendung* dieser Erfüllung im Wiederkommen Christi. *Anwesend* ist das Heil schon jetzt; aber *nicht für jedermann auch als solches wahrnehmbar*. Seine *Anwesenheit* ist vielmehr durch die *Wahrnehmung seiner Abwesenheit* überlagert. Diese wird überwunden werden, wenn Jesus Christus in Herrlichkeit wiederkommen wird. Die *christliche Hoffnung* richtet sich also *nicht* auf die *Erfüllung* oder Verwirklichung des Heils, sondern daraus speist sie sich gerade. Deshalb gründet sie *im Glauben* (ist also Hoffnung des Glaubens), der die Aneignung dieser Erfüllung im Leben ist. Sie richtet sich vielmehr auf die *Vollendung* der Heilserfüllung, die die universale Geltung des in und von Jesus Christus verwirklichten Heils universal zur Wirkung bringen wird – und das heißt: nicht nur *überall* auf der Welt, sondern auch *für alle Menschen*, und zwar die Lebenden nicht weniger als die Toten. Deshalb wird die Parusie mit dem endgültigen Wiederkommen Christi zum Endgericht und zur ewigen Heilsherrschaft verknüpft.

[10] AaO. 287–306.

Für das Verständnis von *Anwesenheit* und *Abwesenheit* stellen sich damit zwei Fragen. Einerseits ist das Verhältnis von *Anwesenheit und Abwesenheit des Heils* zu präzisieren, andererseits dieses Verhältnis mit dem zwischen der *Wahrnehmung* bzw. *Nichtwahrnehmung der Heilsgegenwart* zu verknüpfen.

2. Abwesenheit und Gegenwart

Anders als Anwesenheit hat *Abwesenheit* keine in die Augen springende antike bzw. christliche Bedeutungsgeschichte. Im Zusammenhang platonischen Denkens konnte es nur in *privativem* Sinn, als *Nicht-Vorhandensein* bzw. *Nicht-Anwesenheit* von etwas gefasst werden, also nicht den Status eines eigenständigen philosophischen Grundbegriffs erwerben. Und auch im christlichen Denken dominierte die Denkfigur der Gegenwart bzw. der Anwesenheit so, dass das Abwesendsein von ihr gewissermaßen überdeckt wurde.

Dabei hatte man gerade hier von Anfang an ein zentrales Problem: Der Auferstandene war *als irdischer Mensch abwesend. Nach dem Fleisch*, wie Paulus sagte, war er bald immer mehr Glaubenden unbekannt. Aber entscheidend war ja, dass er *nach dem Geist* bekannt war, als Auferstandener, als von Gott zu Gott Gerufener, als bald Wiederkommender. Seine *Abwesenheit* war damit als bestenfalls *temporärer Zwischenzustand* begriffen, umfangen und eingebettet nicht nur in sein *gewesenes Dasein* und *kommendes Anwesendsein*, sondern in das nicht weniger gegenwärtige (und als solches wahrgenommene) *Anwesendsein des Geistes*. Die Geistorientierung des Urchristentums belegt seine *Anwesenheitsorientierung* und zeigt, wie der als Mangel empfundene Zustand der Abwesenheit Jesu Christi kompensiert wurde. Und während sich mit der Anwesenheit die qualitative Frage nach dem *Wie* seiner Gegenwart verband, stellte sich mit der Abwesenheit die temporale Frage nach dem *Wann* seiner Wiederkunft.

Nun hatte diese Abwesenheit aber einen ganz bestimmten Charakter. Sie wurde zwar negativ als *Abwesendsein von uns*, positiv aber – und das vor allem zählte – als *Anwesenheit bei Gott* gedacht: Der abwesende Jesus Christus ist nicht einfach nicht (mehr) da, sondern er ist jetzt *bei Gott*, zur Rechten des Vaters. Seine Abwesenheit war damit nicht als Ausdruck seines Nichtmehrseins, sondern seines *Göttlichseins* verstanden und ausgezeichnet: *als Mensch* war er abwesend, als bei Gott Seiender aber wie Gott und mit Gott anwesend, eben *als Geist*. Denn der *Geist* ist der Modus der Gegenwart Gottes in seiner Schöpfung und zugleich der Grund für die Wahrnehmung dieser Gottesgegenwart in der Schöpfung: Gott ist *als Geist* bei uns anwesend, und weil Jesus Christus *bei Gott ist*, und zwar zu seiner Rechten und damit untrennbar mit Gottes Herrschaft verbunden, ist er *mit Gott* bei uns *im Geist* anwesend, und d.h.: der Geist, in dem und durch den Gottes Gegenwart und Anwesenheit erfahren wird, ist wesentlich und unabdingbar der *Geist Christi*.

Entsprechend wird die *Himmelfahrt* nicht als ‚Fest der endgültigen Abwesenheit des Auferstandenen' gefeiert, sondern als *Fest seines bleibenden Eingehens in die Gegenwart Gottes*. Und da Gott immer und überall gegenwärtig und in jeder Gegenwart seiner Geschöpfe anwesend ist, ist auch der, der ewig mit und bei Gott ist, *mit Gott zusammen immer und überall anwesend*: ein *anwesender Abwesender* sozusagen. Gerade christologisch zeigte sich also, dass die Anwesenheit des in Christus personifizierten Heils gar nicht zu denken war, ohne den dialektischen Zusammenhang von Anwesenheit und Abwesenheit so in den Blick zu fassen, dass die Abwesenheit Jesu selbst positiv, nämlich als konstitutives Moment der Präsenz des Heils und des Einbezogenseins der Menschen in das Heilsgeschehen gedacht wurde. Zugespitzt gesagt: *Wäre Jesus nicht abwesend, wäre das Heil bei den Menschen nicht anwesend.*

Nun ist das Heil aber nicht nur bei einigen, sondern bei *allen Menschen* anwesend, weil seine Anwesenheit keine andere als die Anwesenheit Gottes selbst ist. Dass diese nicht von allen wahrgenommen, erkannt und anerkannt wird, kann dann aber nicht daran liegen, dass das Heil nicht wirklich gegenwärtig wäre: Der Grund für die Nichtwahrnehmung der Anwesenheit Christi kann nicht bei diesem und damit auf der Seite Gottes, sondern muss auf der Seite der Menschen gesucht werden. Gerade weil die *Abwesenheit Jesu von uns* als *Anwesenheit Jesu Christi bei Gott* verstanden wird, ist Gottes Gegenwart bei uns im Geist unlöslich mit der Anwesenheit des Abwesenden verbunden. Und das nötigt das theologische Denken, auf Seiten der Menschen nicht nur nach dem Modus der Wahrnehmung der Gegenwart des anwesenden Abwesenden zu fragen, sondern auch nach dem Grund ihrer verbreiteten Nichtwahrnehmung. Das erste wird in den Lehren vom Wort, vom Glauben und von den Sakramenten, das zweite in der Sündenlehre entfaltet.

Damit ist die verwendete Formel von der *anwesenden Abwesenheit* aber noch nicht zureichend erläutert. Denn wie ist das damit Angedeutete zu denken? Das wird man nicht sagen können, ohne zu beachten, dass *Abwesenheit* (frnz. absence) seine terminologische Karriere erst in der Neuzeit, genauer im 19. Jahrhundert begonnen hat, und zwar vor allem in der Lyrik und Dichtungstheorie bei Mallarmé, Valéry und Rilke. Philosophisch hat im 20. Jahrhundert allerdings niemand auf die Beantwortung dieser Frage einen größeren Einfluss ausgeübt als Heidegger.

3. Heideggers Analyse der Abwesenheit

Heidegger hat *Sein* am Leitfaden des *Anwesendseins* zu entschlüsseln gesucht. Ihm zufolge ist die *beständige Anwesenheit* der Grundsinn von Sein in der griechischen Philosophie: die „antike Metaphysik“ bestimmt das *ontos on*, das Seiende, „als *aei on*“[11], das Sein des Seienden als οὐσία. Die „Bestimmung des Sinnes von Sein“, so schreibt er in *Sein und Zeit*, als παρουσία bzw. οὐσία bedeutet, dass Sein als *Anwesenheit* gefasst wird: „Seiendes ist in seinem Sein als ‚Anwesenheit‘ gefaßt, d.h. es ist mit Rücksicht auf

[11] M. Heidegger, *Kant und das Problem der Metaphysik*, Frankfurt am Main ³1965, 216–18, § 44.

einen bestimten Zeitmodus, die ‚*Gegenwart*' verstanden", Seiendes hat die Struktur der ‚Gegen-wart', „d.h. es ist als Anwesenheit (οὐσία) begriffen."[12]

Die Problematik der griechischen Ontologie war Heideggers Diagnose zufolge nun aber gerade, diesen intrinsischen Zeitbezug ihres Seinsverständnisses nicht durchschaut zu haben. Er versucht daher in seiner eigenen Seinsanalyse das explizit zu machen, was in der griechischen Ontologie implizit war, also den Sinn von Sein ausdrücklich von der Zeit her zu verstehen, ohne dabei den Fehler der griechischen Tradition zu begehen, den Zeitbezug des Seins von vornherein als Gegenwartsbezug zu unterstellen.

Dass und wie das bei den Griechen aus Heideggers Sicht der Fall ist, zeigt er besonders deutlich in einer Auslegung eines Verses der Illias in *Der Spruch des Anaximander* (1946) in den *Holzwegen* (1950).[13] Es handelt sich vor allem um Vers 70, wo von Kalchas, dem Thestoride, dem weisesten Vogelschauer, gesagt wird: ὅς ᾔδη τά τ' ἐόντα τά τ' ἐσσόμενα πρό τ' ἐόντα: „der erkannte, was ist, was sein wird oder zuvor war" (Voß) bzw., wenn man ᾔδη als Plusquamperfekt zum Perfekt οἶδεν genau übersetzt, „der gesehen *hatte*". Denn, so Heidegger: „Erst wenn einer gesehen hat, sieht er eigentlich."[14] Heidegger legt den Vers folgendermaßen aus:[15] „Das Erste, was wir dem dichterischen Wort entnehmen, ist, daß τὰ ἐόντα gegen τὰ ἐσσόμενα und πρό ἐόντα unterschieden ist. Demnach nennt τὰ ἐόντα das Seiende im Sinne des Gegenwärtigen. Wenn wir Späteren von ‚gegenwärtig' reden, dann meinen wir entweder das Jetzige und stellen dies als etwas Innerzeitiges vor. Das Jetzt gilt als eine Phase im Zeitablauf. Oder wir bringen ‚gegenwärtig' in Beziehung zum Gegenständlichen. Dieses ist als das Objektive auf ein vorstellendes Subjekt bezogen. Wenn wir jedoch das ‚gegenwärtig' zur näheren Bestimmung von ἐόντα gebrauchen, sind wir daran gehalten, das ‚gegenwärtig' ganz aus dem

[12] Heidegger, *Sein und Zeit*, 25 f.

[13] M. Heidegger, *Holzwege*, *GA* Bd. 5, Frankfurt am Main ^{5}1975, 318 ff.

[14] AaO. 318 f.

[15] AaO. 346.

Wesen der ἐόντα und nicht umgekehrt zu verstehen. Doch ἐόντα ist auch das Vergangene und Zukünftige. Beide sind eine Weise des Anwesenden, nämlich des *ungegenwärtig Anwesenden* [meine Hervorhebung]. Das *gegenwärtig Anwesende* [meine Hervorhebung] nennen die Griechen verdeutlichend auch τὰ παρεόντα; παρά bedeutet ‚bei', nämlich beigekommen in die Unverborgenheit. Das ‚gegen' in gegenwärtig meint nicht das Gegenüber zu einem Subjekt, sondern die offene Gegend der Unverborgenheit, in die herein und innerhalb welcher das Beigekommene verweilt. Demnach bedeutet ‚gegenwärtig' als Charakter der ἐόντα soviel wie: *angekommen in der Weile innerhalb der Gegend der Unverborgenheit.* Das zuerst und dadurch betont Gesagte ἐόντα, das somit gegen προεόντα und ἐσσόμενα eigens unterschieden wird, nennt für die Griechen das Anwesende, insofern es in dem erläuterten Sinne in die Weile innerhalb der Gegend der Unverborgenheit angekommen ist. Solche Angekommenheit ist die eigentliche Ankunft, ist das Anwesen des eigentlich Anwesenden. Auch das Vergangene und Zukünftige ist Anwesendes, nämlich außerhalb der Gegend der Unverborgenheit. Das ungegenwärtig Anwesende ist das Ab-wesende. Als dieses bleibt es wesensmäßig auf das gegenwärtig Anwesende bezogen, insofern es entweder in die Gegend der Unverborgenheit hervorkommt oder aus ihr weggeht. Auch das Abwesende ist Anwesendes und, *als* Abwesendes aus ihr, in die Unverborgenheit anwesend. Auch das Vergangene und Zukünftige sind ἐόντα. Demnach bedeutet ἐόν: *anwesend in die Unverborgenheit.*

Aus dieser Erläuterung von ἐόντα ergibt sich, daß auch innerhalb der griechischen Erfahrung das Anwesende zweideutig bleibt und zwar notwendig. Einmal bedeutet τὰ ἐόντα das gegenwärtig Anwesende, zum andern aber auch alles Anwesende: das gegenwärtig und das ungegenwärtig Wesende."[16]

Heidegger sieht richtig, dass Vergangensein, Gegenwärtigsein und Zukünftigsein bei den Griechen in einem *Gegenwartsbezug*

[16] AaO. 319 f.

gedacht werden, der dreierlei leistet. Zum einen stellt er klar, was im strengen Sinn *ist*: das was gegenwärtig ist (wobei die Doppeldeutigkeit zu beachten ist zwischen dem, was *jetzt ist*, und dem, was *immer ist*). Zum andern hilft er zwischen Gegenwart, Vergangenheit und Zukunft zu unterscheiden, indem er das, was ist, von dem unterscheidet, was *nicht mehr* oder *noch nicht* ist. Und schließlich ist auch das *Nicht mehr* und *Noch nicht* vom bloß Irrealen dadurch unterschieden, dass es *wahr war* oder *wahr sein wird.* Wahrheit wird dabei als zeitlose Gültigkeit, als *Immerwahrsein* und damit *Immergegenwärtigsein* gedacht. Auch das, was nicht mehr oder noch nicht ist, aber wahr war oder wahr sein wird, gehört dann aber zum *Seienden* im strengen Sinn und ist damit – nach Heideggers Analyse – unter Maßgabe seiner *Anwesenheit* zu denken: eben als *gegenwärtig* oder als *ungegenwärtig* (nämlich vergangen oder zukünftig) *Anwesendes.*

Heidegger reagiert mit dieser Unterscheidung auf ein Problem, an das er sich auf seine Weise heranarbeitet. Im griechischen Verständnis von Sein (ὄν) koinzidieren zwei zu unterscheidende Bedeutungen: das, was *für uns gegeben* bzw. *uns gegenwärtig* ist, und das, was *wahr ist*, also das *Gegenwärtigsein* und das *Wahrsein.* Heidegger ist dem auf der Spur, sieht aber nicht die Notwendigkeit zur Unterscheidung dieser beiden Momente, sondern verbindet beides im Gedanken der „Unverborgenheit“: Was unverborgen ist, von dem gilt (a) dass es *ist*; und (b) dass es *für mich wahrnehmbar ist*, ja dass es *von mir wahrgenommen wird.* Statt *Gegenwärtigsein* und *Wahrsein* zu unterscheiden, konzipiert Heidegger also einen ‚ursprünglichen‘ Begriff der Wahrheit als *Unverborgenheit* (ἀ-λήθεια): Das, was *wahr ist*, wird *für mich gegenwärtig*, indem es sich *mir* erschließt, *bei mir* anwesend wird. Und genau das versucht er in *Sein und Zeit* in seinem Phänomenbegriff einzuholen.

So unterscheidet er in § 6 von *Sein und Zeit* das griechische ‚Anwesen‘ als ‚Von-sich-aus-Vorliegen‘ von der neuzeitlichen Verkürzung des Verständnisses von Sein als *Gegenständigkeit.* Beides ist eine Weise von Anwesenheit. Bei den Griechen ist „Seiendes […] in seinem Sein als ‚Anwesenheit‘ gefasst“, also „als παρουσία bzw.

οὐσία".[17] Und dieses Anwesen ist *verbal* zu verstehen: Seiendes *west an* und nur aufgrund dieses Anwesens kann es begegnen. In der Neuzeit wird das Anwesende in einer gegenüber der griechischen Antike noch problematischeren Weise gefasst, nämlich als das, was *durch das Subjekt als gegenständlich Gegebenes konstruiert* wird. Die neuzeitliche Wende zum Subjekt lässt Anwesendes zum *von uns konstruierten Gegenstand* ‚verkommen', weil es dieses gar nicht mehr als das *Von-sich-aus-Anwesende* wahrzunehmen vermag.

Aus diesem Grund setzt Heidegger der Philosophie der Neuzeit betont die Methode der Phänomenologie entgegen: Alles, was ist, ist *anwesend.* Aber nicht alles ist *gegenwärtig* anwesend, also *unverborgen* da. Doch nur was *unverborgen und gegenwärtig* anwesend ist, ist *Phänomen*, also das, was *von sich aus vorliegt* und sich eben dadurch, dass es *sich zeigt*, von dem unterscheidet, was *sich nicht zeigt.*

Ein Phänomen – so heißt es in § 7 von *Sein und Zeit* – ist also „das, was sich zeigt, das Sichzeigende, das Offenbare", genauer: „das *Sich-an-ihm-selbst-zeigende*, das Offenbare". Die Phänomene sind „die Gesamtheit dessen, was am Tage liegt oder ans Licht gebracht werden kann, was die Griechen zuweilen einfach mit τὰ ὄντα (das Seiende) identifizierten."[18] Und entsprechend bestimmt der die Aufgabe der Phänomenologie als das ἀποφάνεσται τὰ φαινόμενα: „Das was sich zeigt, so wie es sich von ihm selbst her zeigt, von ihm selbst her sehen zu lassen."[19]

Das ist deshalb notwendig, weil ein Phänomen nicht das ist, was sich zeigt, sondern das, was sich *als etwas* zeigt. *Als etwas* zeigt es sich aber nur, indem es sich zugleich als etwas zeigt, was es *nicht* ist. Phänomene haben für Heidegger also weder mit *Schein* noch mit *Erscheinen* zu tun. Schein und Erscheinen sind abkünftige Möglichkeiten, insofern in ihnen etwas so erscheint, wie es *nicht*

---

[17] Heidegger, *Sein und Zeit,* 25.
[18] AaO. 28.
[19] AaO. 34.

ist. Aber nur „sofern etwas überhaupt seinem Sinne nach prätendiert, sich zu zeigen, d.h. Phänomen zu sein, *kann* es sich zeigen *als* etwas, was es *nicht* ist, *kann* es ‚nur so aussehen wie ….'"[20] Die Rede vom Schein bzw. Erscheinen setzt also eine Differenz voraus zwischen *dem, was wahrhaft ist* (Wirklichkeit), und *dem, wie es erscheint* (Erscheinung bzw. Schein). Aber um diese Differenz überhaupt in Anspruch nehmen zu können, so Heidegger, müssen wir auf das rekurrieren, was er *Phänomen* nennt. „Erscheinen ist ein *Sich-nicht-zeigen*"[21] und gerade nicht ein *Sich-zeigen*; und jedes Sich-*nicht*-zeigen setzt ein Sich-zeigen schon voraus, weil nur unter dieser Voraussetzung einsichtig ist, *dass* sich etwas und *was* sich *nicht* zeigt.

An dieser Argumentation wird nicht nur ersichtlich, wie Heidegger die platonische Tradition der privativen Negation aufnimmt und umarbeitet. Es zeigt sich vielmehr deutlich die hermeneutische Struktur seiner Argumentation. Phänomene haben *Auslegungsstruktur*, sie sind durch ein *Als* strukturiert. Heidegger erläutert, was er damit meint, in den §§ 32 und 33 von *Sein und Zeit*, in denen er sein phänomenologisches Verfahren durch eine Klärung des Verstehens, Auslegens und Aussagens zu präzisieren sucht. Sein Grundgedanke ist dabei folgender: Sätze, in denen wir eine Erfahrung aussprechen (‚Der Hammer ist schwer'), haben immer den Charakter, den in Frage stehenden Gegenstand *als etwas* zu klassifizieren. Der Hammer wird hier also *als etwas*, nämlich *als schwer* ausgesagt. Allgemein formuliert: Aussagen der Struktur ‚S ist P' klassifizieren *etwas als etwas*. Das in solchen Sätzen in Anspruch genommene Als nennt Heidegger das *apophantische ‚Als' der Aussage*;[22] und er bemüht sich zu zeigen, dass dieses Als abkünftig ist und eine andere Auslegung immer schon voraussetzt, die ebenfalls Als-Struktur hat, ihrerseits aber nicht apophantisch ist, sondern – so Heidegger – *hermeneutisch* genannt werden

[20] AaO. 29.
[21] Ebd.
[22] AaO. 158.

muss: „Das ursprüngliche ‚Als' der umsichtig verstehenden Auslegung (ἑρμενεία) nennen wir das existenzial-*hermeneutische* ‚Als' im Unterschied vom *apophantischen* ‚Als' der Aussage."[23]

Damit ist folgendes gemeint: *Auslegen* ist nach Heidegger ein Vorgang des *Verstehens.* In der Auslegung „eignet sich das Verstehen sein Verstandenes verstehend zu." Das dabei Verstandene hat die Struktur des *Etwas als Etwas,*[24] *aber noch nicht Aussage-Struktur: Es ist ein vorprädikatives Verstehen.* Etwas in unserer Umwelt Gegebenes wird von uns *als etwas* erfasst (etwa *als Hammer*), und erst dann können wir darüber auch Aussagen machen, indem wir dieses *etwas* (das wir *als Hammer* wahrnehmen) *als etwas* bestimmen (etwa *als schwer*). Oder in Heideggers Worten: „Der umsichtig-auslegende Umgang mit dem umweltlich Zuhandenen, der dieses *als* Tisch, Tür, Wagen, Brücke ‚sieht', braucht das umsichtig Ausgelegte nicht notwendig auch schon in einer bestimmenden *Aussage* auseinander zu legen."[25] Aber dieser Umgang ist Voraussetzung einer jeden Aussage über unsere Welt. Was heißt das?

Mit *Umsicht* meint Heidegger etwas, das mit *Sehen* zu tun hat, nämlich einen „*Umgang* mit dem umweltlich Zuhandenen", der sich von dem „nur ‚theoretisch' hinsehenden Blick auf Dinge" unterscheidet.[26] Es ist kein distanziertes, abwägendes, unterscheidendes Wahrnehmen, sondern ein solches, das sich mit dem „gebrauchend-hantierenden Umgang" mit etwas einstellt. Denn dieser Umgang „ist nicht blind, er hat seine eigene Sichtart, die das Hantieren führt."[27] Es ist also kein theoretisches, sondern ein *praktisches Wahrnehmen.*

Dieses *praktische Wahrnehmen* im lebenspraktischen Umgang liegt jedem theoretischen Beobachten und damit auch jedem Aussagen voraus und zugrunde. Wo nicht etwas *als (ein) Etwas* im praktischen Umgang, also als etwas mir Zuhanden-Gegenwärtiges

---

[23] Ebd.
[24] AaO. 149.
[25] Ebd.
[26] AaO. 69.
[27] Ebd.

wahrgenommen wird, lässt sich auch nichts *als etwas* aussagen. Heidegger unterscheidet also zwei Akte: Ein *x als ein S wahrnehmen*, also ein Haus, eine Tür, einen Tisch usf., ist ein Vorgang, in dem wir *etwas als etwas wahrnehmen*, nämlich so, wie es sich uns im praktischen Umgang erschließt. Ein (so wahrgenommenes) *S als P aussagen* ist demgegenüber ein abkünftiger, ein sekundärer Akt, in dem wir etwas so oder so Wahrgenommenes *als etwas* bestimmen, also etwas Bestimmtes von ihm aussagen.

Ein zentraler Streitpunkt um Heideggers Hermeneutik und Phänomenologie ist die Frage, ob so überhaupt unterschieden werden kann.[28] So lautet der Vorwurf der Kritiker, „daß Heidegger hier, wie auch in anderen Fällen, Züge der Betrachtung auf das Betrachtete überträgt", also die (unbestrittene) Als-Struktur des aussagenden Verstehens auf das dabei Verstandene überträgt, so dass dieses als solches (und nicht nur als von uns in bestimmter Weise Verstandenes und Ausgelegte) Als-Struktur hat.[29] Sofern das geschieht, ist es in der Tat problematisch. Doch Heideggers Intention lässt sich in anderer Weise aufnehmen und präzisieren. Es sind vor allem zwei Punkte, die zu beachten sind.

Zum einen heißt Sprechen oder Aussagen nicht, etwas Nichtsprachliches sprachlich wiedergeben. Wir leben in einer *immer schon sprachlich erschlossenen Welt*, sehen also in der Tat *Bäume* und *Häuser* und nicht ‚Etwasse', die wir dann so benennen. Anders gesagt: Unser Leben und Sprechen vollzieht sich immer schon im Zusammenhang einer *gemeinsamen sprachlichen Praxis*, die unsere Wahrnehmung steuert, und einer *gemeinsamen Wahrnehmungspraxis*, die sich in unserer Sprache ausprägt. Insofern ist die Welt für uns immer schon erschlossen, freilich nicht nur auf eine Weise. Wir wachsen in die Erschlossenheit der Welt für uns hinein, indem wir im Spracherwerb und Lebensvollzug in der

---

[28] E. TUGENDHAT, *Vorlesungen zur Einführung in die sprachanalytische Philosophie*, bestreitet das; ebenso A. GRAESER, Das hermeneutische ‚als'. Heidegger über Verstehen und Auslegung, *Zeitschrift für philosophische Forschung* 47 (1993) 559–572.

[29] GRAESER, Das hermeneutische ‚als', 561.

Familie (also über unsere fundamentalen Beziehungspersonen), in der Schule, in den übrigen Bezugskontexten unseres Lebens uns deren jeweilige Welt in ihrer spezifischen Erschlossenheit vermitteln lassen. Zunächst sind das nur eine oder wenige, dann werden es zunehmend verschiedene, je weiter sich unser Lebenskreis über die Primärpersonen hinaus ausdehnt und wir in Kommunikation mit anderen Menschen und Zeiten treten. Eben diese Verschiedenheit der Welterschließungen, die wir so kennen lernen, schafft die Voraussetzung dafür, dass wir selbst die Möglichkeit bekommen und zugleich die Fähigkeit ausbilden, uns kritisch zu den uns erschlossenen Welten zu verhalten, uns innerhalb der uns erschlossenen Welten also unsere *eigene Welt(sicht)* aufzubauen.

Genau das, das ist das andere, zeigt sich in unserem Sprechen und Aussagen. Aussagen sind keine monolitischen Akte, sondern die Verknüpfung zweier Akte: Des Bezugnehmens-auf (Referenzialisierens) und des Aussagens-von (Prädizierens). Beide Akte sind unterscheidbar, weil sie unterschiedliche Funktionen ausüben: das *Identifizieren* eines Gegenstands (etwas als *ein bestimmtes Etwas* identifizieren) und das *Klassifizieren* (extensional) bzw. *Bestimmen* (intensional) eines Gegenstand (ein Etwas *als etwas* charakterisieren). Beide Akte sind Zeichenprozesse und involvieren die Differenzen, die Zeichenprozesse auszeichnen, also die zwischen Zeichen und Bezeichnetem (semantische Dimension), zwischen Zeichen und anderen Zeichen (syntaktische Dimension), und zwischen Zeichen und Zeichenbenützer (pragmatische Dimension).

Darauf nimmt Heidegger mit der Rede von der Als-Struktur Bezug. In der Tat haben das Identifizieren und das Prädizieren eine unterscheidbare Als-Struktur. Ist die Struktur der Identifikation *etwas als etwas für jemand identifizieren*, dann ist die der Prädikation *etwas (ein als Etwas Identifiziertes) als etwas bestimmen.* Beispiele für das Erste sind *Eigennamen* und *Benennung*, Beispiele für das Zweite *Urteil* und *Bestimmung*. In beiden Fällen werden *Selektions- oder Auswahlakte* vollzogen, aber verschiedene: Aus der Menge des Gegebenen wird etwas *herausgegriffen*, benannt, identifiziert, und das so Benannte wird in den Gesamtbereich des strukturiert Erfassten durch nähere Bestimmung *eingeordnet.* Beides kann kommunikativ auf unterschiedliche Weise missglücken: Bei falschen Identifikationen ist das kommunikative Resultat, dass man nicht weiß, wovon die Rede ist, bei falschen Prädikationen dagegen, dass das Ausgesagte nicht wahr ist. Beides sind Arten der Unwissenheit, aber beide sind auch wohl zu unterscheiden.

Heidegger argumentiert also für drei durchaus haltbare Thesen: Erstens, dass sich unser Aussagen in einem immer schon sprachlich erschlossenen *praktischen Lebenszusammenhang* vollzieht, der jedem konkreten Aussageakt vorausgeht. Zweitens, dass dieser praktische Lebenszusammenhang sprachliche Operationen erlaubt (‚Identifizieren'), die zum einen für jemand als eine *Einweisung* bzw. als ein *Lernvorgang* fungieren können, insofern sie klarmachen, was bestimmte Ausdrücke in diesem Praxiszusammenhang meinen (z. B. Eigenamen wie ‚Napoleon', aber auch Allgemeinausdrücke wie ‚Hund' – etwa: ‚Das ist ein *Hund*': beides ist unabdingbar, um eine Sprache zu lernen), oder die zum anderen darauf hinweisen, dass etwas sprachlich Bekanntes auch *in re* hier tatsächlich vorliegt (‚*Das* bzw. *Da* ist ein Hund'). Drittens, dass wir es in unserer Sprach- und Lebenspraxis insofern mit Wirklichkeit zu tun haben, als diese Operationen *phänomenbezogen* sind, sich also auf etwas *Sich-uns-Zeigendes* beziehen.

Heideggers Rede vom *Phänomen*, vom *Sich-zeigen des Wirklichen*, und von der *Erscheinung*, also dem *Sich-nicht-zeigen des Wirklichen*, lässt sich von da her folgendermaßen verstehen:

(1) Phänomene haben eine *für-Struktur*: Etwas ist stets *für jemanden* ein Phänomen (pragmatische Zeichendimension); und diese für-Struktur ist fundamental *im Umgang* gegeben und nicht primär in einem theoretisch-distanzierten Akt.

(2) Phänomene haben eine *als-Struktur*: Etwas ist für jemand *als etwas* (in bestimmter Weise Bezeichnetes) ein Phänomen (semantische Dimension).

(3) Phänomene gibt es damit nicht ohne ihre Verortung in der Welt der Zeichen *und* in der bezeichneten Wirklichkeit, wie

man sich anhand der Grunddifferenz des Zeichenbegriffs klar machen kann.

Das aber heißt, dass *Sich-zeigen* und *Sich-nicht-zeigen* nicht so gegeneinander ausgespielt werden können, wie Heidegger das tut. Weil Phänomene Zeichenprozesse sind, implizieren sie eine Differenz zwischen Zeichen und Bezeichnetem, und genau darauf nimmt die Differenz zwischen Sich-zeigen und Sich-nicht-Zeigen Bezug: Nur insofern sich etwas *nicht* zeigt, *zeigt* sich etwas.

So gesehen hat Heideggers Phänomen-Analyse dann aber einen entscheidenden Mangel: Sie hat den *Zeichen-* bzw. *Sprach*charakter von Phänomenen unterschätzt. Der Grund dafür scheint zu sein, dass er undifferenziert zwei verschiedene Denkmodelle gebraucht: Es ist eines zu sagen, *Personen* zeigen sich bzw. zeigen sich nicht, es ist ein anderes zu sagen, *Zeichen* zeigen *etwas* und *nicht sich*. Heidegger spricht vom zweiten Fall (der Anzeige von etwas Gegenwärtigem) so, als ob es ein Fall des Ersten (der Anwesenheit von Personen) wäre. Aber beides ist zu unterscheiden. Dass wir Phänomene immer nur in einem Horizont der Schon-Erschlossenheit thematisieren können, ist in der Tat richtig. Aber das heißt nicht, dass sich uns das Seiende als Phänomen so erschließt, wie es an sich selbst ist, sondern dass wir uns dem, was ist, nie anders als im Zusammenhang einer Sprach- und Wahrnehmungspraxis zuwenden können, in der durch die Instrumente des Identifizierens/Benennens und Prädizierens/Bestimmens Wirklichkeit immer schon in bestimmter (kontingenter) Weise erschlossen ist – und nur deshalb auch besser erschlossen werden kann, so dass wir uns Wirklichkeitswissen korrigieren und verbessern können. Anders gesagt: Nicht die *Phänomene* erschließen sich uns, wie sie an sich selbst sind, sondern *wir haben es immer mit uns schon sprachlich erschlossenen Phänomenen zu tun* – nicht in privat-individuellem Sinn, sondern aufgrund unseres Lebens in Wahrnehmungs- und Sprachgemeinschaften. Nur weil wir zu einer Sprach- bzw. Zeichengebrauchsgemeinschaft gehören, gibt es für uns Phänomene; und nur weil wir diese *als etwas* thematisieren können, sind diese uns immer schon erschlossen – wenn auch keineswegs so, dass damit ihre Wahrheit oder die Richtigkeit unseres Wissens von ihnen gesetzt wäre. Was Heidegger *Wahrheit* (ἀλήθεια) nennt und als *Unverborgenheit* auslegt, ist also kein Charakterzug von Phänomenen und damit der Wirklichkeit, sondern eine Grundeigenschaft unserer Sprachpraxis. Nur im Horizont unserer Sprache gibt es für uns eine Welt: Die Grenzen unserer Sprache sind die Grenzen unserer Welt.

a) Verborgenheit als Modus der Anwesenheit

Für das Problem der Anwesenheit bzw. Abwesenheit folgt daraus mindestens ein Dreifaches. Zum ersten ist das Problem der Anwesenheit/Abwesenheit von der *Zeichenstruktur* her zu entschlüsseln. So ist *etwas anwesend*, wenn es *bei jemandem* anwesend ist, und das ist es nur, wenn etwas *als etwas* bei jemandem anwesend ist. Entsprechend ist *etwas abwesend*, wenn es *von jemandem abwesend* ist, und zwar *als etwas* von jemandem abwesend ist. Insofern gilt, was E. Jüngel folgendermaßen formuliert hat: „Anwesenheit und Abwesenheit sind Bestimmungen des Seienden, die dieses schon immer als auf das menschliche Dasein bezogen ansprechen."[30] Sie sind also keine Bestimmungen des Seienden, sondern sie sind Bestimmungen des Bezogenseins von Seiendem auf uns.

Wendet man das auf das Problem der Anwesenheit/Abwesenheit Gottes an, dann besagt die Rede von der *Anwesenheit Gottes*, dass Gott *für uns* da ist, und zwar *als etwas Bestimmtes* (*als ein Bestimmter*). Und entsprechend besagt die Rede von der *Abwesenheit Gottes*, dass Gott *von uns* abwesend ist, und zwar wiederum *als etwas Bestimmtes* (*als ein Bestimmter*). Das aber hat zur Folge, dass man den Gedanken von Gottes Anwesenheit bzw. Abwesenheit differenziert entfalten muss: Kann Gott für uns auf verschiedene Weise anwesend sein (nämlich in verschiedener Bestimmtheit), dann kann Gott von uns auch auf verschiedene Weise abwesend

---

[30] E. Jüngel, *Gott als Geheimnis der Welt*, Tübingen [7]2001, 71.

sein, ohne dass seine Anwesenheit (in der einen Hinsicht) seine Abwesenheit (in der anderen Hinsicht) ausschließen müsste. Wäre Gott überhaupt abwesend, dann wären wir überhaupt nicht, ist Gott aber auf die eine, aber nicht auf die andere Weise abwesend, dann ist Gott uns in der einen oder anderen Hinsicht verborgen, ohne dass dies als Negation seiner Anwesenheit zu verstehen wäre: *Verborgenheit für uns* setzt *Gottes Anwesenheit bei uns* voraus und widerspricht ihr nicht.

b) Die Dialektik der Anwesenheit und Abwesenheit

Das führt auf den zweiten Punkt: Es gibt verschiedene Arten der An- bzw. Abwesenheit, wie man sich an den Begriffen des Seienden, des Seins und des Zeichens klar machen kann. Geht man von der einfachen Alternative aus, dass etwas entweder anwesend oder abwesend ist (tertium non datur), ist entweder etwas da oder es ist nicht da. Da-Sein wird dann dem Nicht-da-Sein, Seiendes (res), dem, was nicht ist, kontrastiert. Wird dagegen nicht nur die eine Seite, sondern die ganze Alternative negiert, wird nicht nur das Nicht-da-Seiende, sondern auch das Da-Seiende negiert und man erhält den Begriff des Nichts: Was weder anwesend noch abwesend ist, das ist nicht nur Nichtseiendes, sondern Nichtsein oder Nichts. Denkt man schließlich statt des Weder-Noch ein Sowohl-als-Auch, dann erhält man die komplexe Alternative eines Ineinander von Abwesenheit und Anwesenheit, die für Zeichen charakteristisch ist: Sie sind Anwesendes, das Abwesendes anzeigen kann.

In der Philosophie- und Theologiegeschichte wurde Gott unter allen drei Konstruktionsformen des Verhältnisses von Anwesenheit und Abwesenheit zu denken versucht. Im ersten Fall wird Gott als ein einzigartiges *anwesendes Seiendes* (*ens necessarium*, *ens realissimum*) zu denken versucht, wie es für den philosophischen Theismus des 17. Jahrhunderts typisch ist. Dieses Denken gerät angesichts der erfahrenen Abwesenheit bzw. nicht erfahrenen Anwesenheit Gottes, die sich exemplarisch im Theodizeeproblem manifestiert, in grundlegende Schwierigkeiten. Im zweiten Fall wird Gott als das gedacht, *was weder anwesend noch abwesend, aber auch nicht Nichts ist*, sondern das, ohne das es weder Anwesendes noch Abwesendes geben könnte. Das ist sowohl für die antike und mittelalterliche Metaphysik insbesondere der neuplatonischen Tradition charakteristisch (Gott ist kein Seiendes, sondern ἐπέκεινα τῆς οὐσίας), als auch für die transzendentalphilosophischen Versuche der Neuzeit (Gott ist selbst weder anwesend noch abwesend, sondern die Bedingung der Möglichkeit dafür, dass etwas anwesend oder abwesend sein kann). Im dritten Fall schließlich wird Gott *sowohl anwesend als auch abwesend* gedacht. Denn Gottes Anwesenheit bei uns (etwa als Schöpfer) besagt nicht, dass Gott nicht zugleich in bestimmter Hinsicht auch abwesend, verborgen, nicht präsent sein könnte (etwa als Retter oder Erlöser). Und umgekehrt besagt Gottes Abwesenheit von uns nicht, dass Gott nicht zugleich in anderer Hinsicht auch anwesend, gegenwärtig, präsent sein könnte. Orientiert man sich am Zeichen- bzw. Sprachbegriff, kann nur in dieser dialektischen Weise von Gottes Anwesenheit und Abwesenheit gesprochen werden: *Ohne Abwesenheit gibt es keine Anwesenheit* und *vice versa*. Beides schließt sich nicht aus, sondern bedingt sich gegenseitig.

c) Varianten der (Nicht-)Wahrnehmbarkeit

Der dritte Punkt ergibt sich daraus: die *Mehrdeutigkeit der Rede von Abwesenheit*. Dass etwas abwesend ist, kann offenkundig Verschiedenes meinen. So kann es zum einen besagen, dass es *verborgen* ist, d.h. dass es zwar da ist, aber nicht wahrgenommen wird. In diesem Fall steht die Wahrnehmung von etwas in Frage, nicht seine Anwesenheit: Abwesenheit bedeutet entsprechend Nicht-Wahrgenommenwerden, Nicht-Offenbarsein. Und die Gründe dafür können auf Seiten dessen gesucht werden, was verborgen ist, oder auf Seiten dessen, dem es verborgen ist, oder auf beiden. Dass etwas abwesend ist, kann aber auch zweitens meinen, dass etwas *nicht da ist*, sei es, weil es an einem anderen Ort ist (lokale

Abwesenheit), sei es, weil es überhaupt nicht ist (Nichtsein). Im ersten Fall steht sein hier und jetzt Vorhandensein in Frage, im zweiten sein Sein überhaupt: *Abwesenheit* besagt entweder *Nichtdasein* oder *Nichtsein.*

Führt man das Verständnis von Abwesenheit als Verborgenheit weiter, dann kann damit nicht gemeint sein, dass es *überhaupt nicht* wahrgenommen werden kann, sondern dass es *für eine bestimmte Wahrnehmungsweise* verborgen ist. ‚Verborgen' kann man nur nennen, was auch ‚entborgen' sein *könnte*, aber kaum, was sich grundsätzlich nicht entbergen und wahrnehmen lässt. Dass etwas auf eine bestimmte Weise nicht wahrnehmbar ist, heißt aber nicht, dass es auf eine andere Weise nicht wahrnehmbar sein könnte, und dass Gott nicht sinnlich wahrnehmbar ist, heißt nicht, dass er nicht auf andere Weise, etwa im Modus des ‚Glaubens' wahrgenommen werden könnte. Allerdings gilt das nur, wenn es neben dem sinnlichen Wahrnehmen ein anderes Wahrnehmen gibt, und um sich darauf berufen zu können, muss es plausibel gemacht werden. Eine andere Art des Wahrnehmens nur als möglich zu postulieren, ist nicht genug, da eine solche Möglichkeit eines, ihre Wirklichkeit ein anderes ist.

Von hier aus lässt sich aber auch das Umgekehrte denken, dass *Anwesenheit* nicht besagen muss, dass etwas (sei es sinnlich, sei es auf andere Weise) auch *wahrgenommen wird*: Nicht nur das ist anwesend, was auch wahrgenommen wird: Anwesenheit impliziert nicht Wahrgenommenwerden. Allenfalls kann man sagen, dass nichts anwesend sein kann, was nicht wahrgenommen werden *kann*. So wenig etwas ‚verborgen' genannt zu werden verdient, was nie entborgen werden kann, so wenig kann etwas ‚anwesend' genannt werden, was nie wahrgenommen werden kann – ohne das damit entschieden wäre, wie oder auf welche Weise es wahrgenommen werden könnte. Abwesenheit, die nicht die Möglichkeit der Wahrnehmung des Abwesenden einschlösse, ließe sich nicht von dessen Nichtsein unterscheiden. Und Anwesenheit, die ausschlösse, dass das Anwesende auch wahrgenommen werden könnte, wäre nichts als eine leere Formel und irreführende Behauptung.

Genau aus diesem Grund kann der strikte Atheismus mit der Alternative der Anwesenheit oder Abwesenheit Gottes nichts anfangen. Er hält beide Alternativen für falsch.[31] Gott ist weder abwesend noch anwesend und schon gar nicht beides in verschiedener Hinsicht. Er kann in keiner Hinsicht anwesend und deshalb auch nicht abwesend sein, weil er *nicht ist* – sei es prinzipiell (er kann nicht sein) oder faktisch (er ist, obgleich er sein könnte, in Wirklichkeit nicht). Umgekehrt kann der Glaube, der davon lebt, dass Gott ist, Gottes Gegenwart und Anwesenheit nicht thematisieren, ohne zugleich auch Gottes Abwesenheit mitzubedenken.[32] Ist die *Anwesenheit von etwas bei uns als etwas* durch Zeichen vermittelt, dann gehört dazu stets auch ein zeichentheoretisch präzisierbares Moment der Abwesenheit. Genau das ist neben der Theologie vor allem in der Theorie der modernen Lyrik bedacht worden.

4. Poetologischer Nihilismus

Konsequent wie kaum ein anderer hat Mallarmé die poetologische Konsequenz aus der Zeichenstruktur der Sprache gezogen. Weil Sprache sich im Horizont der Zeichen bewegt und Zeichen ihre eigene, autonome Welt bilden, ist Dichtung dann und nur dann wahre Dichtung, wenn sie nicht, wie der Naturalismus, die Wirklichkeit der Welt oder, wie die Romantik, die Gefühlswelt des Subjekts nachzubilden sucht, sondern sich *autonom entwirft*. „Parler", so schreibt er in seinem aus verschiedenen Texten komponierten Essay *Crise de vers* (1886/1892/1896), „n'a trait à la réalité des choses que commercialement: en littérature, cela se contente d'y faire une allusion ou de distraire leur qualité qu'in-

[31] Vgl. S. Harris, *The End of Faith: Religion, Terror, and the End of Reason*, London, 2004; R. Dawkins, *The God Delusion*, Boston/New York, 2006; Chr. Hitchens, *God Is Not Great: How Religion Poisons Everything*, London, 2007.

[32] Jüngel, *Gott als Geheimnis*, 71.

corporera quelque idée."[33] Diese Abwendung vom Ideal der realitätsabbildenden Sprache bedeutet aber nicht die Hinwendung zur subjektiven Gefühlswelt des Dichters, die nach der Überzeugung der romantischen Dichtungstheorie das ist, was in Dichtung seinen Ausdruck findet. Mallarmé fährt vielmehr fort: „L'œvre pure implique la disparation élocutoire du poète, qui cède l'initiative aux mots, par le heurt de leur inégalité mobilisés; il s'alliment de reflets réciproques comme une virtuelle traînée de feux sur des pierreries, remplaçant la respiration perceptible en l'ancien souffle lyrique ou la direction personelle enthousiaste de la phrase."[34] Und schon im Jahr 1891, gefragt nach dem gegenwärtigen Stand der Entwicklung der Literatur antwortet Mallarmé: „Je crois [...] que, quant au fond, les jeunes sont plus près de l'idéal poétique que les Parnassiens qui traitent encore leurs sujets à la façon des vieux philosophes et des vieux rhéteurs, en présentant les objets directement. Je pense qu'il faut, au contraire, qu'il n'y ait qu'allusion. La contemplation des objets, l'image s'envolant des rêveries suscitées par eux, sont le chant: les Parnassiens, eux, prennent la chose entièrement et la montrent: par là ils manquent de mystère; ils retirent aux esperits cette joie délicieuse de croire qu'ils créent. *Nommer* un objet, c'est supprimer les trois-quarts de la jouissance du poème, qui est faite de deviner peu à peu: le *suggérer,* voilà le rêve. C'est le parfait usage de ce mystère qui constitue le symbole:

---

[33] S. MALLARMÉ, Crise de Vers/Vers-Krise, in: *Kritische Schriften*. Französisch und Deutsch, hg. v. G. Goebel/B. Rommel, Gerlingen 1998, 210–231, 224: „Reden bezieht sich auf die Realität der Dinge nur kommerziell: in der Literatur begnügt es sich damit, auf sie anzuspielen oder ihr eine Eigenschaft zu entwenden, die Verkörperung findet in einer Idee." (225). Vgl. S. MALLARMÉ, *Sämtliche Dichtungen*, München/Wien 1992, 285.

[34] MALLARMÉ, *Kritische Schriften,* 224 f: „Das reine Werk impliziert das kunstvoll beredte Verschwinden des Poeten, der die Initiative an die Wörter abtritt, die durch Schock ihrer Ungleichheit in Bewegung versetzt sind; sie entzünden sich mit wechselseitigem Widerschein wie ein virtuelles Lauffeuer von Lichtern auf Geschmeide und ersetzen so das im alten lyrischen Hauch spürbare Atmen oder die persönlich enthusiastische Lenkung der Tirade."

évoquer petit à petit un objet pour montrer un état d'âme, ou, inversement, choisir un objet et en dégager un état d'âme, par une série de déchiffrements."[35]

Symbolismus wird dementsprechend auch die von Mallarmé vertretene Richtung der Poesie genannt: *Spiel mit dem Sinn der Sprache* – nicht Abbildung vorgegebener Realität oder Ausdruck subjektiver Stimmungen, sondern *Suggestion*, nicht Beschreibung eines Gegenstands nach den rhetorischen Regeln klassischer Poesie, sondern *indirektes Verfahren der Anspielung:* Das Entscheidende geschieht nicht im Text, sondern im *Leser* bzw. *Rezipienten*: In ihm soll durch Andeutung und Anspielung ein Seelenzustand erzeugt werden, der ihn aus den Wirklichkeitsbezügen der Alltagssprache befreit und in einen tagträumenden Zustand versetzt. Die vom Dichter gebrauchten Bilder haben ihre Pointe nicht in dem, was sie sagen, sondern in dem, was sie evozieren. Sie sind im Hinblick auf ihre pragmatische Wirkung, nicht primär ihren semantischen Sinn zu verstehen.

Das Lesen von Gedichten wird damit zu einem Prozess der *produktiven Imagination.* Und um das zu bewirken, wird die semantische Bedeutung von Ausdrücken und Bildern verflüssigt,

---

[35] MALLARMÉ, Sur L'évolution littéraire/Über die litterarische Entwicklung, aaO. 60–75, 66 f: „Ich glaube [...], was den Gehalt betrifft, sind die Jungen dem poetischen Ideal näher als die Parnassiens, die ihre Themen noch nach der Art der alten Philosophen und der alten Rhetoren behandeln, indem sie die Gegenstände direkt präsentieren. Ich denke, es ist vielmehr nötig, daß nur Anspielung erfolge. Die Kontemplation der Gegenstände, das Bild, das aus den von ihnen heraufbeschworenen Träumereien aufflattert, sind der Gesang: die Parnassiens hingegen fassen die Sache ganz und zeigen sie: dadurch ermangeln sie des Geheimnisses; sie entziehen den Geistern jene köstliche Freude, zu glauben, sie schüfen. Einen Gegenstand *nennen* heißt dreiviertel des Genusses am Gedicht zu tilgen, der daraus besteht, allmählich zu erraten: die Sache *suggerieren*, das ist der Traum. Der vollkommene Gebrauch dieses Geheimnisses ist es, der das Symbol erstellt: nach und nach einen Gegenstand entstehen lassen, um einen Seelenzustand zu zeigen, oder umgekehrt einen Gegenstand wählen und daraus einen Seelenzustand hervorgehen lassen, vermöge einer Reihe von Entzifferungen."

werden durch homophone Lautähnlichkeiten Bezüge suggeriert, die sich den gelesenen Worten in ihrem Alltagsverstand nicht entnehmen lassen. So wird – um ein berühmtes Beispiel zu nennen – der „Schwan – *le cygne* [...] durch dichterische Transposition zu *le signe*, einem Zeichen, das auf eine Idee, in diesem Fall den Tod der romantischen Naturpoesie, verweist."[36]

Genau in diesem Zusammenhang bekommt der Begriff der Abwesenheit, der *absence* seine Funktion: *Absence* meint bei Mallarmé die Ästhetisierung des Sprachmaterials durch Negation, Eliminierung und Abstraktion von einer damit beschriebenen Wirklichkeit. Sprache wird dann poetisch gebraucht, wenn sie nicht realistisch zur Beschreibung von (außersprachlicher) Wirklichkeit herangezogen wird, sondern als autonomes System sprachlicher Zeichen, klanglicher Elemente, verselbständigter Metaphern Verwendung findet. Das Bestehende muss in absence gesetzt werden, um die eigentliche Potentialität der Sprache frei zu legen und poetisch in Anspruch nehmen zu können. Erst die Abwesenheit der Wirklichkeit bzw. des realistisch Gegebenen und die Konzentration auf die Welt der Sprachzeichen allein macht Poesie im eigentlichen Sinn möglich. Denn „[d]as Sprechen hat den Bezug zur Wirklichkeit nur in der Umgangssprache."[37] Genau davon muss sich poetische Sprache lösen. „In einer wirklichkeitsgesättigten Welt verlieren [die Wörter und Sprachbilder] an mystischer Sinnkraft und werden zu Verzierungen."[38] Um das zu verhindern propagiert Mallarmé die *absence*: „Durch scheinbare Abwesenheit der Dinge schafft Mallarmé einen Umkreis der Ruhe, des Sich-Loslassens, der wissenden Gelöstheit, in welchem die feinen Schwingungen erst wieder hörbar werden."[39]

---

[36] S. Mallarmé, *Gedichte*, übersetzt und kommentiert von G. Goebel unter Mitarbeit von F. Bünde und B. Rommel, Gerlingen 1993, 14.

[37] S. Mallarmé, *Ein Würfelwurf*, Übersetzt und erläutert von M.-L. Erlenmeyer, Olten und Freiburg o. J. (1966), 104.

[38] K. Wais, *Mallarmé, Dichtung-Weisheit-Haltung*, München ^{2}1952, 11.

[39] AaO. 11.

Aussagekräftig wird poetische Sprache also gerade in dem Maße, als sie „alle eindeutigen alltagssprachlichen Referenzen aufgibt, wodurch sie sich einer grenzenlosen Vielfalt der Bezüge öffnet."[40] Ein Gedicht spricht dementsprechend buchstäblich von *Nichts*. So beginnt das in der Ausgabe letzter Hand der *Poésies* (1899) programmatisch an den Anfang seiner Gedichtsammlung gesetzte Gedicht *Salut* mit den bezeichnenden Worten:

Rien, cette écume, vierge vers / Nichts, dieser Schaum, der reine Vers,

À ne désigner que la coupe / Nur Bezeichnung der Form des Kelches/ des Vers(ein)schnitts

Das Gedicht – jedes gute Gedicht – bezeichnet nichts als sich selbst, die eigene metrische Ordnung, die eigene Form. Jean Paul Sartre hat deshalb mit gutem Recht in seiner Ausgabe der Gedichte Mallarmés diesem emphatisch am Anfang stehenden Wort *Rien* Bekenntnischarakter für das ganze Dichten Mallarmés zugeschrieben: Es ist das Bekenntnis eines *poetologischen Nihilismus*, der keinerlei sprachtranszendenten Sinngrund, keine zeichenjenseitige Sinnquelle in Anspruch nimmt, sondern ganz „nur auf sich, die eigene Machart, die *coupe*" setzt.[41]

Dieser Ansatz lässt sich in zwei Richtungen entwickeln: Auf eine Poesie hin, die ganz bewusst die Sprache *nur* als Sprache, ohne Wirklichkeitsbezug gebraucht, wie es im Symbolismus in seinen verschiedenen Spielarten geschah. Oder auf eine Poesie hin, die sich aus der üblichen Sprache verabschiedet, um zu einer neuen, nicht durch die Umgangssprache verstellten Wirklichkeitswahrnehmung zu kommen.

---

[40] Mallarmé, *Gedichte*, 332.

[41] AaO. 294.

5. Reine Wahrnehmung

Paul Valéry hat aus den Versuchen Mallarmés in diesem zweiten Sinn eine poetische Methode gefolgert: Der alltägliche Bewusstseinszustand der *présence*, des *état le plus ordinaire*, muss durchbrochen werden, und er wird es im Akt einer „Ich-Entrückung mit folgenden Merkmalen […]: spontan eintretender, kurzer Aufenthalt in einer zeit-, wert- und zielfreien Sphäre; sprachliche Inkommunikabilität; Identifikation von Subjekt und Objekt; ‚reine Wahrnehmung.‘“[42] Ohne *reine Wahrnehmung* keine Kunst; ohne Verabschiedung aus der Welt der Dinge und ihrer Sprache keine reine Wahrnehmung.

Was mit dieser *reinen Wahrnehmung* gemeint ist, lässt sich an der Malweise Cézannes verdeutlichen, insbesondere an seinen Versuchen, das Gebirgsmassiv Sainte-Victoire in immer wieder neuen, immer ‚einfacher‘ werdenden Andeutungen nicht (zentral)perspektivisch zu konstruieren, sondern in farbigen Flächen zu malen, ja ganze Bereiche des Bildraums gar nicht zu malen, sondern allenfalls indirekt anzudeuten, sie sozusagen mit dem vage Angedeuteten zusammen sichtbar bzw. wahrnehmbar zu machen. Gegenstände werden nicht mehr auf dem Bild gemalt, sondern nur noch so angedeutet, dass sie den Betrachter auf einen Seh-Weg schicken und entstehen so erst in seiner Wahrnehmung. Oder Formen werden nicht mehr farbig ausgemalt, sondern durch farbleere Stellen werden Transparenz und vom Licht der Provence beschienene Flächen wahrnehmbar gemacht: „ich habe in Flächen gemalt, denn ich mache nichts, was ich nicht sehe.“[43] Cézannes malt nicht etwa einen Berg, sondern *seine Wahrnehmung* des Bergs. Anders gesagt: *Wahrnehmungen werden als Wahrnehmungen wahrnehmbar gemacht* – also als etwas, das im Wahrnehmenden zur

---

[42] P. Valéry, London-Bridge, *Oeuvres* 2, Paris 1960, 512 ff; *Cahiers* 18, Paris 1957–1961, 206. Zitiert nach *HWPh* 1, 71.

[43] J. Royère, Paul Cézanne – Erinnerungen, *Kunst und Künstler* X (1912) 485.

Wirkung kommt. Und das gelingt Cézanne in immer kunstvollerer Einfachheit, mit sparsamsten Mitteln, indem er immer mehr vom wahrnehmenden Künstler in den das Gemälde wahrnehmenden Betrachter verlagert: Reines Spiel der Farbe als *Wirkenlassen der Wahrnehmung in der Darstellung*, und eben deshalb wird es für andere eine Schule des Sehens und Wahrnehmens.

Was mit der Forderung reiner Wahrnehmung gemeint ist, lässt sich aber auch gut an Rainer Maria Rilke klarmachen. 1905 arbeitet Rilke für einige Zeit als Sekretär bei Rodin in Paris, den er seit 1902 kennt. Dieser verhilft ihm zu einer neuen Art des Dichtens, die in den – Rodin gewidmeten – *Neuen Gedichten* (I:1907; II: 1908) seinen Niederschlag findet. Diese Gedichte unterscheiden sich markant vom *Buch der Bilder* (1902) oder auch vom *Stunden-Buch* (1905) mit seiner Kritik der Institution Kirche. Kurze Zeit nachdem der junge Rilke Rodin kennen gelernt hatte, gab ihm dieser den Rat, „in den Pariser Zoo zu gehen, um erst einmal richtig sehen zu lernen."[44] In den folgenden Jahren verbrachte Rilke viele Stunden im Jardin des Plantes, um zu beobachten, um Dinge, Personen, Gegenstände, Landschaften wahrzunehmen und um diese Wahrnehmungen widerzugeben. Der Anschauungsunterricht verändert sein Wahrnehmen und sein Dichten. Eines der ersten Zeugnisse dafür ist das Gedicht *Der Panther*, das im September 1903 in der Prager Kulturzeitschrift *Deutsche Arbeit* veröffentlich wird:

> Sein Blick ist vom Vorübergehn der Stäbe
> so müd geworden, daß er nichts mehr hält.
> Ihm ist, als ob es tausend Stäbe gäbe
> und hinter tausend Stäben keine Welt.

Nicht von ungefähr ist dem Gedicht eine Angabe des Ortes beigefügt, an dem es konzipiert wurde: „Im Jardin des Plantes, Paris". Das ist nicht als private Reminiszenz des Dichters an den Ort seiner Inspiration zu verstehen, sondern gerade umgekehrt als

---

[44] W. Leppmann, *Rilke. Leben und Werk*, Bern/München 1981, 257.

ein Hinweis darauf, dass es „sich hier nicht um einen Vorwurf dichterischer Phantasie“ handelt, „sondern um eine wertfreie, jederzeit und von jedermann nachzuvollziehende Bestandsaufnahme.“[45] Was an diesem und den übrigen Gedichten dieser Phase so auffällig ist, ist die „geradezu klinische Sachlichkeit“, in der das Wahrgenommene präsentiert und beschrieben wird.[46] Der Dichter selbst hält sich „aus der jeweiligen Handlung oder Schilderung völlig heraus“, er sucht das, was er sieht, „ohne Zutun eines dichterischen Ichs, darzustellen.“[47] Unter der Anleitung Rodins lernt Rilke *wahrzunehmen* und das heißt: *Wahrgenommenes auf sich wirken zu lassen*, ohne es sogleich durch das Ego des Dichters zu färben und zu gestalten. Diese zugleich antiromantische und antirealistische „Wendung zum genauen Sehen und sachlichen Sagen, die er unter dem Einfluß Rodins vollzieht“, beschreibt Rilke im *Requiem für Wolf Graf von Kalckreuth* (1909) folgendermaßen:

> … O alter Fluch der Dichter,
> die sich beklagen, wo sie sagen sollten,
> die immer urteiln über ihr Gefühl
> statt es zu bilden; die noch immer meinen,
> was traurig ist in ihnen oder froh,
> das wüßten sie und dürftens im Gedicht
> bedauern oder rühmen. Wie die Kranken
> gebrauchen sie die Sprache voller Wehleid,
> um zu beschreiben, wo es ihnen wehtut,
> statt hart sich in die Worte zu verwandeln,
> wie sich der Steinmetz einer Kathedrale
> verbissen umsetzt in des Steines Gleichmut.

Dichter sollen nicht narzistisch oder sentimental ihre Stimmungen artikulieren, sondern das, was sie wahrnehmen, wie präzis registrierende Instrumente zur Sprache bringen: Wahrnehmung ist das Metier des Künstlers, nicht Sentiment. Bei Rilke ist das in dieser Phase mit Händen zu greifen. „An die Stelle des Gefühls, das Anlaß und oft genug Gegenstand seines Dichtens gewesen war,

[45] Ebd.
[46] AaO. 260.
[47] AaO. 259.

tritt die aus genauer Beobachtung kondensierte Kenntnis eines Themas, Objekts oder ‚Dinges'. In den *Neuen Gedichten* kann das eine Blume sein (*Blaue Hortensie*) oder ein Tier (*Der Panther*), ein Kunstwerk (*Archaischer Torso Apollos*) oder architektonische Gebilde (*Römische Fontäne*) eine Landschaft (*In einem fremden Park*) oder ein menschliches Modell (*Der Gefangene*), ein biblischer Vorgang (*Tröstung des Elia*) oder ein mythologischer (*Geburt der Venus*)."[48] In jedem Fall ist es die reine Wahrnehmung und die sie präzis wiedergebende Sprache, um die er sich bemüht. Denn nur in solcher Wahrnehmung ist man ganz bei der Sache und nicht in den Begrenztheiten seines eigenen Gefühls, seines eigenen Ichs befangen. Und nur wo man so wahrnehmend ganz bei der Sache ist, kann Neues aufbrechen, kommt es dazu, sich nicht nur zu wiederholen und zu bestätigen in dem und durch das, was man wahrnimmt, sondern das Wahrgenommene in der Wahrnehmung zur Wirkung kommen zu lassen.

Diese Suche nach reiner Wahrnehmung wird für Rilke aber zunehmend zu einer religiösen Aktivität, und zwar speziell des Dichters. „Ich kann religiöse Naturen nicht begreifen, die Gott als das Gegebene hinnehmen und nachfühlen, ohne sich an ihm produktiv zu versuchen", heißt es in einem Brief an Lou Andreas-Salome vom 16.5.1911. Das heißt nicht, dass Rilke dafür wirbt, sich aktiv am kirchlichen Leben zu beteiligen. „Ich bin seit Cordoba von einer rabiaten Antichristlichkeit", schreibt er am 17.12.12 an die Fürstin von Thurn und Taxis. Es geht ihm vielmehr darum, „Gott aus der Gerücht-Sphäre in das Gebiet unmittelbarer und täglicher Erlebbarkeit zu versetzen."[49] Und er bemängelt, dass die Menschen seiner Zeit es verlernt hätten, in den Gegenständen und in sich selbst die Teilhabe am Transzendenten wahrzunehmen. Doch – so hält er dagegen –

---

[48] AaO. 260 f.

[49] R. M. Rilke, Brief an Pfarrer Rudolf Emanuel Zimmerman vom 25. Januar 1921 (http://www.rilke.de/briefe/250121.htm).

Du darfst nicht warten, bis Gott zu dir geht und sagt: Ich bin.
Ein Gott, der seine Stärke eingesteht, hat keinen Sinn.
Du mußt wissen, daß dich Gott durchweht seit Anbeginn,
und wenn dein Herz dir glüht und nichts verrät,
dann schafft er drin.[50]

Es geht um eine Wahrnehmung des Transzendenten, die in der Welt die Spuren Gottes findet. Nur wenn man sich den Dingen zuwendet, wird der verloren gegangene Gott wieder wahrnehmbar, indem die Dinge der Welt zu Mittlern seiner Gegenwart werden:

Ich finde dich in allen diesen Dingen,
denen ich gut und wie ein Bruder bin;
als Samen sonnst du dich in den geringen
und in den großen gibst du groß dich hin.[51]

Da die gewöhnliche Wahrnehmung für die Entdeckung dieser Transzendenz in der Natur der Dinge und im eigenen Leben nicht ausreicht, fasst Rilke seine eigene Rolle als Dichter so, dass er anderen zu solcher Wahrnehmung verhelfen muss. Der Dichter ist derjenige, der in der Lage ist, das Transzendente in den Dingen zu erkennen, weil er sich aufs Wahrnehmen versteht. Das aber ist nicht einfach. Denn Gott wahrzunehmen heißt, an dem mitzuwirken, was Gott wirkt. Ja Rilke begreift den Künstler ausdrücklich als Vollender dessen, was Gott will und schafft, und damit als Vollender Gottes: „für dich nur schließen sich die Dichter ein und sammeln Bilder [...] und gehen hinaus und reifen durch Vergleiche [...] und Maler malen ihre Bilder nur, damit du unvergänglich die Natur, die du vergänglich schufst, zurückempfängst: alles wird ewig [...] Die, welche bilden, sind wie du. Sie wollen Ewigkeit. Sie sagen: Stein, sei ewig. Und das heißt: sei dein!“[52] Und weil

[50] R. M. Rilke, *Sämtliche Werke,* Bd. 1, Frankfurt am Main 1987, 362.

[51] Rilke, *Stundenbuch: Vom mönchischen Leben, Sämtliche Werke,* Bd. 1, Frankfurt am Main 1987, 266. Dass die Dinge mit einer Präsenz verbunden sind, die sich erleben lässt, betonen auch H. U. Gumbrecht, *Diesseits der Hermeneutik. Die Produktion von Präsenz,* Frankfurt am Main 2004, 12 und J.-L. Nancy, *The Birth to Presence,* Stanford 1993.

[52] Rilke, *Stundenbuch,* 315.

Künstler gar nicht anders können als Gott zu gestalten, indem sie die Dinge künstlerisch verdeutlichen, sie in ihrer ewigen Wahrheit zur Wahrnehmung bringen, entsteht aus ihrem Werk ein Bild des verborgen gegenwärtigen Transzendenten. Nicht als ob sich dieses vollständig erfassen ließe. Auch der Künstler kann immer nur kurze Blicke darauf werfen, denn Gott ist ein „Gast, der wieder weiter geht."[53] Aber eben das vermag der Künstler wahrzunehmen und festzuhalten.

Insofern kann Rilke sagen: „Gott und der Künstler haben dasselbe Vermögen und dieselbe Armut, je nachdem."[54] Künstler sind nicht Neu-Schöpfer, sondern Mit-Schöpfer, Verwalter des Ewigen. Kreativ werden sie nur in der Suche nach neuen Formen, in denen sie Gott durch ihre Wahrnehmung Kontur verleihen können. Das aber heißt, dass sich das Wahrnehmen des Transzendenten, Ewigen in den Dingen als ein stets Ringen um neue Sprachformen vollziehen muss. Denn in den überkommenen Sprachformen der Religion ist Gott so eingeschlossen, dass seine Wahrnehmung in den Dingen gerade verhindert wird. Der Dichter muss Gott aus dem Gefängnis dieser erstarrten menschlichen Vorstellungen befreien, indem er Symbole der Transzendenz zu schaffen sucht. Und das erfordert eine neue Sprache, eine Sprache, die nicht definiert und damit aus- und eingrenzt, eine Sprache, die nicht der menschlichen Verständigung dient, sondern der Wahrnehmbarkeit des Transzendenten. In seinen drei Schaffensperioden versucht Rilke das in unterschiedlicher Weise.

Während seiner ersten Schaffensperiode (1899–1902) sieht er sich als Künstler in der Lage, die Dinge in ihre Wahrheit zu bringen. Im *Stundenbuch* sucht er das durch eine größtmögliche Anzahl von immer neuen, unbelasteten Symbolen für das Transzendente zu leisten: „Dich heben hunderttausend Harfen wie

[53] AaO. 339.

[54] R. M. Rilke, *Geschichten vom lieben Gott*, Frankfurt am Main 1904, 87.

Schwingen aus der Schweigsamkeit."[55] Das kann so weit gehen, dass er fragt:

> Was wirst du tun Gott, wenn ich sterbe?
> Ich bin dein Krug (wenn ich zerscherbe?)
> Ich bin dein Trank (wenn ich verderbe?)
> Bin dein Gewand und dein Gewerbe,
> mit mir verlierst du deinen Sinn.[56]

Ohne den Dichter wäre auch Gott nicht (mehr). Denn es ist der Dichter, der Gottes Anwesenheit in den Gegenständen und Dingen zur Sprache bringt. Und so findet Rilke Gott anfangs in allem, was ihm gefällt: im Stein, Metall, der Erde, im Baum, der Wurzel, im Acker usf. Rilke kennt keine Grenzen in der „Benamung" des Transzendenten – sogar der Leprose kann Bild für Gott werden, wenn der Dichter es will. „Du bist das Bild, aber ich bin der Rahmen, der dich ergänzt in glänzendem Relief."[57]

Diese künstlerische Zuversicht, Gott zur Darstellung bringen zu können, zerbricht, als Rilke zu Rodin nach Paris kommt. Die Großstadt treibt ihm die Fähigkeit zur Transzendenzwahrnehmung in den Dingen aus. „Ich finde dich nicht mehr. Nicht in mir, nein. Nicht in den andern. Nicht in diesem Stein. Ich finde dich nicht mehr. Ich bin allein."[58] Und so beginnt er unter Rodins Anleitung neu sehen zu lernen, sich neu um das Wahrnehmen zu bemühen. Er bestimmt nicht mehr willkürlich, welche Objekte Träger des Transzendenten sind, er bemüht sich vielmehr, die Dinge in ihrer reinen Dinglichkeit wahrzunehmen[59] und sie so – vielleicht! – in ihrer Transparenz auf Gott hin wahrnehmen zu können. Die Exaktheit der Beobachtung, der sprachlich genaue Ausdruck tritt jetzt

---

[55] Rilke, *Stundenbuch*, 290.

[56] AaO. 275.

[57] AaO. 493.

[58] Ebd.

[59] B. Marx, „Meine Welt beginnt bei den Dingen". Rainer Maria Rilke und die Erfahrung der Dinge (https://www.vormbaum.net/index.php/download-center/gedicht-des-monats/3051-rilke-und-die-erfahrung-der-dinge/file).

in der Vordergrund der dichterischen Bemühung. „Der Dichter beschreibt nicht mehr Gott, indem er frei passende Bilder für ihn sucht, er beschreibt die Wirklichkeit, hinter der sich Gott verbirgt. Daher sind die Gedichte Rilkes nun Wort-Gemälde; und er nennt nicht zufällig sine erste Textsammlung der Pariser Zeit ‚Buch der Bilder.'"[60] Dass ihm das Wahrnehmen des Transzendenten auf diesem Weg aber letztlich auch nicht gelingt, führt ihn in eine zehnjährige Schaffenskrise: „wie [ist] es möglich [...] zu leben, wenn doch die Elemente dieses Lebens uns völlig unfasslich sind? Wenn wir immerfort im Lieben unzulänglich, im Entschließen unsicher und dem Tode gegenüber unfähig sind, wie ist es möglich dazusein?"[61]

Das ändert sich in seiner dritten Schaffensperiode ab 1921, der Zeit der *Elegien* und der *Sonette an Orpheus*. Rilke will nun nicht mehr Gott spielerisch oder beobachtend in der Anschauung ausarbeiten, sondern er sucht das Unsichtbare als Unsichtbares wahrnehmbar zu machen. Gott bleibt der Unsichtbare, und der Dichter dient nicht mehr, indem er ihn sichtbar zu machen sucht, sondern indem er die Dinge unsichtbar macht: „[...] unsere Aufgabe ist es, diese vorläufige Erde uns so tief, so leidend und leidenschaftlich einzuprägen, daß ihr Wesen in uns ‚unsichtbar' wieder aufersteht. [...] Die Erde hat keine andere Ausflucht, als unsichtbar zu werden: in uns, die wir mit einem Teile unseres Wesens am Unsichtbaren beteiligt sind."[62] Anders gesagt: Der Dichter soll jetzt das Unsichtbare nicht mehr sicht- und wahrnehmbar machen, seine Worte sollen nicht mehr für Gott werben, sondern sie sind der Weg der Dinge in das Unsichtbare.[63] Nach der „Arbeit des

---

[60] Hausarbeit F. Vogt, Symbole der Transzendenz bei Rilke, Frankfurt am Main 1994, 32.

[61] Brief an Lotte Hepner vom 8. November 1915, zitiert nach U. Fülleborn/M. Engel (Hg.), *Materialien zu Rainer Maria Rilkes „Duineser Elegien"*, Bd. 1, Frankfurt am Main 1980, 133.

[62] Brief an Withold von Hulewicz vom 13.11.25, in: R. M. Rilke, *Briefe in zwei Bänden*, hg. v. R. Sieber-Rilke/C. Sieber, besorgt durch K. Altheim. Zweiter Band: 1914 bis 1926, Wiesbaden 1950, 482 f.

[63] Vgl. G. Dischner, Wandlung ins Unsichtbare. Rilkes Deuten der Dichterexistenz, Berlin – Bodenheim 1999.

Gesichts" leistet der Dichter nun „Herzwerk", um die Dinge in den „Weltinnenraum" zu bringen, wie Rilke – Neologismen nicht scheuend – jetzt sagt.[64] Und in diesem Weltinnenraum geht alles ineinander über, und gerade so wird Gottes Transzendenz nacherlebbar, weil sich zeigt, dass alles, was ist, an Gottes Transzendenz Anteil hat. In den *Elegien* werden deshalb weniger dingliche Symbole als vor allem Zustände, Gefühle, Stimmungen und Wahrnehmungen in Bezug auf das Transzendente dargestellt.

Vorbild für diese neue Aufgabe wird Orpheus, der an beiden Reichen, der Immanenz und der Transzendenz, dem Leben und dem Tod Anteil hat, und der in seinem Gesang den Grund der Dinge anrührt und sie zum eigentlichen Leben bringt: Die reine Wahrnehmung der Dinge wird im Wort des Dichters zur Wahrnehmung der reinen Wahrheit der Dinge, ihrer Durchlässigkeit auf Gott hin, von dem her und auf den hin sie sind. Und so kann Rilke schreiben: „dem Schaffenden ist Gott die letzte, tiefste Erfüllung. Und wenn die Frommen sagen: ‚er ist', und die Traurigen fühlen: ‚er war', so lächelt der Künstler: ‚er wird sein'. Und sein Glauben ist mehr als Glauben, denn er selbst baut an diesem Gott. Mit jedem Schaun, mit jedem Erkennen, in jeder seiner leisen Freuden fügt er ihm eine Macht und einen Namen zu, damit der Gott endlich in einem späten Urenkel sich vollende, mit allen Mächten und allen Namen geschmückt. Das ist die Pflicht des Künstlers."[65]

Christliche Theologie kann so nicht reden. Ihr geht es nicht nur um die Wahrnehmung des unsichtbaren Gottes, sondern um die Wahrnehmung Gottes unter Bedingungen der Sünde, der selbstverschuldeten Abschließung gegenüber Gottes Gegenwart. Genau das und damit das Sündenthema wird bei Rilke nicht reflektiert. Aber damit steht er ebenso wenig allein wie mit dem, was er versucht. Die Suche nach reiner Wahrnehmung ist in der Dichtkunst, Malerei, Musik, aber auch Wissenschaft, Philosophie und Theo-

---

[64] R. M. Rilke, *Sämtliche Werke*, Bd. II, Frankfurt am Main 1987, 92 f.
[65] R. M. Rilke, *Verse und Prosa aus dem Nachlaß*, Leipzig 1929, 42.

logie des 20. Jahrhunderts *das* Grundmotiv des Neuaufbruchs: *Neu* wahrnehmen, sich der Wirkung des Wahrnehmens ungeschützt aussetzen und überlassen, das Wahrgenommene nicht durch die überkommenen, darstellerischen, sprachlichen, begrifflichen oder denkerischen Gestaltungen an das je schon vertraute Schema, das Traditionelle, schon Bekannte anzupassen und gerade so um seine eigentliche Pointe zu bringen, sondern sozusagen *in* der Wahrnehmung zu leben und zur Wahrnehmung zu verhelfen, d. h. in der Wahrnehmung aufzugehen. Darum ging es. Denn es ist die *Wahrnehmung*, in der sich Neues zeigt und echte *Anwesenheit* ereignet; und entsprechend ist *Abwesenheit* derjenige Vorgang, der notwendig ist, um Wahrnehmung möglich zu machen: Ohne Abwesenheit der uns umgangssprachlich immer schon erschlossenen Welt und unserer dadurch bestimmten und uns bestimmenden subjektiven Gefühlslagen gibt es keine echte Wahrnehmung und damit keine wirkliche Anwesenheit. Wir fragen dann immer *Was bedeutet es für mich?* statt die wichtigere Frage zu stellen *Wie ist es eigentlich?* Erst mit dieser Frage aber nähern wir uns dem, was *anwesend* ist, und bleiben nicht bei dem stehen und in dem stecken, was wir uns immer schon angeeignet haben und was uns die Wahrnehmung von Neuem, Ungewohntem, der sich uns erschließenden Wirklichkeit, wie sie ist (und nicht nur, wie wir sie für uns sein lassen) verbaut.

Diese Einsicht, dass Wahrnehmung dann wirkt, wenn wir uns ihr überlassen und sie nicht durch uns selbst um ihre Wirkung bringen, ist festzuhalten. Doch die andere, problematische Seite dieser Einstellung und der von Mallarmé und Valéry entwickelten Sprach-These ist auch nicht aus dem Blick zu verlieren. Denn der Gedanke der *reinen Wahrnehmung* kann in geradezu gegenläufiger Weise nicht einen Gewinn, sondern gerade umgekehrt einen *Verlust an Wirklichkeitswahrnehmung* zur Folge haben, wenn er, wie bei Mallarmé, als Rückzug auf die Sprache allein verstanden und praktiziert wird. Das ist die Gegengeschichte zum intendierten Wahrnehmungsgewinn, die das 20. Jahrhundert ebenfalls durchzieht.

6. Reale Gegenwart

In seinem Buch *Von realer Gegenwart. Hat unser Sprechen Inhalt?* hat George Steiner Mallarmés These als eine der zentralen Ursachen des unsere gegenwärtige Kultur prägenden Sprach- und Wirklichkeitsverfalls kritisiert.[66] Sie führte zu dem – wie er sagt – *„Bruch des Kontraktes zwischen Wort und Welt, der eine der wenigen echten geistigen Revolutionen in der Geschichte des Westens darstellt und durch den sich die Moderne definiert.*"[67] Von den Vorsokratikern bis zum Ende des 19. Jahrhunderts sei man davon ausgegangen, dass sich im *logos* „das Dasein ‚sagen' läßt."[68] Dann sei es zu einer „Krise des Wortes" gekommen, die sich in besonderer Weise „in Mallarmés Loslösung der Sprache von äußerer Referenz und in Rimbauds Dekonstruktion der Ersten Person Singular" zeige.[69] „Diese beiden Vorgänge und alles, was sie zur Folge haben, sprengen die Fundamente des hebräisch-hellenistisch-kartesianischen Gebäudes, in dem *ratio* und Psychologie der kommunikativen Tradition des Westens behaust waren. Verglichen mit dieser Zerstörung haben, so wage ich hier einmal zu behaupten, selbst die politischen Revolutionen und die großen Kriege der Geschichte des modernen Europa nur die Oberfläche berührt."[70]

Was Steiner im Blick hat, erläutert er an einem Mallarmé entlehnten Beispiel. „Das Wort *Rose* hat weder Stiel noch Blatt noch Dornen. Es ist weder rosa noch rot noch gelb. Es verströmt keinen Geruch. Es ist *per se* ein völlig willkürliches phonetisches Kennmal, ein leeres Zeichen. Nichts, aber auch gar nichts in seinem (minimalen) Klang, in seiner graphischen Erscheinung, in seinen phonemischen Komponenten, seiner etymologischen Geschichte oder den grammatikalischen Funktionen hat irgendeine Ent-

---

[66] G. Steiner, *Von realer Gegenwart. Hat unser Sprechen Inhalt?* (1989), München/Wien 1990.

[67] AaO. 127.

[68] AaO. 128.

[69] AaO. 129.

[70] AaO. 129 f.

sprechung zu dem, was wir für den Gegenstand seiner rein konventionsbestimmten Referenz halten. Von jenem Gegenstand ‚an sich', von seinem ‚wahren' Sein oder Wesen können wir, wie Kant uns gelehrt hat, strenggenommen nichts wissen. *A fortiori* kann uns das Wort *Rose* nichts beibringen. Die Organisation unserer Sinne, die Strukturen die Verstehen und Ausdruck hervorbringen, liegen entweder jenseits unserer Erkenntnis, oder sie sind selbstreferentiell, oder beides ist der Fall. Sprache ist in diese Organisation und in diese Strukturen eingebettet. Es gibt keinen außerhalb liegenden archimedischen Punkt, um ihr referentielle Autonomie und Autorität zu verleihen. Diese Konzeption von Sprache liegt [...] dem Skeptizismus zugrunde. Sie zeichnet sich in bestimmten Elementen linguistischer Spekulation der Renaissance ab. De Saussure gibt ihr dann kanonische und systematische Form."[71] Und bei Mallarmé wird dann der „ontologisch kritische Schritt" getan: „Worten eine Entsprechung zu ‚den Dingen da draußen' zuzuschreiben, sie anzusehen und zu verwenden, als könnten sie irgendwie für die ‚Realität' der Welt stehen, ist nicht nur eine verbreitete Illusion. Es macht Sprache auch zur Lüge. Das Wort *Rose* so zu verwenden, als sei es in irgendeiner Weise so etwas wie das, was wir als botanisches Phänomen wahrnehmen, von irgendeinem Wort zu verlangen, es solle als Ersatz an die Stelle der vollkommenen unzugänglichen ‚Wahrheiten' der Substanz treten, heißt, es zu mißbrauchen und herabzuwürdigen. Es heißt, Sprache mit Unwahrheit zu überziehen [...]. Das, was dem Wort *Rose*, jener willkürlichen Ansammlung zweier Vokale und zweier Konsonanten, seine einzige Legitimation und Lebenskraft verleiht, ist, so konstatiert Mallarmé, ‚*l'absence de toute rose*'."[72]

Im Gegensatz zu der auf den *logos* gegründeten westlichen Tradition, die nach Steiner mit der „zentrale[n] Annahme ‚realer Gegenwart'" operiert habe, impliziere „Mallarmés Zurückweisung der Vereinbarung von Referenz und sein Beharren darauf, daß

[71] AaO. 130.
[72] AaO. 131.

Nicht-Referenz den wahren Genius und die Reinheit von Sprache konstituiert, [...] eine zentrale Annahme ‚realer Abwesenheit'“:[73] „Die Wahrheit des Wortes ist die Abwesenheit der Welt.“[74] Zwischen Sprache und Welt, Wort und Sache tut sich eine unendlich große Kluft auf. Worte stellen nichts dar, sie haben kein „Dienstbotendasein“, sie verkommen zu „Klische und träger Routine“, wenn man sie als „Faksimiles ‚des Wirklichen'“ gebraucht und damit missbraucht.[75] Es ist gerade die *Differenz* zwischen Sprache und Wirklichkeit – so scheint Mallarmé zu sagen –, in der unsere Freiheit und Kreativität gründet. „Erst wenn uns klar wird, dass das, worauf sich Worte beziehen, wiederum Worte sind, daß jedweder Sprechakt mit Referenz auf Erfahrung heißt, ‚etwas mit anderen Worten sagen', können wir zurückkehren zu einer wahren Freiheit“[76], einer Freiheit der Bewegung im reinen Reich der Zeichen und der Sprache.

Grundbeispiel dafür ist die *Musik*. Diese „besteht aus konventionsbestimmt arrangierten Tönen. Sie bedeutet nur sie selbst. Und nur im Maße, wie sie sich der Grundbedeutung der Musik und der selbstgenügsamen Autonomität des musikalischen Kodes nähert, findet Sprache für Mallarmé und die Modern zurück zu ihrer numinosen Freiheit“, entkommt sie „aus dem unfertigen, heruntergekommenen Gewebe der Welt.“[77] Mit Recht weist Steiner auf die Parallelen zur modernen Wissenschaft hin. „Die Epistemologie, die Linguistik ‚realer Abwesenheit' stimmt mit der Physik der ‚schwarzen Löcher' überein.“[78]

Doch mit diesem Rückzug ins Zeichen ist ein fundamentales Problem verbunden: „Zeichen transportieren keine Gegenwärtigkeiten.“[79] Für sie gilt in radikaler Weise *l'absence de toute rose.*

---

[73] Ebd.
[74] AaO. 132.
[75] Ebd.
[76] Ebd.
[77] AaO. 134.
[78] AaO. 135.
[79] AaO. 163.

„Es ist eben genau diese Abwesenheit, für die das Zeichen steht, die dem Zeichen seine Funktion gibt."[80] In der Welt der Zeichen als solcher gibt es keine Gegenwart. Nur Differenzen zu anderen Zeichen und Übergänge zwischen Zeichen. Zur Gegenwärtigkeit von Gegenwart kommt es nur im *Umgang mit Zeichen* also im *Sprachgebrauch* und in *Wahrnehmung*, die dem Sprachgebrauch vorausgeht und ihn begleitet. „Ehrfurcht vor der Wahrnehmung"[81] ist es denn auch, was Steiner zur Wiedergewinnung realer Gegenwart empfiehlt. „Wir sind Insassen unseres Lebens, nicht seine Erzeuger oder Meister."[82] Unserer Sprache und unserem Sprechen geht daher immer schon etwas voraus, etwas, das wir nur wahrnehmen, nicht durch unseren Zeichengebrauch erzeugen können. Wir gebrauchen unsere Zeichen konkret „immer *jetzt*", „in der Gegenwärtigkeit einer Gegenwart. Doch ist diese Unmittelbarkeit historisch geprägt."[83]

Beides ist also festzuhalten: Zeichen setzen die Differenz untereinander und zu dem, was sie bezeichnen, voraus. Aber sie bezeichnen nicht einfach von sich aus. Sie bezeichnen nur etwas, wenn wir sie zur Bezeichnung von etwas gebrauchen. Solcher Gebrauch aber geschieht *in der Gegenwart*, die immer auch *durch Wahrnehmung* strukturiert ist: Gegenwart ist *der Ort, an dem wir wahrnehmen und handeln.*

7. Gottesgegenwart

Nähe und Distanz, Anwesenheit und Abwesenheit gehören daher zur Gegenwart und zur Wahrnehmung. Unsere Wahrnehmung kann gerade deshalb, weil sie nicht ohne Zeichen geschieht, immer nur eine Annäherung an das Wahrgenommene sein. „Wahrnehmungen füllen immer zutreffender den Umkreis möglicher

---

[80] AaO. 163.
[81] AaO. 198.
[82] AaO. 203.
[83] AaO. 221.

Intention und Bedeutung. Es gibt niemals eine vollständige Kongruenz. Niemals gibt es eine gleichförmige Deckung mit dem Gegenstand."[84]. Denn dazwischen steht – für uns unhintergehbar – das Zeichen.

All das gilt in gesteigerter Weise für unsere „Begegnung mit der Freiheit der Gegenwart in einem anderen Menschen."[85] Ohne Distanz gibt es keine Wahrnehmung des Anderen in seiner Andersheit, gibt es keine *Gegenwart zwischen Menschen.* „Wo *cortesia* zwischen Freiheiten herrscht, bleibt eine vitale Distanz gewahrt."[86] Zur Gegenwart gehört Andersheit, und zwar irreduzibel. Nicht nur ist Gegenwart durch Wahrnehmung konstituiert, sondern Wahrnehmung ist genau darin Wahrnehmung von Gegenwart, dass sie Wahrnehmung der radikal unerklärlichen Gegenwart von Anderem ist: „Es ist; wir sind. Das ist die elementare Grammatik des Unergründlichen."[87]

Wird *Gegenwart* in dieser Weise durch die *Wahrnehmung der Präsenz des Anderen* definiert, der, die oder das diese Wahrnehmung aufgrund seiner bzw. ihrer unaufhebbaren Andersheit stets irreduzibel transzendiert, dann ist in die Gegenwart eine unüberbrückbare Kluft eingezeichnet, die der Grund dafür ist, von Gegenwart nicht einsinnig, sondern nur in paradoxen Bestimmungen reden zu können. Nähe und Distanz, Anwesenheit und Abwesenheit, Präsenz und Transzendenz gehören in der realen Gegenwart unauflöslich und irreduzibel zusammen.[88] Gegenwart hat es mit der Wahrnehmung von mir je und je schon Gegebenem zu tun, das ich durch meine Wahrnehmungs- und Bezeichnungsakte nicht hervorbringe, sondern dem ich mich mit diesen immer

---

[84] AaO. 231.

[85] Ebd.

[86] AaO. 233.

[87] AaO. 264.

[88] Die Einsicht in den Zusammenhang von Gegenwart und Distanz kennzeichnet Kierkegaards Denken. Das hat vor allem G. Pattison, *God and Being. An Enquiry*, Oxford 2011, 56–102 aufgenommen und ausgearbeitet.

nur – und nie vollständig – annähere, ohne es je in die Konstruktionen meiner Sprache hinein auflösen oder aufheben zu können. Es bleibt die Widerständigkeit seiner Andersheit, deren Wahrnehmung Gegenwart auszeichnet.

Dieses „Setzen auf Transzendenz", von dem nicht nur die Wahrnehmung lebt, sondern auch die Unterstellung all unseres Kommunizierens, dass wir uns verstehen, dass „der Begriff Sinn [...] einen Sinn" habe[89], die sich aufdrängende Einsicht, dass wir selbst nicht alles schöpferisch hervorbringen, sondern auf uns Vorgegebenes angewiesen sind in unserem Wahrnehmen und Kommunizieren, das fasst Steiner in die These, dass all das „letztlich auf der Annahme einer Gegenwart Gottes beruhen muß"[90]: „Die Annahme lautet, daß ‚Gott' *ist*, nicht weil unsere Grammatik sich überlebt hat; sondern daß die Grammatik lebt und Welten erzeugt, weil es dieses Setzen auf Gott gibt."[91].

Anders gesagt: Der Begriff der *Gegenwart*, der fundamental ist für all unseren Zeichengebrauch in Wahrnehmung und Kommunikation, verweist letztlich auf den Begriff der *Gegenwart Gottes.*[92] Zeichen und Sprache setzen nicht nur die *Abwesenheit des Bezeichneten* voraus; indem wir beim Sprach- und Zeichengebrauch mit der *Andersheit* des Anderen, *mit* dem und *über* das wir kommunizieren bzw. *das* oder *den* wir wahrnehmen, rechnen müssen, setzen wir ebenso fundamental auf die *Anwesenheit Gottes* – wie immer wir diese fassen, bestimmen oder uns überhaupt Gedanken darüber machen. *Gottes Realpräsenz ist Grundbedingung allen Sinns*; denn wir müssen *Gegebenes* in der Differenz von Anwesenheit und Abwesenheit voraussetzen, um mit Sinn rechnen zu können. Und allein Gottes Gegenwart macht die Behauptung glaubhaft, dass in dem, was wir sagen, tatsächlich etwas zur Sprache kommt, was sich nicht nur unserem Sprechen verdankt.

---

[89] STEINER, *Von realer Gegenwart*, 14.
[90] AaO. 13.
[91] AaO. 14.
[92] Vgl. aaO. 163.

Das ist eine starke These, aber sie wird von Steiner nur schwach begründet. Richtig an seiner Philippika gegen den gegenwärtigen Kulturbetrieb ist die Kritik, dass wir uns von der Einsicht in das unbegrenzte Sinnpotential der Sprache und des Sprechens nicht dazu verleiten lassen sollten, sämtliche realistischen Ansprüche auf Wahrheits- und Wirklichkeitsthematisierung und -erkenntnis aufzugeben. Wo das geschieht, wird eine der fundamentalen Errungenschaften westlicher Zivilisation in Frage gestellt: die kritische Unterscheidung zwischen *Wahrheit* und *Macht*. Seit Sokrates gegenüber den Sophisten darauf bestanden hat, dass die *Wahrheit zu wissen* etwas anderes sei als sich *in eine Meinung hineinreden zu lassen*, war die Differenz von *Wahrheit* und *Macht*, *Wissen* und *Meinen* grundlegend. Wenn heute angesichts des Fehlens eindeutiger wahrheitsgenerierender Methoden in vielen Bereichen unseres Lebens und unserer wissenschaftlichen Kultur Wahrheitsfragen und Wirklichkeitsprobleme leichthändig abgewiesen werden mit dem Argument, was wahr sei könne sowieso niemand verbindlich sagen, wird Wahrheit faktisch von dem abhängig gemacht, was *man* glaubt (d.h. von der gängigen Meinung) oder was *Mehrheiten vorziehen*; und es wundert wenig, dass dann vor allem das zählt, dass man Sprache und Medien so benützen kann, dass man Mehrheiten für die eigene Meinung zu gewinnen vermag. Wird der Sprache referenzielle Kraft, also die Kraft, auf Wirklichkeit zu verweisen und Wahrheit zur Sprache zu bringen, abgesprochen, dann wird die Gefahr befördert, Wahrheit zur Mehrheitsentscheidung zu machen und sie zum Spielball politischer Kompromissmethoden oder der Kräfte des Marktes zu machen.

Die Krankheit, die Steiner diagnostiziert, gibt es also in der Tat. Aber wie steht es um die Kur, die er vorschlägt? Von Gottes realer Gegenwart zu reden, gibt in keiner Weise eine Antwort auf die Frage, warum unsere Sprechen Sinn und Inhalt haben kann. Aber Steiners These besagt etwas anderes, nämlich „daß jede logisch stimmige Auffassung dessen, was Sprache ist und wie Sprache funktioniert, daß jede logisch stimmige Erklärung des Vermögens der menschlichen Sprache, Sinn und Gefühl zu vermitteln, letztlich auf der Annahme einer Gegenwart Gottes beruhen muß."[93] Doch Steiner lässt dunkel, was diese Annahme eigentlich beinhaltet. Klar ist seine These: Ohne Gottes reale Gegenwart keine wahre Kunst, Musik, Literatur oder Sprache, kein Sinn, keine Erfahrung und keine Rationalität. Aber die Pointe dieser These kann erst deutlich werden, wenn wir wissen, was mit ‚Gottes realer Gegenwart' gemeint ist.

8. Gottes reale Gegenwart

Das liegt nicht auf der Hand, weil die Formel mehrdeutig ist. Soll damit gesagt sein, dass es wirklich *Gott* ist, der gegenwärtig ist? Oder dass Gott wirklich *gegenwärtig* ist? Oder das Gott so gegenwärtig ist, wie er *wirklich ist*? Alles davon könnte gemeint sein, aber nichts davon sagt dasselbe. Man wird deshalb verschiedene Bedeutungen unterscheiden müssen: (1) *Es ist wirklich Gott* (und kein anderer bzw. nichts anderes), *der gegenwärtig* ist. (2) *Gott ist wirklich gegenwärtig* (und nicht etwas anderes). (3) *Gott ist gegenwärtig, wie er wirklich ist* (und nicht als etwas anderes bzw. auf eine andere Weise).

Steiner übergeht die erste Bedeutung und das darin angelegte Problem, ob wirklich und ausschließlich *Gott* es ist, der ‚reale Gegenwart' verbürgt bzw. verbürgen kann, und konzentriert sich ganz auf die zweite: Gott ist *wirklich gegenwärtig*. Wie die erste ignoriert er aber eigenartiger Weise auch die dritte Bedeutung, die doch gerade in den Debatten virulent ist, denen der Begriff der *realen Gegenwart*, bzw. *Realpräsenz* entstammt: die christologisch-sakramentstheologischen Auseinandersetzungen um die Realpräsenz Jesu Christi im Abendmahl. Ihn interessiert nur, *dass es einen Gott gibt und geben muss, der gegenwärtig ist*. Denn seine These sagt nicht nur: *Es gibt Gott*, sondern: *Gott ist wirklich gegenwärtig*.

---

[93] AaO. 13.

Aber ist diese Unterscheidung sinnvoll? Kann man zwischen *Gottes Gegenwart* und *Gottes Existenz* so unterscheiden? Man muss es, wenn selbst diejenigen, die kategorisch bestreiten, dass Gott ist, dem hypothetischen Satz zustimmen: *Wenn Gott ist, dann ist Gott gegenwärtig*. Die Rede ist dann allerdings nicht mehr von Gott, sondern vom Gottesgedanken: Gegenwart ist ein grundlegendes Merkmal des Gottes*gedankens*. Wer *Gott* sagt, sagt *Gegenwart*, und wer sagt *Gott ist* sagt *Gott ist gegenwärtig*.

Das ist weder notwendig noch selbstverständlich, sondern eine kontingente und durchaus kontroverse Wahrheit des Gottesglaubens von Juden, Christen und Muslimen. Aber gerade diese kontingente Wahrheit führt in die Dialektik von Anwesenheit und Abwesenheit Gottes, wie wir gesehen haben. Denn dass *Gott* und *Gegenwart* für untrennbar gehalten werden, sagt ja noch nichts darüber, was es heißt, dass Gott gegenwärtig ist oder worin das Wesen von Gottes Gegenwart besteht.

Für den christlichen Glauben hat sich das letztgültig in Leben, Tod und Auferweckung Jesu Christi gezeigt. Gerade hier aber wird auch deutlich, dass von Gottes Gegenwart nicht geradeheraus und undifferenziert geredet werden kann. Christi Leiden und Tod intensivieren zunächst einmal den Eindruck der *Abwesenheit Gottes*: Jesus starb mit einem Schrei der Gottverlassenheit auf den Lippen. Für sich betrachtet ist sein Kreuz Zeichen einer menschlichen Tragödie, nicht Zeichen der verborgenen Gegenwart Gottes. Die Auferweckung hebt das nicht auf und macht es nicht rückgängig: Es ist auf ewig der Gekreuzigte, der auferweckt wurde, aber seine Auferweckung ist Tat Gottes und erschließt gerade als solche Gottes verborgene Gegenwart auch am Kreuz. Christen können daher weder der Erfahrung Jesu noch ihrer eigenen Gotteserfahrung gerecht werden, wenn sie von Gottes Gegenwart nicht mit einem gesteigerten Gefühl für die Abwesenheit und Verborgenheit Gottes reden. Es gibt – jedenfalls in diesem Leben – keine Erfahrung der Gegenwart Gottes, die nicht angesichts der Erfahrung seiner Abwesenheit gemacht würde. Und es gehört zum Inhalt christlicher Hoffnung, dass diese Zweideutigkeit nicht das letzte Wort sein wird, sondern sich in eine eindeutige Erfahrung der Gegenwart Gottes wandeln wird.

Christen sprechen deshalb von der *Verborgenheit Gottes.* Das können sie aber nur, weil sie auch von seiner *Gegenwart* zu reden wissen.[94] Ihre Hoffnung ist auf die Zukunft hin orientiert, aber sie ist in vergangener Erfahrung von Gottes Gegenwart begründet. Nicht so, dass Gott einst anwesend war, während – wie Steiner im Blick auf das neuere „Kunstschaffen und Denken" sagt – heute nur noch „ein besonders lebhaftes Gefühl der Abwesenheit Gottes oder, um präzise zu sein, Seines Abtretens" vorherrscht.[95] Gott wird hier immerhin noch negativ empfunden, als etwas, das *fehlt*, seine Abwesenheit wird als *Mangel* erlebt. Für Christen dagegen ist Gottes Anwesenheit kein Vergangenheitsphänomen und seine Abwesenheit keine Mangelerfahrung, den man nur negativ als Nicht(mehr)anwesenheit erleben und beschreiben kann. Ebensowenig aber ist sie das, was Steiner im Blick auf „Deutungen à la Derrida" als „eine ‚Null-Theologie' des ‚immer Abwesenden'" charakterisiert[96]: Hier *fehlt* nichts, hier wird nichts *als abwesend* erlebt, weil auch nichts als anwesend erfahren wird. Von Gottes Verborgenheit oder Abwesenheit zu reden macht keinen Sinn, weil der Kontrast dazu, die *Gegenwart* und *Anwesenheit Gottes* fehlt. Die Erfahrung der Abwesenheit Gottes hat sich zu der seiner *Nichtexistenz* gesteigert. Und erst wo „die Frage der Existenz oder Nicht-Existenz Gottes jedwede Relevanz verloren hat, erst wenn

---

[94] Das ist eine Einsicht, die in den biblischen Traditionen immer wieder zum Ausdruck gebracht wird. Die „Erfahrung um die Ferne und Verborgenheit Gottes" steht immer in Spannung zur „Gewißheit seiner Nähe" und kann nur in dieser Spannung thematisiert werden. Vgl. B. Janowski, *Konfliktgespräche mit Gott. Eine Anthropologie der Psalmen*, Neukirchen-Vluyn 2003, 54. Vgl. zu den Belegen im Alten Testament O. Kaiser, *Der Gott des Alten Testaments. Theologie des Alten Testaments,* Bd. 2, Göttingen 1998, 128 ff.

[95] Steiner, *Von realer Gegenwart*, 298.

[96] Ebd.

sie, wie es logischer Positivismus lehrt, als strikt unsinnig erkannt und erlebt wird", leben wir in einer strikt säkularen Welt.[97]

Damit, so meint Steiner, seien aber auch „bestimmte Dimensionen des Denkens und schöpferischen Tuns nicht mehr zugänglich."[98] Von Gottes Abwesenheit kann überhaupt nur sinnvoll gesprochen werden, wo die „Dichte der Abwesenheit Gottes, die Schärfe der Gegenwart in jeder Abwesenheit" erlebt wird. Das aber kann nur erlebt werden, wo „es in der Erfahrung bedeutungshaltiger Form eine Voraussetzung von Gegenwart gibt".[99] Ohne Voraussetzung von Gegenwart gibt es keine Abwesenheitserfahrung, aber erst dort, wo Gottes Abwesenheit als Modus seiner Anwesenheit erfahren wird, bewegen wir uns im Horizont der spezifisch christlichen Erfahrung der Abwesenheit Gottes.

Steiners richtiger Hinweis, dass von Gottes Verborgenheit oder Abwesenheit zu reden nur sinnvoll ist als Differenzfigur zu seiner Anwesenheit und Nichtverborgenheit, geht noch nicht weit genug. Man muss Gottes Abwesenheit *positiv* verstehen, um sie nicht als Mangelphänomen, sondern als Bereicherung menschlichen Lebens thematisieren zu können. Christlich verstanden ist sie die Bedingung der Möglichkeit dafür, zu Gott in ein menschliches Verhältnis treten zu können. Gott ist abwesend anwesend, um Menschen ein Leben in seiner Gegenwart zu ermöglichen. Kurz: Ohne Gründe, Gott für seine Abwesenheit und Verborgenheit *zu danken*, verliert die Rede von Gottes Abwesenheit ihre christliche Pointe. Sie wird dann zur leeren Redefigur, die noch weniger sagt als Mallarmés *l'absence de toute rose* – nämlich nichts.

Dann aber ist Gottes Abwesenheit selbst als eine Weise seines *Gegebenseins* zu verstehen, als ein Modus seiner Gegenwart, das sich verstehend nicht einholen lässt, sondern stets vorausgesetzt bleibt: „*Datur, non intelligitur.*"[100] Wie ist dieses *Gegebensein*, die-

[97] AaO. 300.
[98] AaO. 299.
[99] AaO. 279.
[100] AaO. 292.

ses fundamentale *datur* zu denken? Um das zu verstehen, müssen wir den Begriff des *Gegebenseins* klären. Was heißt es, dass *uns etwas gegeben ist*?

C. Gegebensein und Gegenwärtigkeit

1. Das Wort ‚gegeben' und sein philosophischer Gebrauch

Auch hier empfiehlt es sich wieder, zunächst auf den Wortgebrauch in den philosophisch zentralen europäischen Sprachen zu achten. So entsprechen dem deutschen Wort *gegeben* bzw. *Gegebenes* im Griechischen δεδρομένον, im Lateinischen *datum* bzw. *data*, im Englischen *given* und im Französischen *donné* bzw. *donnée.* In philosophischem Zusammenhang tritt das Wort in Chr. Wolffs Übersetzung des lateinischen *datum* in Erscheinung: „Da man aus nichts nicht erfinden kann, sondern allezeit etwas gegeben sein muß […].“[1] Das Wort wird hier also gebraucht, um auf das zu verweisen, was menschlichem Tun nicht nur voraus liegt, also vor und unabhängig von ihm da ist, sondern ihm so voraus liegt, dass menschliches Tun dadurch ermöglicht und zu bestimmtem Tun instand gesetzt wird.

Das ist schon der Sinn des griechischen διδόναι. In lebensweltlichen Zusammenhängen wird es zum Verweis auf handwerkliche Materialen gebraucht, die für eine bestimmte Arbeit herangezogen und gebraucht werden: Holz muss gegeben sein, damit der Tischler einen Tisch schreinern kann. In theoretischem Gebrauch, etwa in der Mathematik, bezeichnet es dagegen etwas, das bei Konstruktionsaufgaben als Annahmen vorausgesetzt und in Anspruch genommen werden muss.

Damit zeichnet sich schon hier eine philosophisch folgenreiche Doppeldeutigkeit ab. Während im lebensweltlichen Gebrauch das Gegebene etwas ist, das *für*, aber nicht *durch* menschliches Tun ist, ist es im theoretischen Gebrauch etwas, was *dieses Tun sich selbst*

[1] Chr. Wolff, *Vernünftige Gedanken von den Kräften des menschlichen Verstandes*, Halle 1713, Kap. 8, § 1.

voraussetzt, um etwas Bestimmtes tun zu können. Der Tischler setzt sich das Holz nicht voraus, um einen Tisch bauen zu können, sondern er ist drauf angewiesen, dass es vorliegt und er es gebrauchen kann. Der Mathematiker dagegen setzt sich das voraus, was er zur Lösung bestimmter Aufgaben braucht. Das mag so lange nicht bemerkenswert erscheinen, als die Mathematik selbst als eine Wirklichkeit entdeckende und nicht nur konstruierende Wissenschaft verstanden wurde, in der Axiome also als unbestreitbar notwendige und aus sich selbst einsichtige Wahrheiten und nicht als konstruktive Setzungen zur Lösung von Aufgaben verstanden wurden. Aber in dem Maße, in dem in der Neuzeit das mathematisch Vorausgesetzte nicht mehr als Gegebenes, sondern als Gesetztes verstanden wird, zeichnet sich eine Spannung ab, die philosophisches Denken bis in die Gegenwart beschäftigt. So wird unter *Gegebenem* einerseits ein je besonderes Seiendes verstanden, das sich dem Denken zeigt, und zwar ohne dessen Zutun (das also nicht durch, sondern *für* das Denken ist). Andererseits versteht man darunter aber auch das, was als Vorfindliches zum Ausgangspunkt von weiterem Nachdenken wird,[2] ohne dass hier klar zwischen Vor*gefundenem* und Voraus*gesetztem* unterschieden würde.

Philosophisch reduziert so etwa Kant das Gegebene auf das, was *für die Sinne*, also *sinnlich gegeben* ist. *Gegeben* sind die Sinnesdaten der Empfindungen, die als „rohe[r] Stoff sinnlicher Eindrücke" für die Anschauung im Denken zur bestimmten Erkenntnis von etwas verarbeitet werden.[3] Der idealistische Einspruch dagegen, den vor allem Fichte vorgebracht hat, erklärt demgegenüber, auch das Gegebene müsse als ein *vom Bewusstsein Gesetztes* verstanden werden. Sonst nämlich ergäbe es den Widerspruch, ein als Ursache für die Empfindungen nötiges ‚Ding an sich' setzen zu müssen, obwohl dieses nach Kants Prämissen ja gar nicht als Ursache fungieren könne, weil es Ursachen im kategorial bestimmten Sinn nur im Zusammenhang von Erfahrbarem geben kann. Vor

[2] J. E. Heyde, Gegebenes, *HWPh* 3, 102.
[3] I. Kant, *Kritik der reinen Vernunft*, *AA* 3, 27

dem Hintergrund und auf der Basis der Kantischen Philosophie und ihrer erkenntnistheoretischen Entscheidungen bahnt sich so eine Grundaporie an, die idealistische Ansätze bis heute belastet: dass alles Gegebene *für* das Bewusstsein als *vom Bewusstsein Gesetztes* ausgewiesen werden muss, jedenfalls was die *quaestio iuris* betrifft. Die Folge ist eine Begründungsüberlastung des Bewusstseins, die sich zum Wirklichkeitsverlust steigert, wo *quaestio iuris* und *quaestio facti* nicht mehr klar unterschieden werden. Dann scheint sich die Alternative aufzudrängen, ob nur das ist, was wir konstruieren können, oder ob wir nur erkennen können, wenn wir konstruieren, was ist? Beides zeigt, dass es in Aporien führt, das Zusammenspiel von Konstruieren und Rekonstruieren, Erfinden und Finden, Setzen und als gegeben Wahrnehmen einseitig nach einer Seite hin auflösen zu wollen: Stets ist das eine nicht ohne das andere zu haben, weil sich unser In-der-Welt-Sein gerade im Zusammenwirken beider vollzieht.

Ein Grund für die abstrakte Alternative und die sich daraus ergebende aporetische Verwirrung ist, dass die Zeichenvermittlung des ganzen Vorgangs nicht zureichend berücksichtig wird. *Gegebenes* ist immer etwas *für mich* (für uns) Gegebenes und damit *von mir* (von uns) Verstandenes oder doch *für mich* (für uns) Verstehbares.[4] Nur im Horizont dieser Für-Relation ist etwas für jemand *gegeben,* und nur in ihm ist für jemand *etwas* gegeben. Denn nur in ihm kann man verstehen, *was* einem gegeben ist, und eben damit, dass es einem *gegeben* ist. *Dass* und *was* einem gegeben ist, versteht man aber dadurch, dass man es im Horizont einer gemeinsamen Lebenspraxis mit anderen in bestimmter Weise wahrnimmt und denkt, es also identifizierend und interpretierend als etwas be-

---

[4] Auch das, was *von mir* nicht verstanden werden kann, weil mir die Fähigkeit dazu abgeht (subjektive Unfähigkeit), kann immer noch *für mich* verstehbar sein (objektive Möglichkeit), weil ich es verstehen könnte, wenn ich die Fähigkeit dazu hätte. Dass etwas *verstehbar* ist, heißt nicht, dass jeder es auch verstehen kann, und dass etwas für jemanden *unverständlich* ist, heißt nicht, dass es nicht von anderen verstanden werden könnte, also als solches *verstehbar* ist.

stimmt oder bezeichnet. Nur als *Bezeichnetes* und insofern *als Zeichen Gesetztes* ist uns etwas gegeben, und nur *Bezeichenbares* kann deshalb etwas uns Gegebenes sein. Andernfalls wäre es nicht *uns* gegeben und damit für uns nichts *Gegebenes*. Gegebenes gibt es daher nur im Horizont einer Zeichenpraxis, denn nur Bezeichenbares kann für jemanden etwas Gegebenes sein, und nur etwas Bezeichnetes ist es auch.

Gegebenes ist für uns damit immer *Zeichen*, aber Zeichen sind nicht identisch mit dem, was sie bezeichnen, sondern sie verweisen darauf aufgrund ihres kontingenten, ihnen im Gebrauch zugewachsenen Sinns. Im Weitergehen von Zeichen zu Zeichen werden eben nicht nur Zeichen, sondern es wird mit ihnen Mögliches oder Wirkliches bezeichnet. Ob es im konkreten Fall das eine oder das andere ist, lässt sich nicht jenseits unserer Zeichenketten, sondern nur in diesen und durch sie entscheiden. Ist Wirkliches das, was ist, auch wenn wir es nicht thematisieren, dann ist Gegebenes Wirkliches, weil es uns zu dem macht, was wir ohne es nicht wären: zu Empfängern. Es bewirkt etwas an uns und erweist sich dadurch nicht nur als Mögliches, sondern als Wirkliches – als ein von uns als Wirklichem unterschiedenes *anderes* Wirkliches. Denn nicht wir machen es zum Gegebenen, sondern es macht uns zu Empfängern, und indem es sich so durch das, was es wirkt, als Wirkliches von dem von uns aus Möglichen unterscheidet, *wird* es *für uns* zu Gegebenem. Wie alles Wirkliche gibt es *für uns* Gegebenes nur im Zeichenhorizont des Möglichen, in dem es sich durch das, wozu es uns macht, als Wirkliches vom Möglichen unterscheidet und damit *als Gegebenes* erweist.

Dass wir alles nur zeichenvermittelt wahrnehmen, dass uns nichts gegeben ist, was uns nicht durch Zeichen vermittelt wäre, heißt nicht, dass uns nur Zeichen gegeben wären, sondern dass uns nur durch Zeichen Mögliches erschlossen und Wirkliches gegeben wird – *Mögliches* dadurch, dass wir mit Zeichen operieren, deren Gebrauch im Wirklichen einen Möglichkeitsraum zwischen der Wirklichkeit des Zeichens und der Möglichkeit des Bezeichneten aufspannt, und *Wirkliches* immer dann, wenn wir durch das, was wir bezeichnen, zu etwas *werden*, wozu wir uns selbst nicht hätten machen können. Wirklichkeit erschließt sich uns durch Zeichen, nicht an ihnen vorbei oder unabhängig von ihnen, indem sie uns verändert, wie wir uns selbst nicht hätten verändern können. Sie kann sich so erschließen, weil Zeichen selbst Wirkliches sind, durch dessen Gebrauch als Zeichen in der Wirklichkeit menschlichen Lebens die Differenz zwischen Zeichen und Bezeichnetem etabliert und damit ein Raum für Mögliches geöffnet wird. Und Wirklichkeit erschließt sich durch Zeichen, wenn durch deren Gebrauch etwas Mögliches (in Abgrenzung gegen Unmögliches) gesetzt wird, das etwas bezeichnet, das sich dadurch, dass es sich uns gibt, von nur Möglichem als *wirklich Gegebenes* unterscheidet.

Damit sind Grundzüge eines phänomenologischen Zugangs zum Phänomen und Problem des Gegebenen angedeutet, die in Auseinandersetzung mit einigen philosophischen Versuchen des vergangenen Jahrhunderts konturiert und vertieft werden können.

2. Das primär Gegebene

Eine Frage, die sich bei der Beschäftigung mit dem Problem des Gegebenen unabweisbar aufdrängt, ist die nach dem Umfang dessen, was man als gegeben anzunehmen oder zu bezeichnen bereit ist. Was alles gehört zum Gegebenen? Nur Sinnesdaten? Oder auch Werte und ideelle Güter? Nur wissenschaftlich Erschließbares? Oder auch metaphysische, religiöse oder theologische Sachverhalte? Diesen Fragen ist in formaler Anlehnung an die Meditationen des 1650 in Stockholm gestorbenen Descartes der schwedische Philosoph und Theologe Anders Jeffner in knappen, meditativen Überlegungen nachgegangen. Er sucht zunächst das zu bestimmen, was er „The primarily given“ nennt, und fragt von dort aus weiter nach „The right and the beautiful“, „The Transcendent“, „Science and metaphysics“, „Religious Materialism“ und schließlich „The meaning of life“.[5]

---

[5] A. Jeffner, *Six Cartesian Meditations*, Kampen 1993, 6.15.22.26.35.43.

Ausgangspunkt seiner Überlegungen ist die Feststellung: „In order to be able to live in this world, we have to take something for granted and this we all do."[6] Das wird man kaum bestreiten wollen. Kein Mensch beginnt am Nullpunkt, jeder lebt vielmehr zusammen mit anderen in einer Welt mit langer Vorgeschichte und setzt daher vieles voraus, was ihm selbstverständlich ist und was er im Vollzug seines Lebens unproblematisch für wirklich hält. Aber daraus folgt keineswegs, dass alle Menschen dasselbe für selbstverständlich erachten. Dass jeder etwas für selbstverständlich hält, besagt nicht, dass es etwas gibt, was alle für selbstverständlich halten. Doch dass wir nicht alles teilen, muss ja nicht bedeuten, dass wir nichts teilen. Deshalb fragt Jeffner nach den „trivial assumptions about reality that we all share".[7]

Das erste, was er anführt sind „sensual things"[8], also Übereinstimmung im Blick auf das, was wir mit unseren Sinnen wahrnehmen. Er bestreitet nicht, dass wir das, was wir sehen, verschieden bezeichnen und interpretieren, aber das ändert nichts daran, dass wir davon ausgehen, dabei auf etwas Bezug zu nehmen, das „is real to both of us in the same sense".[9] Den Grund dafür sieht Jeffner nicht in dem, was wir wahrnehmen, sondern in denen, die wahrnehmen: Es sind *Personen*, und Personen leben nie allein, sondern in Gemeinschaft mit anderen Personen und unterscheiden damit selbstverständlich zwischen Personen und Dingen, die keine Personen sind. Das heißt: „There is a we, and the supposition of a we seems to lie at the root of all our thinking about the world."[10] Diese „reality of persons and the distinction between persons and things which are not persons is apparent to all human beings who live and act in a society".[11] Unmittelbar gegeben ist allerdings nicht

[6] AaO. 6.
[7] Ebd.
[8] Ebd.
[9] Ebd.
[10] AaO. 7.
[11] AaO. 6 f.

„the exact demarcation line between persons and non-persons.“[12] Die kann durchaus unterschiedlich gezogen werden. „What is immediately given is the reality of persons with whom we communicate and the distinction between persons and things in the world that are not persons.“[13] Dieser Komplex von „sensual things, persons and their interconnections“, der sich nicht in Einzelmomente auflösen lässt, ist das, was Jeffner das „primarily given“ nennt.[14]

Dieses primär Gegebene kann man Jeffner zufolge nicht wirklich bezweifeln. Im Einzelfall mag man sich täuschen können. Aber eben nur, weil im Normalfall selbstverständlich von der Wirklichkeit des primär Gegebenen ausgegangen wird. „There is a concept of reality which is part of the given. It is basic in the sense that we cannot and need not define it. Every attempt to define the reality of the primarily given becomes ridiculous.“[15] Man müsste dazu ja von etwas ausgehen, das seinerseits *gewisser* ist als das primär Gegebene. Aber „[t]here is nothing which appears to me to be more certain than the primarily given.“[16] Allenfalls müsste man zeigen, dass vom primär Gegebenen auszugehen in Widersprüche und Absurditäten führt, aber es ist nicht erkennbar, wie das gehen könnte. Auch dass wir uns im Blick auf das primär Gegebene täuschen und irren können, ist kein überzeugender Einwand, weil das ja die Differenz zwischen korrekt und inkorrekt, wahr und falsch voraussetzt und somit bestätigt, was kritisiert wird.

Aus denselben Gründen kann man Skeptiker, die das primär Gegebene für eine Illusion halten, auch nicht argumentativ widerlegen. Man müsste dazu ja auf etwas rekurrieren, was gewisser ist als das primär Gegebene, und eben das geht nicht. Skeptikern kann man daher nur entgegenhalten: „You *ought to* believe in the reality of the primarily given.“[17] Der Streit geht nicht um ein Fak-

[12] AaO. 7.
[13] Ebd.
[14] AaO. 8.
[15] Ebd.
[16] AaO. 9.
[17] AaO. 12.

tum oder die Wahrheit einer bestimmten Ansicht (belief), die der eine vertritt und der andere bestreitet, sondern um eine *normative* Differenz, eine „*belief norm*" oder Regel „which says what we ought to take as real."[18] Diese Norm oder Regel muss man nicht befolgen. Wer es nicht tut, begeht aber keinen ‚Fehler', sondern zeigt nur, dass er eine andere Grundeinstellung (basic attitude) zum Leben hat.[19] Man kann das primär Gegebenen also durchaus in Frage stellen, aber nicht theoretisch wie eine strittige Wahrheit, sondern „the primarily given can be doubted in the sense of refusing to adhere to a belief norm."[20] Weil diese Norm die gesamte Einstellung eines Menschen zum Leben prägt, ist der Streit um sie ein Streit um grundlegend verschiedene Lebensweisen.

In diesem Sinn wird das primäre Gegebene von Jeffner als *Realitätssinn* (sense of reality) beschrieben, dessen Gegebensein in Erfahrungen „tells me that I have contact with a reality outside myself."[21] Es wäre aber falsch, Wirklichkeitserfahrung auf das primär Gegebene zu beschränken. Es gibt keinen guten Grund „to think that all our information about reality comes through our sens organs. I can experience the reality of other persons, not only of other bodies."[22] Wir nehmen nicht nur Dinge und Personen wahr, sondern auch „an ethical quality in their relations."[23] Im Fall eines Verbrechens etwa erfahre ich „the wrongness of the action as something real."[24] Und ähnliches gilt für ästhetische Qualitäten.[25]

Aber auch *Religion* und *Gott* (the transcendent) können so betrachtet werden. Die Tatsache der universalen Verbreitung des Gottesglaubens kann Jeffner zufolge nicht erklärt werden „unless we reckon with a religious reality-experience. In private prayer and

---

[18] Ebd.
[19] AaO. 13.
[20] AaO. 14.
[21] AaO. 15.
[22] Ebd.
[23] AaO. 16.
[24] Ebd.
[25] AaO. 20 f.

public worship, in the silence and the storm, people have experienced a sense of the reality of God."[26] Das ist nicht unumstritten oder unbestreitbar. Aber auch hier geht es nicht um eine theoretische Wahrheit, sondern um eine *belief norm*: „There is a religious belief-norm which says: we ought to rely on some religious reality experience. Religious persons accept this norm and take religious reality as something given. Non-religious persons reject it and see religious ideas as illusions produced by the human intellect in error."[27] Könnte man Gottes Existenz beweisen „independently of the religious reality-experiences, we would have a good argument for accepting the norm."[28] Aber diese Beweise sind nicht schlüssig. Umgekehrt kann man aber auch das Gegenteil nicht schlüssig beweisen. Die Vernünftigkeit der Akzeptanz oder Ablehnung der „religious belief-norm" kann daher nicht theoretisch entschieden werden. Vielmehr ist auch hier nach den praktischen Konsequenzen der einen oder anderen Entscheidung im Leben zu fragen. Man lebt anders, wenn man sich an dieser Norm orientiert. „Life is felt differently if we are surrounded by a divine reality."[29] Aber anders als bei den früheren belief-norms gilt hier: „The acceptance of the religious norm opens the way for quite a new kind of activity, both social and private. This is the practice of religion", und eben die „makes no sense to the overwhelming majority of those who reject the norm."[30]

Kann diese religiöse Norm als Basis einer metaphysischen Theorie „of the world as a whole" fungieren?[31] Als eine solche Theorie müsste sie folgende Kritierien erfüllen: Sie „must be (a) compatible with science, (b) provide a Gestalt in which the primarily given can be included, (c) contain no suppositions of a reality which cannot be linked to a reality-experience, (d) do

[26] AaO. 22.
[27] Ebd.
[28] AaO. 23.
[29] AaO. 24.
[30] AaO. 24 f.
[31] AaO. 33.

maximal justice to the reality-experiences, (e) accord with the basic attitudes of its adherents."[32] Nicht alle metaphysischen Konzeptionen genügen diesen Kriterien, aber mehr als eine kann ihr genügen.

Jeffner entfaltet eine solche Möglichkeit, indem er fragt: „What kind of pattern emerges when we not only accept the given but acccept it as given?"[33] Versteht man das Gegebene *als* Gegebenes, und zwar als *von jemandem* Gegebenes, dann sind im Universum „two kinds of reality" zu unterscheiden, nämlich „the created reality which surrounds us in daily life, and a creating reality, which appears in the religious experiences of mankind."[34] Das erste, die „created reality is what we call matter".[35] Das zweite ist „creativity", und wenn man personal denkt, versteht man diese „creative reality as a Creator".[36] Ein Schöpfer aber handelt, und Handeln ist geleitet von Intentionen. Für Christen ist die Leitintention, die das Handeln des Schöpfers bestimmt, die Liebe.[37] Die geschaffene Wirklichkeit ist deshalb trotz allem, was dagegen zu sprechen scheint, eine Welt, in der Gott seine Liebe zum Zug bringt und bringen wird. Das jedenfalls ist die christliche Lebenseinstellung und Haltung gegenüber der Welt. „Belief in a personal Creator enables us to say that his intention is to create love in the universe. A human life has meaning because the Creator intends something by it."[38] Wird das primär Gegebene als etwas *von Gott Gegebenes*, also *mit bestimmter Absicht Gegebenes* verstanden, dann ist Welt und das Leben in der Welt sinnvoll, weil sie ein Ziel haben.

Jeffner ist sich bewusst, dass sich seine Argumentation in vielen Sprüngen vollzieht, die nicht zwingend sind und die nicht jeder mitmachen wird. Das gilt nicht nur für die letzten Überlegungs-

---

[32] Ebd.
[33] AaO. 35.
[34] Ebd.
[35] Ebd.
[36] AaO. 36.
[37] AaO. 41 f.
[38] AaO. 45.

schritte, in denen er seine eigene Metaphysik entfaltet, sondern schon für die Anfangsüberlegungen zum ‚primär Gegebenen', die im vorliegenden Zusammenhang vor allem interessieren. Es ist ja durchaus richtig, dass wir auch erkenntnismäßig von Selbstverständlichkeiten leben, die wir nicht ernsthaft in Frage stellen können. Allerdings nicht, weil sie unhinterfragbar wären, sondern weil wir sie nicht hinterfragen können, ohne sie dabei in irgendeiner Form ihrerseits in Anspruch zu nehmen. Keine dieser Selbstverständlichkeiten ist prinzipiell unhinterfragbar, unhinterfragbar ist nur, dass wir stets Selbstverständlichkeiten voraussetzen, die wir jetzt nicht hinterfragen, sondern in Anspruch nehmen. Jede Selbstverständlichkeit, von der wir ausgehen, lässt sich ‚entselbstverständlichen', aber nur unter Inanspruchnahme anderer Selbstverständlichkeiten.

Aber stimmt das? Gibt es nicht Selbstverständlichkeiten, die jederzeit in Anspruch genommen werden müssen, nicht nur da, wo man sie vertritt, sondern auch da, wo man sie bestreitet? Was Jeffner faktisch zeigt, ist dass wir nicht anders leben können, ohne uns an grundlegenden Unterscheidungen zu orientieren. Was von ihm „The primarily given" genannt wird, nämlich die Bezugnahme auf Personen und Dinge in unserer Welt, ist tatsächlich der Vollzug menschlichen Lebens in der Orientierung an der Unterscheidung zwischen *Person* und *Nichtperson* (oder *Ding*), also gar kein substantieller Ausgangspunkt bei einer bestimmten Erfahrung, sondern im Gegenteil die Beurteilung all unserer sinnlichen Wahrnehmungen anhand dieser Grunddifferenz. Und entsprechend wird von ihm jedem der sechs Argumentationsschritte eine Differenz herausgearbeitet, die menschliches Leben in dieser Hinsicht orientiert. Allerdings mit dem Unterschied, dass wir im Bereich sinnlicher Wahrnehmung nicht anders können als uns an der Unterscheidung zwischen *Personen* und *Dingen* zu orientieren, während wir im Bereich der Frage nach dem Sinn des Lebens („The meaning of life") eine Antwort anhand der Unterscheidung zwischen *Schöpfer* und *Geschöpf* geben können, aber nicht müssen, sondern auch andere mögliche Unterscheidungsstrategien einschlagen können. Es gibt in unserem Leben also verbindlichere und weniger verbindliche Grundunterscheidungen, die man entsprechend leichter oder kaum bzw. gar nicht skeptisch bezweifeln und in Frage stellen kann. Das Kriterium dafür ist, ob man sie in Frage stellen kann, ohne sie dabei in Anspruch nehmen zu müssen oder nicht. In jedem Fall geht es Jeffner zufolge dabei um die Akzeptanz einer *belief*-Norm, aber die ist im Fall der Grundunterscheidung zwischen Person und Nichtperson im Bereich der sinnlichen Wahrnehmung schwerer in Frage zu stellen als im Fall der Grundunterscheidung zwischen Schöpfer und Geschöpf im Bereich der religiösen Lebensorientierung.

Die Denkfigur, dass sich die Haltbarkeit einer skeptischen Einstellung daran entscheidet, ob man das Bezweifelte im Bezweifeln selbst in Anspruch nimmt bzw. nehmen muss, ist nicht neu. Sie ist die klassische transzendentalphilosophische Argumentationsstrategie im Umgang mit dem epistemischen, aber auch dem religiösen Skeptizismus, die eben solche notwendigen Voraussetzungen des Dafür und Dagegen aufzudecken sucht. Grundprinzip ist nur das, was im Dafür und im Dagegen in Anspruch genommen werden muss, ohne sich selbst diesem In-Anspruch-Nehmen zu verdanken. Phänomenologisch gewendet heißt das, dass wir niemals am Nullpunkt anfangen, sondern uns stets in Situationen bewegen, in denen *irgendeine belief*-Norm gilt. Sofern es konkrete Lebenssituationen des Zusammenlebens mit anderen sind, wird man sogar sagen müssen, dass stets mehrere und häufig konfligierende belief-Normen gelten. Wir leben in Lebensformen, wie W.P. Alston sagt, die stets auch eine *doxastische Praxis* einschließen, in der aus Wahrnehmungen (mehr oder weniger zuverlässige) Glaubensansichten gewonnen werden, die sich weiterverarbeiten (‚prozessieren') lassen.[39] Allerdings leben wir nie nur in und mit einer derartigen Praxis, sondern nehmen an verschiedenen Lebensformen und ihrer doxastischen Praktiken teil, ohne dass

[39] W.P. Alston, *Perceiving God: The Epistemology of Religious Experience*, Ithaca/London 1991.

diese notwendig auf eine basale Praktik reduziert werden oder von dieser her aufgebaut werden können müssten.

Wäre es anders, wäre diese Wahrnehmung also ipso facto *sinnliche* Wahrnehmung, wie die Aufklärungstradition in ihren verschiedenen Varianten argumentiert hat, dann wäre die Gegenreaktion des Idealismus verständlich. Ist das aber nicht so, ist die Praxis sinnlicher Wahrnehmung also nicht die einzige basale Wahrnehmungspraxis, dann fällt der idealistisch Einwand hin, *Gegebensein für unser Bewusstsein* sei immer als *Gesetztsein durch unser Bewusstsein* zu verstehen.

3. Urgegebenheit

Das war von Anfang an auch die Hauptkritik phänomenologischer Denker. So hat Max Scheler in bewusster Wendung gegen den, wie er sagt, protestantischen, von Schleiermacher ausgehenden „Subjektivismus", der Religion auf eine besondere Bewusstseinsfunktion zurückführen will,[40] von der ursprünglichen *Selbstgegebenheit* des religiösen Gegenstands gesprochen. „Die Religion besitzt [...] in der Selbstgegebenheit des Gegenstands, auf den der religiöse Akt gerichtet ist – in erster Linie Gottes – und in der Evidenz, in der sich diese Selbstgegebenheit dem Bewußtsein erschließt, ihren letzten und höchsten Erkenntnismaßstab".[41] Diese Selbstgegebenheit wird im Fall Gottes, dem absolut seienden Heiligen, als *Urgegebenheit* gefasst,[42] also als eine Gegebenheit, die jedem sich darauf richten Bewusstseinsakt grundsätzlich vorausgeht und voraus liegt. Der religiöse Gegenstand, also Gott, wird Scheler zufolge also in keiner Weise von uns konstituiert und konstruiert: er ist eine ursprüngliche, unhintergehbare Gegebenheit.

---

[40] M. Scheler, *Vom Ewigen im Menschen*, Leipzig 1921, 366.585 ff.590 ff.
[41] AaO. 605.
[42] AaO. 379, 394 u.ö.

Doch damit – darauf hat F. Wagner mit Recht aufmerksam gemacht[43] – sind zwei Fragen zumindest nicht thematisiert. Zum einen muss auch das Selbstgegebene *für jemanden* gegeben sein. Zum andern kann von einer Selbstgegebenheit strenggenommen nur gesprochen werden, wenn das Selbstgegebene *als* es selbst gegeben ist. Beide Anfragen ergeben sich aus der *Zeichenstruktur*, die wir mit dem Begriff des Gegebenseins verbinden. Etwas, das nicht *für* jemanden gegeben ist, kann kaum als Gegebenes bezeichnet werden; und etwas, das in seinem Gegebensein für jemanden nicht *als es selbst* gegeben ist, kann nicht als Selbstgegebenes bezeichnet werden.

Aber daraus folgt nun keineswegs, wie Wagner meint, dass alles *für* das Bewusstsein Gegebene *durch* das Bewusstsein gesetzt bzw. konstituiert sei. Es ist vielmehr die – wie problematisch auch immer formulierte – Pointe der Schelerschen Überlegungen, dass unser religiöser Akt sich überhaupt nur deshalb *auf etwas* (nämlich Gott) richten kann, weil und insofern das, worauf er sich richtet, also Gott, *nicht* vom religiösen Akt erst gesetzt oder konstituiert ist. Die *Gegebenheit Gottes* für den Glauben ist Voraussetzung des Glaubens an Gott und damit auch *Voraussetzung* der Konstitution des Gottesgedankens durch den Glauben. Denn dieser ‚macht' Gott zwar, wie Luther sagt, aber eben nicht *als solchen* (in persona), sondern *in nobis* (als *unseren* Gottesgedanken und *unser* Gottesverhältnis).

In seiner Auslegung von Gal 3,6 „So war es unter Abraham: Er glaubte Gott und es wurde ihm als Gerechtigkeit angerechnet" behauptet Luther 1531: „fides creatrix divinitatis, non in persona [dei], sed in nobis."[44] Der *Glaube* ist ihm zufolge also schöpferisch, er ‚macht' Gott. Damit verbindet Luther ein Doppeltes. Zum einen – das zeigt besonders seine Auslegung zum ersten Gebot im Großen Katechismus[45] – setzt der Mensch nach eigenen Wün-

[43] F. Wagner, *Was ist Religion? Studien zu ihrem Begriff und Thema in Geschichte und Gegenwart*, Gütersloh ^{2}1991, 361.

[44] M. Luther, *Galaterbriefvorlesung*, *WA* 40/1, 360, 5 f.

[45] M. Luther, *Großer Katechismus*, *BSLK*, 560 ff.

schen und Vorstellungen etwas als Gott bzw. Gott als etwas sich gegenüber, an das er sein Herz hängt und von dem er sich alles Gute erhofft. Zum anderen kennzeichnet eben das sowohl den falschen als auch den rechten Glauben, der auf den Richtigen als Gott setzt. Denn – so Luther – „das Trauen und Gläuben des Herzens machet beide Gott und Abegott".[46] Sind Glauben und Vertrauen recht, so ist es auch der Gott, auf den sie setzen; sind sie es nicht, dann ist es auch ihr Gott nicht.

Das ist offensichtlich missverständlich, und Feuerbach ist derjenige, der gerade daraus die Folgerungen gezogen hat, dass wir uns unseren Gott nach anthropomorphen Bedürfnissen selbst machen. Doch Luther präzisiert die für sich genommen höchst missverständliche *fides creatrix divinitatis*-Formel durch den Zusatz „non in persona, sed in nobis"[47]: Der Glaube schafft Gott nicht als solchen, nicht in Person (bzw. wie Luther auch sagt: „in substantia"), sondern *in nobis*. Das *extra nos* Gottes wird nicht durch den Glauben konstituiert, sondern ist das, worauf der Glaube sich gründet und sich bezieht. Aber das *in nobis* Gottes gibt es nicht ohne Glauben; und da das In-uns-Sein Gottes wesentlich zu seinem In-sich-selbst-Sein gehört, insofern Gott im Glauben anwesend ist, ist Gott wirklich der, der er ist, nur dort, wo er auch *als Gott geglaubt wird*. Anders gesagt: ‚Gott' bezeichnet eine Wirklichkeit, die darauf hin angelegt ist, im Glauben als solche anerkannt zu werden: Gott kommt im Glauben zu sich selbst. Und deshalb ist das *in nobis* Gottes im Glauben eine Gestalt des *extra nos* seiner göttlichen Wirklichkeit – sein *in unserem Leben real werden*. Der Glaube ist die Präsenzform Gottes im menschlichen Leben, in der Gott als Gott gegenwärtig, wirksam und wahrnehmbar ist.

Damit wird das *facere* der fides präzsierbar: „Das facere Deum, wie es der Glaube vollzieht, ist, genau formuliert, ein Deum facere Deum: den ins Sein zu rufen, der ist."[48] Das wird auch dadurch

[46] Ebd. 560, 16–7.

[47] *WA* 40/1, 360, 25.

[48] G. Ebeling, Fides occidit rationem, in: Ders., *Lutherstudien* III, Tübingen 1985, 181–222, 196.

unterstrichen, dass Luther *nicht* sagt ‚fides est creatrix *Dei*', sondern „fides est creatrix divinitatis". Das heißt, der Glaube erschafft nicht das Wesen, das wir ‚Gott' nennen. Er ist vielmehr die von Gott selbst geschaffene Präsenzgestalt Gottes im menschlichen Leben, in der Gott als Gott wahrnehmbar und wirksam wird. Das zeigt sich daran, dass der Glaube selbst kreativ wird, indem er Konzepte der „göttlichen Vollkommenheiten wie sapientia, bonitas, omnipotentia oder iustitia" erschafft, „durch die als Weisen des Wirkens Gottes Gott selbst allererst konkret und unter den Bedingungen der Geschöpflichkeit erfahrbar wird."[49] Luther versteht diese Vollkommenheiten in Abgrenzung gegen die Tradition deshalb nicht einfach als Eigenschaften Gottes, sondern als Gottes *Operations- oder Wirkungsweisen*. Sie kennzeichnen nicht Gottes Sein, sondern sie bringen zum Ausdruck, *was Gott bei uns wirkt*, was Gott *tut*, wie er *bei uns gegenwärtig und wirksam ist*.

Damit lässt sich präzisieren, was es heißen soll, dass das *facere divinitatem* des Glaubens ein *Deum facere divinitatem in nobis* ist: *Im Glauben* bewirkt Gott, dass er *als Gott*, *als er selbst*, als der, der er wahrhaft ist, gekannt und anerkannt wird. Der Glaube ist also keine menschliche Aktivität, in der wir uns einen Gottesgedanken konstruieren (das ist Feuerbachs Missverständnis), sondern der Glaube ist dasjenige (menschlich gesehen: passive) Verwickeltsein in Gottes Gegenwart, in dem Gottes Wirken an und in uns zur Wahrnehmung und zur Anerkennung der Wirklichkeit und Wahrheit Gottes führt. Es ist die von Gott selbst bewirkte Wahrnehmung seiner selbst durch uns, die uns zu einer neuen, ihres Seins vor Gott bewussten Person macht.

Genau damit ist dem Rechnung getragen, was Scheler unbedacht lässt: dass das Gegebensein Gottes in der Tat beides sein muss: ein Gegebensein *für uns* und ein Gegebensein *als Gott selbst*. Beides aber ist es nicht dadurch, dass der Mensch, die menschliche Vernunft ‚Gott' setzt, konstruiert, oder – wie Wagner sagt – „daß das religiöse Bewußtsein den von ihm intendierten Gegenstand

[49] AaO. 197.

(mit-)konstituiert."[50] Gottes *unhintergehbares Gegebensein* besteht vielmehr darin, dass es ein radikales *Selbstgegeben Gottes* ist. Gott kann *als Gott* überhaupt nur dort und von denen wahrgenommen werden, denen er sich selbst als Gott wahrnehmbar macht. Das geschieht nicht, ohne dass die Wahrnehmenden selbst sich neu und anders, nämlich als *coram deo* existierende Geschöpfe Gottes verstehen: Gotteswahrnehmung vollzieht sich als Selbstwahrnehmung *coram deo*. Das aber bezeichnet nicht nur den Ort, wo man sein Leben lebt (vor Gott) sondern zuerst und vor allem die Tatsache, dass man nur lebt, weil und insofern Gott uns in sein Wirken und damit in seine Wirklichkeit einbezieht. Gott ist *semper et ubique actuosus*, er ist die allem vorausgehende und zugrundeliegende schöpferische Wirksamkeit, die zwischen Sein und Nichtsein unterscheidet und Geschöpfe, die von sich aus nicht sein könnten, in der Gegenwart Gottes leben lässt.

Sich selbst als *coram deo* existierend wahrzunehmen, heißt deshalb, sich als Geschöpf wahrzunehmen, das nur in und durch Gottes Gegenwart ist. Und weil es in dieser Gegenwart ist, obwohl es auch nicht sein könnte, versteht es seine eigene Gegenwart und seine eigene Existenz als etwas, was von Gott gewollt und bejaht ist. Kontingentes Dasein wird damit gewolltes Dasein, und Gottes Gegenwart der Orientierungspunkt, von dem her diese positive Bejahung des eigenen endlichen Daseins in den Blick kommt.

Eben diese Wahrnehmung des eigenen Daseins und die darin mitgesetzte Selbstbeurteilung aber gibt es nicht ohne die Einsicht, dass man Gottes Bejahung und wirksame Gegenwart bisher ignoriert hat (Sünde) und einem erst durch Gott selbst dafür die Augen geöffnet wurden: Die Selbstwahrnehmung *coram deo* gibt es nur in der Differenz der Wahrnehmung des eigenen Sünderseins und der Wahrnehmung Gottes als desjenigen, der einem dafür die Augen geöffnet hat, indem er diesen Zustand von sich aus beendet und sich dadurch als *deus pro nobis* wahrnehmbar gemacht hat. Das vollzieht sich zwar immer nur in einem individuellen Leben,

---

[50] Wagner, *Religion*, 365.

aber stets auf eine entsprechende und damit erkennbare Weise. Denn da sich Gott – nach Einsicht des christlichen Glaubens – *in Christus* wahrnehmbar gemacht hat, wie er wahrhaft und wirklich ist, wird er nur dort wahrgenommen, wo er *in Christus* und damit so wahrgenommen wird, wie er dort wahrgenommen wurde: als *deus pro nobis.* Und diejenige Wahrnehmungsweise, in der Gott in Christus als er selbst und damit als *deus pro nobis* für die Menschen wahrnehmbar und wahrgenommen wird, ist der – von Gott dem Geist selbst bewirkte – *Glaube.*

Wagners Einwände gegen Scheler sind daher insofern stichhaltig, als dieser von einem ganz anderen Glaubensverständnis und von einem ganz anderen Problem ausgeht: der erkenntnistheoretischen Begründungsfragestellung der Neuzeit, die ‚glauben' nur als Bewusstseinszustand begreifen kann (und deshalb gar nicht zum christlichen Glaubensverständnis vorstößt) und die dementsprechend auch Gott nur so ‚gegeben' zu denken vermag, dass er *gedacht wird*, und zwar *als Absolutes*, das sich im seinem Gedachtwerden selbst als Gedanke zur Geltung bringt. Das zeigt erneut: die Theorie des Absoluten, mit deren Hilfe Wagner sein selbstkonstruiertes Begründungsproblem lösen will, reagiert auf die Aporien, die eine transzendentalphilosophischen Subjektivitätstheorie produziert, die ihrerseits aus einem erkenntnistheoretischen Solipsismus und der damit verbundenen Reduktion der Wahrnehmung auf Sinneswahrnehmung erwächst. Doch dieser Ansatz kann nicht verständlich machen, dass und inwiefern Wissen und Erkennen immer schon *soziale Sachverhalte* sind und entsprechend auch Geltungsfragen nicht subjektivitätstheoretisch konstruiert zu werden brauchen: Sie gründen in einer *doxastischen Praxis*, nicht in einer Theorie des Absoluten. Denn *begründet* ist eine Ansicht, wenn sie in dieser Praxis legitimiert wird, und zwar so, dass diese Praxis auf etwas jenseits ihrer selbst als ‚Wirklichkeit' verwiesen wird, die in ihr zum Zuge kommt, aber nicht in ihr aufgeht. In der *Praxis des Glaubens* aber wird so auf Gottes Gegenwart Bezug genommen, dass diese weder mit der Gegenwart eines Gegenstands noch mit der eines gegenständlichen Subjekts verwechselt wird. Gott ist im Glauben weder als ‚Objekt' noch als ‚Subjekt' gegenwärtig, sondern – mit G. Marcel, K. Rahner oder E. Jüngel gesagt – als *Geheimnis.*

4. Gegenwärtigkeit als Geheimnis

In seiner Arbeit *Geheimnis des Seins* schreibt Marcel in der zehnten und letzten Vorlesung des ersten Teils (‚Begriff und Geheimnis') über *Gegenwärtigkeit als Geheimnis.*[51] Um den Begriff des *Geheimnisses* zu präzisieren, sucht Marcel „den Unterschied zwischen Objekt und Gegenwärtigkeit herauszuarbeiten."[52] Sein Ausgangsbeispiel ist: Jemand „der mit uns im selben Raum ist, in unserer nächsten Nähe, jemand, den wir sehen und hören und den wir zu besserem Erweis berühren können", vermittelt uns „das ganz starke Gefühl", er „sei dennoch nicht gegenwärtig, sei von uns unendlich weiter entfernt als ein geliebter Mensch, der Tausende von Meilen weit oder überhaupt nicht mehr unter den Lebenden weilt."[53] Worin besteht dieser Unterschied?

Offensichtlich nicht darin, dass ich mit dem Anwesenden „neben mir keine Verbindung aufzunehmen vermöchte", aber es ist „eine Verbindung ohne Verbundensein – und damit eben eine wesenlose Verbindung."[54] Der andere hört mich sprechen, vernimmt meine Worte, „*mich* selber aber vernimmt er nicht."[55] So wäre es „völlig abwegig, jemanden die Kunst zu lehren, sich gegenwärtig zu machen [...] Das wäre ungefähr so, wie wenn man einer Frau beibringen wollte Charme zu haben."[56]

Das damit angesprochene Phänomen des *Charmes* wird zum Leitfaden der weiteren Analyse. „Der Charme ist eine bestimm-

---

[51] G. Marcel, *Geheimnis des Seins*, Wien 1952, 263 ff.
[52] AaO. 273.
[53] Ebd.
[54] Ebd.
[55] AaO. 274.
[56] Ebd.

te Gegenwärtigkeit der Person um das, was sie tut und sagt. Ein ganz kleines Kind hat noch nicht Charme. Charme tritt erst dort in Erscheinung, wo der Spielraum unmittelbar empfunden wird, der ein Wesen von dem trennt, was es tut."[57] Charme und Gegenwärtigkeit kann man Marcel zufolge zwar nicht gleichsetzen. Aber er erscheint „doch unzweifelhaft als eine der Weisen, in der Gegenwärtigkeit sichtbar zu werden vermag. Und zwar sichtbar *für* bestimmte, vertraute Menschen, nicht etwa für jeden Beliebigen in einer öffentlichen Versammlung. Gerade das aber läßt den nichtobjektiven Charakter der Gegenwärtigkeit klar hervortreten."[58] Damit meint Marcel „daß der Akt, vermittels dessen wir den Sinn auf die Gegenwärtigkeit richten, wesensmäßig unterschieden ist von jenem, durch den wir ein Objekt in den Griff nehmen. Gerade die Möglichkeit des Greifens, des Fassens ist bei der Gegenwärtigkeit grundsätzlich auszuschließen."[59] Wahrnehmung von Gegenwärtigkeit ist kein Fall der Wahrnehmung von gegebenen Gegenständen bzw. Objekten.

Positiv gewendet besagt dies: „Gegenwärtigkeit kann nur *willkommen geheißen* (oder abgewiesen) werden."[60] Objekte können genommen, gegriffen, auch mit dem Verstand begriffen werden. Gegenwärtigkeit dagegen kann nicht gegriffen und begriffen, sondern „im Grunde nur angerufen werden, und die Anrufung ist ihrem Wesen nach magisch, ist Zaubermacht."[61] Deshalb gilt: „selbst die Menschen unserer Umgebung werden von uns äußerst selten *als* Gegenwärtigkeiten erlebt. Insofern wir sie gewohnt sind, werden sie allmählich zu Möbelstücken."[62] Erst wenn ein „regelwidriger Umstand", ein „Riß im Gewohnten" wie etwa eine Krankheit eintritt, ändert sich das bzw. kann sich das ändern. Deshalb behauptet Marcel, „zwischen Gegenwärtigkeit und Ge-

[57] AaO. 275.
[58] AaO. 275 f.
[59] AaO. 276 f.
[60] AaO. 277.
[61] Ebd.
[62] AaO. 278.

heimnis bestehe ein entscheidender Zusammenhang. Denn einmal ist jede Gegenwärtigkeit geheimnisvoll, und zum anderen erscheint es mehr als zweifelhaft, ob man das Wort Geheimnis dort gebrauchen könne, wo eine Gegenwärtigkeit nicht wenigstens fühlbar ist."[63]

In *Gegenwart und Unsterblichkeit* kommt Marcel in einem dort abgedruckten Vortrag mit eben dem Titel *Gegenwart und Unsterblichkeit* auf die Überlegungen im *Geheimnis des Seins* zurück.[64] Um zu klären, „was Präsenz oder Gegenwart genau bedeutet"[65], unterscheidet er das wieder „von der Welt der Wahrnehmung und der Objektivität."[66] Er hält fest, „daß wir, wenn wir an die Gegenwart herankommen wollen, die Vorstellung überwinden müssen, die wir uns von irgendeinem Objekt und seinen strukturellen Bedingungen machen."[67] Aber er stellt klar: „Besteht man [...] auf dem nicht objektiven Charakter der Gegenwart, so heißt das keineswegs, daß sie nur subjektiv ist. In Wirklichkeit muß man hier von Intersubjektivität sprechen" und die „Intersubjektivität ist wesentlich Öffnen, Offensein."[68]. Das erläutert er so: „Die Intersubjektivität, könnte man sagen, ist die Tatsache, zusammen im Licht zu sein [...] Bin ich in Gegenwart des anderen von Hintergedanken über ihn erfüllt oder unterstelle ich ihm, was aufs gleiche herauskommt, Hintergedanken mir gegenüber, so sind wir ganz offensichtlich nicht zusammen im Licht. Ich stelle mich selbst in den Schatten."[69] *Gegenwart* hat es also im Unterschied zu Anwesenheit stets mit *Personen* zu tun – und zwar gerade insofern, als diese nicht nur räumlich da sind. Es ist die *Gegenwart eines Du*, nicht eines Es.[70]

---

[63] AaO. 288.

[64] G. Marcel, *Gegenwart und Unsterblichkeit*, Frankfurt am Main 1961/Paris 1959, 292 ff.

[65] AaO. 293.

[66] AaO. 294.

[67] AaO. 295.

[68] AaO. 297.

[69] AaO. 298 f.

[70] Deshalb betont G. Marcel: „the term *presence* is ambiguous. Only a recourse to living experience can enlighten us by forcing us to distin-

Aber setzt solche Gegenwart denn nicht zumindest das objektive Da-Sein voraus, so dass es vom bloßen Gefühl der Gegenwart etwa Verstorbener unterschieden werden kann: „Das Wesen, das mir gegenwärtig ist, *ist da*, es ist objektiv da?“[71] Nein, meint Marcel: „Eine so einwandfrei festgestellte Tatsache wie die Telepathie genügt, uns zu zeigen, daß es Arten der Kopräsenz gibt, die nicht auf die Art von Nebeneinanderstellung rückführbar sind, die bei unserem täglichen Umgang mit anderen Menschen im Spiele ist.“[72] Und er fährt fort: „Aber das ist nicht alles: eine tiefere Überlegung führt uns dazu, die Verbindung zwischen Gegenwart und Objektivität in Frage zu stellen. Man müßte hier anderen Erfahrungen Rechnung tragen, die in ganz anderen Dimensionen des geistigen Lebens liegen. Ich denke insbesondere an die Schöpfung und ganz besonders an die dramatische oder musikalische Schöpfung.“[73] Fragt man etwa im Blick auf das Auftauchen der „Idee einer Melodie“: „Kommt sie von mir selbst oder von anderswoher?“, dann zeigt sich schnell, „daß diese Unterscheidung hier jeder Bedeutung bar ist.“[74] Im Horizont einer cartesianischen Ich-Philosophie und der mit ihr verbundenen Erkenntnistheorie ist das gar nicht zu fassen. Es „hat ja in Wirklichkeit keinerlei Sinn, anzunehmen, daß ich ein abgegrenztes Gebiet darstelle, und mich zu fragen, ob diese Idee auf diesem Gebiet entstanden ist oder nicht [...] In Wirklichkeit ist die Idee eines Territorium-Ichs eine fiktive Idee [...]“[75]

Es handelt sich um eine andere Art von Wahrnehmung, die sich nicht nach Art der neuzeitlichen Subjektivitätsphilosophie konstruieren lässt. Als ‚objektiv‘ gilt dort nur, was über sinnliche Wahrnehmung vermittelt und auf solche bindend angewiesen ist.

---

guish between ‚presence‘ and ‚being there.‘“ Reply to Gene Reeves, in: *The Philosophy of Gabriel Marcel*, ed. P.A. Schilpp/L.E. Hahn, La Salle 1984, 272–274, 272.

[71] Marcel, *Gegenwart und Unsterblichkeit*, 299.

[72] AaO. 300.

[73] Ebd.

[74] Ebd.

[75] AaO. 300 f.

Aber das ist unzureichend. „Hier wie auch sonst stoßen wir uns an der Zweideutigkeit unserer Beschaffenheit, der Beschaffenheit eines Wesens, das in der Welt der Dinge engagiert ist und an ihr teilhat, das aber andererseits diese Welt transzendiert und weiß, daß es sie transzendiert."[76] Und Marcel zieht die Linie zum Unsterblichkeitsproblem aus: „Die Gegenwart [...], wie ich sie beschworen habe, ist supra-hypothetisch, sie führt zu einer unbesiegbaren Gewißheit, die mit der oblativen Liebe verbunden ist. Sie findet ihren Ausdruck in Behauptungen wie: ‚Ich bin sicher, daß du mir gegenwärtig bleibst', und diese Gewißheit ist an die Tatsache gebunden, daß du mir weiter beistehst, daß du mir vielleicht direkter beistehst, als du dies auf Erden zu tun vermochtest. Wir sind zusammen im Licht [...]"[77] Und er endet seine Überlegungen mit dem Hinweis, dass „es daher unmöglich ist, hier nicht in die Theologie im eigentlichen Sinne einzumünden, das heißt, nicht zu der direkten Quelle alles Lichtes vorzustoßen: zu Gott und zu seiner Liebe zu den Geschöpfen."[78]

Die Intentionen und Bemühungen Marcels sind deutlich: Dass etwas *für mich gegeben* ist, wird kritisch hinterfragt und differenziert beschrieben. Insbesondere sucht Marcel sich von den Engführungen neuzeitlicher Ich- und Subjektphilosophie zu lösen, um das Phänomen der *Gegenwart* im Unterschied zur bloßen *Anwesenheit* lösen zu können. Er bezieht sich dabei anhand von Beispielen auf eine andere Art von Wahrnehmung als die sinnlich über objektiv Gegebenes vermittelte;[79] und er macht klar, dass

[76] AaO. 303.

[77] AaO. 302. Eine ähnliche Argumentationsfigur findet sich bei P. L. Landsberg *Die Erfahrung des Todes*, hg. v. E. Zwierlein, Berlin 2009, bes. Teil IV („Wiederholung" der Erfahrung vom Tode des Nächsten): Auch wenn die andere Person nicht mehr da ist, bleibt eine Verbindung zu ihr.

[78] AaO. 304.

[79] Sie wäre immer über meinen *Körper* vermittelt. Nun erlebe ich meinen Körper zwar als Gegenwart. Aber das Zentrum meiner so erfahrenen Existenz ist gerade nicht das sich selbst durchsichtige cartesianische Ich, sondern ein ‚Schatten', meine eigenes Verborgenseins vor mir selbst, meine Undurchsichtigkeit – eben das, was Marcel *Geheimnis* nennt.

viele Phänomene unseres Lebens nicht nach dem überkommenen Wahrnehmungs- und Erkenntnismodell der Moderne verstanden werden können.

Aber der Ausführung der Kritik und damit der negativen Seite seiner These (‚die überkommene Philosophie ist unzulänglich') entspricht keine Durchführung der positiven Seite. Er bleibt beim bloßen Postulat einer anderen Wahrnehmung stehen. Er zeigt nicht auf, worin diese andere Art von Wahrnehmung besteht und mit welchem Recht wir zuverlässig auf sie setzen können. Insbesondere bleibt unklar, ob das so beschriebene Gegenwärtigsein das Dasein des Gegenwärtigen voraussetzt oder nicht, ob es also auch dann in einer von Illusion und Wunschdenken unterscheidbaren Weise auftreten kann, wenn die gegenwärtig erfahrene Person nicht ‚da' ist. Dasein aber scheint mit sinnlich erfahrbarer Präsenz verknüpft zu sein, so dass sich umgekehrt die Frage stellt, ob es eine Wahrnehmung gibt, die nicht auf die Wahrnehmung von *sinnlich* Gegebenem reduzierbar oder unabhängig von solcher ist? Marcel antwortet mit dem Verweis auf die *Liebe*, und zwar genauer auf die *Wahrnehmung der Liebe* (Gottes). Dass sich gerade hier das Problem der Nähe und Ferne, Distanz und Direktheit, Anwesenheit und Abwesenheit in besonderer Deutlichkeit stellt, lässt sich nicht nur an Gottes Liebe erhellen. Es zeigt sich auch am Phänomen der menschlichen Liebe.

5. Liebe als Geheimnis der Gegenwart

Es ist alte theologische Tradition, *Liebe* und *Gegenwärtigkeit* so zu verbinden.[80] „Was", so fragt Augustin in *De Trinitate IX, 2,2*[81],

---

Vgl. J.V. Vigorito, On Time in the Philosophy of Marcel, in: Schilpp, *Philosophy of Gabriel Marcel*, 391–417, bes. 405 f.

[80] Für das Folgende vgl. I.U. Dalferth, *Selbstlose Leidenschaften. Christlicher Glaube und menschliche Passionen*, Tübingen 2013, 217–224.

[81] A. Augustinus, *De Trinitate* IX, 2,2, *Bibliothek der Kirchenväter*,

„heißt sich lieben anderes, als sich gegenwärtig sein wollen, um sich zu genießen?"[82] Und er hält das für eine Grundbestimmung göttlicher wie menschlicher Liebe: Sie sucht die Gegenwart des anderen, um diesen genießen und sich von ihm genießen lassen zu können.

Man wird dieser Art, Gegenwärtigkeit und Liebe zu verbinden, freilich nicht unbesehen folgen dürfen. Denn ist diese augustinische Auffassung nicht Ausdruck einer fundamentalen Instrumentalisierung des Anderen als Genussobjekt? Bei Augustin selbst ist das dadurch abgemildert, dass er dazu anhält, zwischen *uti* und *frui* zu unterscheiden und das letztere auf Gott allein zu beschränken: Nur Gott ist letztlich zu genießen und zu lieben. Umgekehrt heißt das freilich, dass Nichtgöttliches letztlich nicht geliebt werden soll, sondern nur Anlass und Anreiz zur Gottesliebe darstellen darf. Und das scheint eine kaum weniger problematische Instrumentalisierung darzustellen.

Soll das vermieden werden, muss man das augustinische Prinzip präzisieren, indem man es beschränkt: Liebe und Gegenwärtigkeit sind so zusammen zu denken, dass der/die Andere in der Gegenwart der Liebe nicht instrumentalisiert wird. Das kann etwa dadurch erreicht werden, dass die Liebe durch ein anderes Prinzip konkretisiert, beschränkt und präzisiert wird. Wie das geschehen kann, lässt sich bei Kant beobachten.

In der Tugendlehre der *Metaphysik der Sitten* beschreibt Kant die *Liebespflicht gegen andere Menschen.*[83] Die Ausübung von Pflichten gegen andere, so sagt er, sind immer von zwei Gefühlen begleitet: der *Liebe* und der *Achtung*. Beide lassen sich nur abstrakt trennen. Man könne zwar sagen ‚Liebe den Nächsten, ob dieser gleich wenig Achtung verdienen möchte'. Andererseits aber gelte,

---

Bd. 14, 45 f. (lateinisch: https://bkv.unifr.ch/works/7/versions/694/divisions) (deutsch: https://bkv.unifr.ch/works/7/versions/17/divisions/106023).

[82] Vgl. CHR. TÜRCKE, *Vermittlung als Gott. Metaphysische Grillen und theologische Mucken didaktisierter Wissenschaft*, Lüneburg 1986, 76.

[83] I. KANT, *Metaphysik der Sitten*, A 116 ff; *AA* VI, 448 ff.

dass jeder notwendig geachtet werden müsse, da er sonst kaum der Liebe wert zu sein beurteilt werden würde.

Dieses Beieinander zweier Gefühle erklärt Kant folgendermaßen: In Analogie zum Verhältnis physischer Gegenstände nach dem Prinzip der Wechselwirkung stehen auch vernünftige Wesen in einer Beziehung, die durch Anziehung und Abstoßung geprägt wird. So sind sie durch das Prinzip der Wechselliebe daran „gewiesen, sich einander beständig zu nähern." Andererseits sind sie „durch das [Prinzip] der Achtung, die sie einander schuldig sind", angehalten, „sich im Abstande von einander zu erhalten."[84] Denn die „Pflicht der Achtung meines Nächsten ist in der Maxime enthalten, keinen anderen Menschen bloß als Mittel zu meinen Zwecken abzuwürdigen"[85], die Pflicht der Liebe dagegen besteht in der „Maxime des Wohlwollens [...], welche das Wohltun zur Folge hat"[86], also in *praktischer Menschenliebe*, und nicht etwa in einem Gefühl „des Wohlgefallens", „denn Gefühle zu haben, dazu kann es keine Verpflichtung durch andere geben."[87]

Kant beschreibt hier einen Sachverhalt im Zusammensein, in der Beziehung von Personen, der für deren *Freiheit* und damit auch für die *Struktur der Gegenwart freier Personen beieinander* entscheidend ist: das Zusammenwirken von *Nähe und Distanz, Liebe und Achtung*. Das eine gibt es nicht ohne das andere. Wird Liebe ohne Achtung praktiziert, artet sie in Besitznahme der anderen Person aus. Ohne Liebe dagegen ist wirkliche Achtung des anderen unmöglich. Sie wird zur Missachtung des anderen als eines auf mein praktisches Wohlwollen, also meine für ihn hilfreichen Taten angewiesenen Wesens. Andere durch Hilfeleistungen von sich abhängig zu machen, ist bekanntlich eine subtile, aber wirksame Form, Superiorität auszuüben.

Diese Analyse eines anthropologischen Zusammenhangs ist bedeutsam für unsere Frage. Denn wir sahen ja schon: *Gegen-*

[84] AaO. A 118, *AA* VI, 449.
[85] AaO. A 120, *AA* VI, 450.
[86] AaO. A 119; *AA* VI, 449.
[87] Ebd.

wart ist ursprünglich häufig das *Gegenwärtigsein von Personen bei Personen.* Ist dessen Struktur aber durch das Zusammen von Nähe und Distanz geprägt, dann gilt das auch für die Gegenwart selbst: *Liebe und Achtung sind anthropologische Manifestationen der Struktur von Gegenwart als Ineinander von Distanz und Nähe.* Auch sie setzten freilich voraus, das da und vorhanden ist, was sich in Nähe und Distanz liebt und achtet. Aber sie machen deutlich, dass ohne Distanz und damit ohne die Unterscheidung von Liebendem und Geliebtem keine Liebe gibt. Zielte Liebe ihrem Wesen nach daher auf die Aufhebung dieser Distanz, auf die differenzüberwindende Verschmelzung beider, wäre das gleichbedeutend mit der Aufhebung der Liebe. Nur wo es Differenz und wechselseitige Eigenständigkeit gibt, gibt es Liebe, und wo es Liebe gibt, muss es Differenz und die Eigenständigkeit des Differenten geben.

Das wird noch deutlicher bei Franz Rosenzweig. Im zweiten Teil seines *Stern der Erlösung*[88] präsentiert Rosenzweig eine Analyse von Gegenwart am Leitfaden der Liebe. Das, „was Liebe erst zur Liebe macht" ist ihm zufolge „Gegenwart, reine, unvermischte Gegenwart."[89] „Liebe [ist] keine Eigenschaft, sondern ein Ereignis."[90] Das gilt für alle Liebe, zuvörderst aber für die Liebe Gottes. „‚Gott liebt' ist reinste Gegenwart – was weiß Liebe selber, ob sie lieben wird, ja selbst, ob sie geliebt hat? Genug, sie weiß das eine, daß sie liebt."[91] Sie interessiert sich nicht für das Vergangene und das Zukünftige, sondern allein für das Hier und Jetzt: Gottes „Liebe ist immer im Heute und ganz im Heute, aber alles tote Gestern und Morgen wird in dieses sieghafte heute einmal verschlungen, diese Liebe ist der ewige Sieg über den Tod."

Die Liebe wird hier also – und das ist das Erste – als das grundlegende, alle Gegenwart konstituierende Phänomen beschrieben. Das ist sie als *Liebe Gottes*, die immer nur Ereignis ist und gerade

---

[88] F. ROSENZWEIG, *Stern der Erlösung*, Frankfurt am Main ^{4}1993.
[89] AaO. 184.
[90] AaO. 183.
[91] Ebd.

damit für uns Gegenwart konstituiert. Denn wir werden in die Gegenwart der Liebe Gottes gestellt, indem er uns liebt.

Dabei – das ist das Zweite – gilt es nach Rosenzweig aber eine *Asymmetrie* zu beachten. „Was dem Liebenden ein immer zu erneuernder Augenblick ist, das Geliebte weiß es als ewig, immer und ewig."[92] Das heißt: Liebe konstituiert *Gegenwart* für den der liebt, *Dauer* dagegen für den, der geliebt wird. „Die Liebe des Liebenden ist immer ein neu sich ihm entzündendes Licht; der Augenblick des Aufleuchtens gibt ihr die Gegenwärtigkeit." Im Fall des Geliebten ist es anders. Im Unterschied zur „Liebe des Liebenden" gilt für die „Liebe des Geliebten": „ihr gibt Gegenwärtigkeit nicht der einzelne, immer neue Augenblick, sondern die ruhige Dauer; weil sie sich ‚immer' geliebt weiß, nur deshalb weiß sie sich geliebt in jedem Augenblick."[93]

Indem Rosenzweig die Differenz zwischen *Gegenwart* und *Dauer* im Gegenüber von Liebendem und Geliebtem verankert, wird die durch die Liebe Gottes konstituierte Gegenwart zweipolig: Auf der einen Seite ist sie immer wieder neuer *Augenblick*; auf der anderen ist sie unaufhörliche *Ewigkeit*. Und während das im menschlichen Fall, also in der Liebe zwischen „Mann und Weib" so ist, dass „die Rollen des Liebe Gebenden und Liebe Empfangenden hin und her[gehen], obwohl von den Wurzel der Geschlechtlichkeit her sich immer wieder das eindeutige Verhältnis der Natur wiederherstellt"[94], bleibt zwischen Gott und Mensch (der Seele) das „Verhältnis immer das gleiche. Gott hört nie auf zu lieben, die Seele nie, geliebt zu sein."[95] Die Augenblick für Augenblick neue, Gegenwart konstituierende Aktivität der Liebe Gottes konstituiert uns als dauerhaft Seiende, gibt uns auf unveränderliche, ewige Weise *zeitliche Dauer*.

Damit ist ein Doppeltes gesagt. Zum einen zeigt Rosenzweig, dass und wie Gottes Liebe unser Dasein konstituiert: Gottes Liebe

[92] AaO. 188.
[93] Ebd.
[94] AaO. 189.
[95] Ebd.

macht uns nicht nur präsent, sondern indem sie uns *sich selbst* präsent macht, konstituiert sie uns so, dass wir für uns und andere überhaupt da sein können. Gottes Liebe ist schöpferische Liebe.

Zum anderen eignet sich Rosenzweig damit faktisch eine große Tradition an und arbeitet sie zugleich um: die von Boethius für den Westen folgenreich umgestaltete platonische Analogie zwischen Zeit und Ewigkeit: Ewig verdient nur ein *Leben* genannt zu werden, nicht das unveränderliche Gleichbleiben eines Steins, denn nur Leben kennt Gegenwart. Wirklich und wahrhaft ewig aber ist nur die Ewigkeit Gottes. Denn Ewigkeit, so definiert Boethius, ist der *vollständige und vollendete Besitz unbegrenzbaren Lebens (interminabilis vitae tota simul et perfecta possessio)*.[96] Und das gilt für Zeitliches gerade nicht. „Denn alles, was in der Zeit lebt, das geht als ein Gegenwärtiges vom Vergangenen weiter in die Zukunft, und es gibt nichts, was in der Zeit besteht, das seinen ganzen Lebensraum gleichzeitig umfassen könnte."[97] Alles Zeitliche ist nur aufgrund seiner Entsprechung zu dieser Ewigkeit. Entsprechung setzt aber Übereinstimmung und Differenz voraus. Die Differenz liegt in der Endlichkeit geschöpflichen Seins, das sich nie zugleich vollständig und ganz umfassen kann. Die Entsprechung dagegen besteht in einem doppelten: der *Totalität der Zeit*, symbolisiert im ewigen Kreislauf der Gestirne, und im *Jetzt des Augenblicks*, in dem sich das Leben vollzieht.[98] Beides ist ein „gewisses Abbild je-

---

[96] Boethius, *Consolatio Philosophiae*, lib 5, 6.

[97] Ebd.

[98] Der Augenblick wird damit als der Inbegriff der Fülle der Möglichkeiten verstanden, in dem sich entscheidet, was davon aufgegriffen und aktualisiert wird und was nicht. In jedem Augenblick steht aus der Fülle des Möglichen derjenige Ausschnitt zur Debatte, der an das jetzt Wirkliche anschlussfähig, also real möglich ist. Aber was davon konkret verwirklicht wird, entscheidet sich im Augenblick und bleibt durch diese kontingente Entscheidung bedingt. Nur Mögliches kann real möglich sein, nur real Mögliches kann wirklich werden, nur das ist wirklich, was aktualisiert, also aus dem Modus der Möglichkeit in den der Wirklichkeit überführt wird. Der Wirklichkeitsmodus hebt die Möglichkeit des Möglichen, das realisiert wird, nicht auf (beseitigt sie also nicht), sondern bewahrt sie auf

ner beharrenden Gegenwart" (imago manentis illius praesentiae), als welche die Ewigkeit bestimmt ist. Das freilich nötigt Boethius, *zwei Gegenwarten* bzw. *zwei Jetzt* zu unterscheiden: das *nunc stans* der göttlichen Ewigkeit und das *nunc labile* unserer jeweiligen Augenblicksgegenwart. Ersteres ist nunc *stans*, weil es unveränderlich feststeht; dieses ist nunc *labile* weil es sich beständig im Übergang zwischen Vergangenheit und Zukunft befindet.

In Rosenzweigs Analyse der Liebe als Aktivitäts- und Ereignisphänomen wird das aufgenommen und zugleich umgebaut. *Zu Gott* gehört gerade nicht das *nunc stan*s der Unveränderlichkeit, sondern die augenblickskonstituierende Aktivität der Liebe; *zu uns* dagegen gehört nicht das *nunc labile*, sondern das auf Dauer gestellte Geliebtsein von Gott. Im Horizont der Liebe verkehrt sich also die Zuordnung von Ewigkeit, Jetzt und Dauer: Die Ewigkeit der Liebe Gottes heißt nicht unveränderliche Dauer, sondern *stets*

(hält sie im Modus der Wirklichkeit verfügbar). Deshalb ist alles Wirkliche auch möglich, aber nicht alles Mögliche auch wirklich, und deshalb kann man zwar jederzeit auf Mögliches rekurrieren, aber niemals Wirkliches wiederholen. In jedem Augenblick, in dem etwas wirklich wird, ist mehr möglich, als sich vom Wirklichen her erfassen lässt. Und gleichzeitig ist das, was konkret wirklich wird, so einzigartig, dass es sich nie genau so wiederholen wird. Insofern formuliert Malte Oppermann, *Der Augenblick,* Wien 2020 eine alte Einsicht, wenn er festhält: „Das Konkrete ist nichts anderes als das noch nie Gesehene, das sich zugleich nie wieder zeigen wird." In seiner sich ereignenden Wirklichkeit, die so nie dagewesenen ist und nie wieder da sein wird, lässt sich das Konkrete nicht begreifen. Begreifen, also als besonderen Fall eines Allgemeinen fassen, lässt sich nicht der Augenblick, sondern nur das, was er im konkreten Sich-Ereignen in bestimmter Weise erhellt und erkennbar macht – wie ein Blitz, der alles schlagartig erleuchtet, auch wenn man ihn selbst nicht sieht. Insofern gilt in der Tat, dass der „Augenblick der Gegenwart [...] dem Bewusstsein nicht fasslich" ist, aber nicht, weil ihn erst „die Sinne erleuchten [...] wie der Blitz den tropfenden Garten in einem nächtlichen Gewitter", sondern weil erst das, was er erhellt, die Sinne wahrnehmen können und der Verstand begreifen kann. „Das Unmittelbare des Augenblicks lässt sich nicht erfassen", aber ohne den Augenblick lässt sich nichts erfassen, weil nichts wirklich wäre, nichts Wirkliches wahrgenommen werden könnte und nichts Mögliches für ein Wirkliches gegeben wäre.

neue Gegenwärtigkeit bei uns; und unser Sein ist (in seinen Grenzen) dauerhaft und nicht ausschließlich im unaufhaltsamen Übergang von Zukünftigem in Vergangenes begriffen, weil wir von Gott geliebt werden, also *in seiner* und *durch seine Gegenwart existieren.*

Gegenwart wird damit ganz von der *Liebe Gottes* her gedacht und die phänomenale Analyse von Liebe zum Schlüssel für das Begreifen der Geschehens- oder Aktivitätsstruktur von Gegenwart: *Gegenwart ist ein Prädikat der Liebe Gottes, die nicht ist, sondern geschieht.* Da diese Liebe ursprünglich schöpferisch ist, gilt: Nur was in der Gegenwart der Liebe Gottes ist, ist überhaupt. Als in der Gegenwart Gottes Seiendes *hat* es eine Gegenwart zusammen mit anderem, die sich im Übergang zwischen Zukunft und Vergangenheit vollzieht. ‚Vergangen' und ‚künftig' sind insofern Prädikate unseres zeitlichen Verhältnisses zu Ereignissen, *die in der Gegenwart der Liebe Gottes existieren*, nicht dagegen Prädikate der Liebe Gottes. Anders gesagt: Sie charakterisieren *unser Verhältnis zu dem von Gott Geliebten* – nicht Gottes Liebe. Die göttliche Gegenwart, d.h. die Gegenwart der göttlichen Liebe, konstituiert die Anwesenheit eines von ihr verschiedenen Lebens, die sich als Übergang zwischen Zukunft und Vergangenheit fassen lässt; und in diesem Übergang vollzieht sich das Leben des von Gott Geliebten.

Damit wird die *Dialektik von Liebendem und Geliebtem* zur Vertiefung der Dialektik von Anwesenheit/Abwesenheit herangezogen. Der Liebende ist in seinem Lieben gegenwärtig, aber er geht nicht im Geliebten auf, sondern unterscheidet sich von diesem eben durch sein Lieben. Für den Geliebten ist daher zwischen der *Liebe, in der* er sich geliebt weiß, und dem *Liebenden, von dem* er sich geliebt weiß, stets ein Unterschied – und eben der erst ermöglicht die Erfahrung von *Dauer* im Geliebtwerden: die Erfahrung, dass der Liebende nicht mit seinem Jetzt-Akt des Liebens vollständig identisch, in diesen vollständig aufgelöst ist, sondern *weiterlieben wird.* Und genau das wird erst fassbar, wenn wir uns als Geliebte wahrzunehmen suchen und dazu das unsere Gegenwart konstituierende Ereignis des Liebens selbst thematisieren müssen, also uns noch einmal von ihm unterscheiden, dieses also durch Zeichenakte von uns distanzieren müssen. Erst die *Nötigung zur Wahrnehmung* eröffnet diese Distanzierung. Die beschriebene Dialektik zwischen Nähe und Distanz, Anwesenheit und Abwesenheit lässt sich dann aber so näher fassen, dass diese sich zwangsläufig einstellt, wenn wir die *Gegenwart der Liebe Gottes zu erfassen, sie also wahrzunehmen suchen.* Sie prägt die *Wahrnehmung der Liebe Gottes.* An dieser erschließt sich uns zum einen der Charakter der Gegenwart Gottes: Sie ist *Liebe.* Zum anderen wird daran deutlich, dass die Ganzheit unseres Lebens nicht (wie bei Heidegger) vom Tod her zu fassen ist, sondern von Gottes wirksamer Liebe her: *Wir sind, die Gott liebt*, und eben das *sind* wir nicht nur im Prinzip oder gelegentlich, sondern in jedem Moment unseres Lebens.

Die beschriebene Dialektik zwischen Nähe und Distanz, Anwesenheit und Abwesenheit lässt sich dann aber so näher fassen, dass diese sich zwangsläufig einstellt, wenn wir die Gegenwart der Liebe Gottes zu erfassen, sie also wahrzunehmen suchen. Sie prägt die Wahrnehmung der Liebe Gottes.

6. *Gottes Gegenwart im Wirken der Liebe*

Beide Fragen, die im Blick auf Gottes Gegenwart zu unterscheiden sind, also sowohl ‚Was heißt: *Gott ist gegenwärtig?*‘ als auch ‚Welchen *Charakter hat Gottes Gegenwart?*‘, werden mit der These beantwortet: *Gottes Gegenwart ist das gegenwärtige Wirken seiner Liebe.* Was heißt das?

Gegenwart, so sahen wir, ist eine Relation. Sie ist eine Relation, in der wir uns relativ zu zeitlichen Dingen und Ereignissen lokalisieren. Und sie konkretisiert sich in Lebensphänomenen wie der Liebe so, dass im Ereignis der Gottesliebe (also des *Geliebtwerdens von Gott* und des *Liebens Gottes*) Gegenwart konstituiert wird. Inwiefern?

Gott ist kein zeitlicher Gegenstand. So wenig es Sinn macht, Gott rechts oder links, über oder unter mir zu lokalisieren, so wenig macht es Sinn, Gott als später oder früher als mich zu lokalisieren: Gott lässt sich in Raum und Zeit nicht lokalisieren. Es gibt kein *Da*, auf das wir hinweisen könnten, an dem Gott wäre oder eher wäre als an einem anderen Ort oder Zeitpunkt. Wir können Gott nicht in Raum und Zeit lokalisieren. Aber wir können Gott *relativ zu uns* lokalisieren, die wir in Raum und Zeit existieren. Und alles, was in Raum und Zeit existiert, kann *relativ zu Gott* lokalisiert werden: *Gott ist allem gegenwärtig, das sich ereignet.*

Von *Gottes Gegenwart* zu reden, heißt damit aber keineswegs, von einer zeitlichen Beziehung zwischen Gott und den Dingen und Ereignissen in der Zeit zu reden, sondern von Gottes Beziehung zu zeitlichen Dingen und Ereignissen, wie sie sich ereignen. Gottes Gegenwart selbst ist kein zeitlicher Sachverhalt. Das wird sofort deutlich, wenn wir Gottes Gegenwart als *Allgegenwart*, als *Omnipräsenz* zu denken suchen: Nicht alles kann gleichzeitig gegenwärtig sein, und folglich kann auch Gott nicht allem gleichzeitig gegenwärtig sein. Entweder hört man eine Vorlesung oder geht ins Kino oder klettert in den Bergen oder spielt Kontrabass: Keine dieser Aktivitäten ist als solche unmöglich, aber sie können nicht gleichzeitig von derselben Person ausgeführt werden. Nicht alles Mögliche ist *kompossibel*, wie Leibniz sagte. Wenn es heute Freitag ist, dann ist es nicht Mittwoch. Weder das eine noch das andere ist unmöglich. Aber nicht alles Mögliche kann gleichzeitig gegenwärtig sein, und nicht alles gleichzeitig Mögliche kann *uns zur gleichen Zeit gegenwärtig sein.*[99]

Nun könnte man einwenden, dass all das von Ereignissen, aber nicht von Dingen gilt. Die Ereigniswelt kann niemals vollständig gegenwärtig sein, weil sie per definitionem eine Welt zeitlich nach früher und später geordneter Ereignisse ist. Fügt man dem die

---

[99] Gegen G. Ebeling, *Dogmatik des christlichen Glaubens* III, Tübingen 1979, 417f. Man kann daher nicht sagen, dass die „Ewigkeit [...] das Zugleich aller Zeiten“ (417) sei und Gott diejenige „Instanz“, vor der alles „schlechterdings *zugleich* da ist“ (418). Ist Zeit *real*, also ein wirklicher Ereignisablauf von früher und später, dann muss das in Widersprüchen enden.

Meinung hinzu, dass wir nur das wissen und erkennen können, was uns gegenwärtig ist, dann kann man verstehen, warum die vormoderne Philosophie eine unveränderliche Welt hinter dem permanenten Fluss der Ereignisse postuliert hat, die jederzeit vollständig gegenwärtig ist und wahrhaft gewusst werden kann. Denn angenommen, wir lebten in einer Welt der klassischen Physik, die scharf zwischen dem, was Dinge sind, und dem, was mit Dingen geschieht, unterscheidet. Dann könnte uns eine Dingwelt gegenwärtig sein, auch wenn überhaupt nichts geschieht. Denn nur Ereignisse geschehen in der Zeit. Wenn es zu einem bestimmten Zeitpunkt keine Ereignisse gibt – und mathematische Punkte sind per definitionem Punkte, an denen nichts geschieht – dann gibt es immer noch Dinge oder Körper; und wenn wir *Natur* als den Inbegriff aller Dinge oder Körper an einem bestimmten Zeitpunkt definieren, dann diese uns vollständig gegenwärtig sein und im Prinzip von uns auch vollständig erkannt und gewusst werden.

Aber dieses Argument scheitert nicht nur, weil wir nicht an mathematischen Punkten existieren. Es scheitert ebenfalls, wenn man die ontologische Unterscheidung zwischen Dingen und Ereignissen aufhebt, wie es in der modernen Physik der Fall ist. Zu einem Zeitpunkt, an dem es keine Ereignisse gibt, gibt es auch keine Dinge. Es gibt daher auch keine Natur an einem Zeitpunkt. Körper und Dinge in der Natur sind selbst Komplexe von Ereignisreihen, und da Ereignisse Zeit brauchen, um sich zu ereignen, braucht auch die Natur Zeit, um zu sein.[100] Die Natur und insofern die Wirklichkeit selbst ist also zeitlich, und daher auch umgekehrt die Zeit wirklich: Es gibt wirklich Ereignisreihen, die nach früher, später und gleichzeitig geordnet sind ganz unabhängig davon, ob sie von uns oder irgendjemand als solche erkannt werden; und diese Ordnung resultiert aus den Kausalprozessen, die die Wirklichkeit strukturieren. Aber ein zeitliches Universum kann nie als Ganzes jemand gleichzeitig gegenwärtig sein, nicht einmal Gott. Gottes Gegenwart bei allem kann daher selbst *keine zeitliche Re-*

[100] Vgl. R. Collingwood, *An Essay of Metaphysics*, Oxford 1969, 267.

lation sein: Gott ist nicht gleichzeitig allem gegenwärtig, sondern *Gott ist allem gegenwärtig, das gegenwärtig ist*, d. h. Gott ist allem gegenwärtig, wenn, wann und wo es geschieht. Oder umgekehrt gesagt: Etwas geschieht überhaupt nur dann und da, wo Gott gegenwärtig ist.

Gott ist dann aber keine der Ursachen für das, was geschieht, sondern seine Gegenwart ist die notwendige Bedingung dafür, dass es Ursachen und Wirkungen überhaupt gibt. Eine Ursache macht ihre Wirkungen wahrscheinlicher als es diese unter den gegebenen Umständen sonst wären. Aber wenn Gott nicht wäre, dann gäbe es keine Umstände, und folglich auch keine Ursachen und Wirkungen, die mehr oder weniger wahrscheinlich sein könnten. Gottes Gegenwart steigert nicht die Wahrscheinlichkeit eines Ereignisses, sondern ist eine notwendige Bedingung dafür, dass überhaupt etwas wahrscheinlich sein kann. Das heißt: Gottes Gegenwart ist die Grundbedingung für ein zeitliches Universum, i. e. für eine Pluralität von Ereignisreihen, die logisch nicht gleichzeitig geschehen können, die aber alle nicht geschehen können, ohne Gottes Gegenwart zu implizieren; Gottes Gegenwart ist die Grundbedingung dafür, dass wir in diesem zeitlichen Universum existieren; und Gottes Gegenwart ist insofern auch die Grundbedingung dafür, dass wir uns in der Zeit orientieren können und müssen, indem wir zwischen Gegenwart, Vergangenheit und Zukunft unterscheiden.

Gegenwart ist deshalb nichts, was wir erfahren, sondern was immer wir erfahren, erfahren wir *in der Gegenwart*; und entsprechend ist Gottes Gegenwart nichts, was wir erfahren, sondern was immer wir erfahren, erfahren wir in der Gegenwart Gottes. Wie ich gar nicht anders kann als in der Gegenwart zu leben, so kann ich gar nicht anders als in der Gegenwart Gottes zu leben. Denn wenn *sein* im Fall Gottes heißt *gegenwärtig sein*, dann ist Gott gegenwärtig, wann immer ich etwas erfahre oder etwas tue. Und wie für mich, so für alle: Wer immer etwas erfährt, erfährt es in der Gegenwart Gottes; wer immer handelt, handelt in der Gegenwart Gottes; was immer geschieht, geschieht in der Gegenwart Gottes.

Von Gottes Gegenwart zu reden heißt, Gottes Verhältnis zu uns *von innerhalb der Zeit* zu bestimmen, es heißt aber *nicht*, Gott in der Zeit zu verorten. Wenn Gott jeder Gegenwart (jedem gegenwärtigen Ereignis) gegenwärtig ist, kann er nicht selbst ein Ereignis sein, nicht einmal eine Ereignisreihe von unendlicher Dauer. Er muß ganz und gar gegenwärtig sein, wann immer etwas jemand gegenwärtig ist. Deshalb können wir uns Verhältnis zu Gott nicht mit Hilfe der zeitlichen Perspektiven beschreiben, die wir zur Bestimmung unserer zeitlichen Verhältnisse zu den Dingen und Ereignissen dieser Welt heranziehen: Gott ist weder vergangen noch zukünftig, sondern ewig gegenwärtig. Denn wenn Gott überhaupt etwas gegenwärtig ist, dann ist er allem gegenwärtig, das gegenwärtig ist. Und wenn überhaupt jemand in der Gegenwart Gottes lebt, denn lebt und existiert jeder und alles in der Gegenwart Gottes. Kurz: Nichts kann dann möglich oder wirklich sein, ohne dass Gott gegenwärtig ist.

Aber das heißt nun gerade nicht, dass Gott jeder Gegenwart in derselben Weise gegenwärtig ist oder jederzeit in gleicher Weise erkannt werden kann. Gott ist zwar jeder Gegenwart real gegenwärtig; aber nicht jeder Gegenwart ist Gott so gegenwärtig, dass er in ihr von uns so erkannt werden kann, wie er wirklich ist. Sein wahres Wesen und der Charakter seiner Gegenwart ist für uns vielmehr nur dort erkennbar, wo Gott dies erschließt – und für den christlichen Glauben ist das definitiv der Fall in seiner *Realpräsenz in Jesus Christus*. Denn da ist Gott so präsent, dass er nicht nur gegenwärtig, sondern *wahrnehmbar* gegenwärtig ist, und nicht nur wahrnehmbar ist, sondern *wahrgenommen wird*, und nicht nur irgendwie wahrgenommen wird, sondern so, *wie Gott in Wahrheit ist*: als schöpferische Liebe, die alles neu macht.

D. Wahrnehmung

Wie ist dieses Wahrnehmen zu verstehen? Wenn nichts wirklich oder möglich ist, ohne Gottes Gegenwart, lässt sich diese dann überhaupt wahrnehmen?[1] Wahrnehmbar ist nur, was sich von

---

[1] Dilthey hat ‚Wahrnehmung' als Objekt-orientiert und ‚Erleben' als Subjekt-orientiert voneinander unterschieden. „Die Menschheit wäre, aufgefasst in Wahrnehmung und Erkennen, für uns eine physische Tatsache, und sie wäre als solche nur dem naturwissenschaftlichen Erkennen zugänglich. Als Gegenstand der Geisteswissenschaften entsteht sie aber nur, sofern menschliche Zustände erlebt werden, sofern sie in Lebensäußerungen zum Ausdruck gelangen und sofern diese Ausdrücke verstanden werden." W. Dilthey, Der Aufbau der geschichtlichen Welt in den Geisteswissenschaften (1926), *Gesammelte Schriften VII*, Stuttgart/Göttingen [8]1992, 87; vgl. 235 f. Doch so muss nicht unterschieden werden. Wahrnehmung hat eine Subjekt-Komponente, insofern es sie immer nur in der Ersten Person gibt: Ich nehme bzw. wir nehmen etwas wahr. Und Erleben hat eine Objekt-Komponente, insofern immer etwas erlebt wird: Ich erlebe mich bzw. wir erleben uns in einem bestimmten Zustand. Am „Ort des Betroffenen ist Wahrnehmen eine Weise des Erlebens, und am Ort des Betrachters wird das Erleben eines anderen auch im Mit-Erleben zunächst und vor allem wahrgenommen." I. U. Dalferth, *Die Kunst des Verstehens. Grundzüge einer Hermeneutik der Kommunikation durch Texte*, Tübingen 2018, 75–77. Erlebnisse sind Selbst-Wahrnehmungen, und wer sich selbst wahrnimmt, objektiviert nicht ein unfassliches ‚Selbst', sondern erlebt sich in einem bestimmten Zustand. Im Folgenden kontrastiere ich Wahrnehmung nicht dem Erleben, sondern dem Denken und der Kommunikation: In einer konkreten Situation etwas wahrzunehmen, ist eines, es im Denken zu entwickeln, ein anderes, es anderen in anderen Situationen zu kommunizieren, ein drittes. Diese drei Operationen stehen nicht in einem kontinuierlichen Zusammenhang, sondern es sind distinkte, aber für uns unerlässliche Operationen, ohne die wir als Menschen nicht leben könnten: Wir nehmen in konkreten Situationen wahr, weil wir nur so unser Leben hier und jetzt vollziehen können. Wir durchdenken seine Implikationen, um uns orientieren zu können und konkret hand-

anderem auf eine Weise unterscheidet, die der Wahrnehmende bemerken kann. Wahrnehmbarkeit setzt Unterscheidbarkeit voraus. Ist Gott aber jeder Gegenwart gegenwärtig, gibt es keine Gegenwart, die sich dadurch von anderen unterschiede, dass Gott ihr gegenwärtig wäre, während er es anderen nicht ist. Eine Differenz kann, wenn überhaupt, nur in der *Art* der Gegenwart Gottes bestehen, also im *Wie*, nicht im *Ob* von Gottes Gegenwart. Aber lässt sich das wahrnehmen, und falls ja, wie?

1. Der vielfache Sinn von ‚Wahrnehmen'

Um diese Frage beantworten zu können, ist die Vieldeutigkeit des Ausdrucks ‚wahrnehmen' zu beachten. Etwas wahrzunehmen heißt nicht nur, dass man darauf achtet und seine Aufmerksamkeit darauf richtet (kognitiver Sinn des Wahrnehmens), sondern auch, dass man es im Lebensvollzug in Anspruch nimmt und darauf setzt (praktischer Sinn des Wahrnehmens). Wer Gottes Gegenwart im ersten Sinn wahr nimmt, wird auf sie aufmerksam, wer sie im zweiten Sinn wahrnimmt, orientiert sein Leben an ihr.

Das sind zwei der verschiedenen Bedeutungen, die das deutsche Verb ‚wahrnehmen' hat. Grammatikalisch ist es ein transitives Verb, weil man nur wahrnimmt, wenn man etwas wahrnimmt. Logisch dagegen ist es ein fünfstelliges Prädikat, insofern stets ‚jemand etwas an einem bestimmten Ort oder Zeitpunkt durch etwas als etwas wahrnimmt'. Man kann deshalb immer sinnvoll nach dem Subjekt (Wer?), dem Objekt (Was?), dem Ort (Wo? Wann?), dem Medium (Wodurch?) und dem Sinn (als was?) einer Wahrnehmung fragen. Entscheidend ist, dass von Wahrnehmen oder Wahrnehmung nur gesprochen werden kann, wenn Wahrnehmungssubjekt und Wahrnehmungsobjekt kopräsent, also in

---

lungsfähig zu werden. Und wir kommunizieren mit anderen, weil wir unser Leben als soziale Wesen nur im Austausch mit anderen vollziehen können. Wer nicht wahrnimmt, lebt nicht, wer nicht denkt, lebt nicht lange, wer nicht kommuniziert, lebt nicht als Mensch.

der Einheit einer Situation gleichzeitig da und einander wechselseitig gegenwärtig sind. Nur wenn Subjekt und Objekt gleichzeitig hier und jetzt so da sind, dass sie kognitiv auf einander bezogen sind – einseitig (Subjekt–Objekt: Ich nehme es wahr) oder reziprok (Subjekt–Subjekt: Wir nehmen uns wahr) – und/oder praktisch agieren (Subjekt–Objekt) bzw. interagieren (Subjekt–Subjekt) können, kann von Wahrnehmung gesprochen werden. Deshalb kann man Vergangenes wissen und Künftiges erwarten, aber weder Vergangenes noch Künftiges wahrnehmen. Und deshalb kann man an Abwesende denken und über Abwesende sprechen, aber nur Anwesende sehen und mit ihnen sprechen.

Fokussiert man sich auf das Wahrnehmungssubjekt, dann heißt ‚wahrnehmen', dass diesem etwas widerfährt und es das bemerkt und registriert. Fokussiert man sich auf das Wahrnehmungsobjekt, dann heißt ‚wahrnehmen', dass man die Ursache seiner Wahrnehmung bemerkt. Fokussiert man sich auf das Wahrnehmungsmedium, in der Regel die Sinne, dann heißt ‚wahrnehmen' mit den Sinnen erfassen. Fokussiert man sich auf die Gegenwart, das Hier und Jetzt des Wahrnehmens, dann heißt ‚wahrnehmen' z.B. einen Termin oder eine Verabredung wahrnehmen, also zu einem abgemachten Zeitpunkt präsent sein. Fokussiert man sich auf die kognitive Beziehung eines Subjekts zu seiner Situation, dann heißt ‚wahrnehmen' etwas bemerken, registrieren, feststellen. Fokussiert man sich auf das praktische Verhalten einer Person in einer Situation, dann heißt ‚wahrnehmen' sich um etwas kümmern, für etwas Sorge tragen, seine Aufgaben oder seine Pflichten erfüllen. Und fokussiert man sich schließlich auf den Modus des Objekts der Wahrnehmung, dann heißt ‚wahrnehmen' im Fall der Wirklichkeit des Objekts, dass man es gebraucht oder sich seiner bedient, und im Fall seiner Möglichkeit, dass man es in Anspruch nimmt oder nutzt, indem man es verwirklich oder umsetzt. Wer eine andere Person wahrnimmt, registriert, dass er nicht allein im Warteraum ist. Wer eine Gelegenheit wahrnimmt, ergreift oder nutzt sie. Wer eine Aufgabe wahrnimmt, erfüllt sie oder führt sie aus. Wer eine Bewegung oder ein Geräusch wahrnimmt, bemerkt sie. Wer einen Termin wahrnimmt, findet sich an ihm ein. Stets findet das Wahrnehmen in der Gegenwart statt, und stets ist es ein Zusammenwirken von Aktivitäten eines Gegenwärtigen, durch die man betroffen wird, und eigener Aktivitäten, die man selbst ausführt. Wahrnehmungssituationen sind Kopräsenzsituationen, in denen man mit anderem zusammen da ist und deshalb nie allein agiert oder nur agiert, sondern immer auch durch das Agieren anderer passiv betroffen wird.[2]

2. Wahrnehmung als Kausalprozess

In epistemischer Hinsicht ist Wahrnehmung[3] – die Aufnahme, Auswahl, Integration und Interpretation von Informationen durch die Sinnesorgane in Situationen der Kopräsenz von Wahrnehmendem und Wahrgenommenem – einer verbreiteten Auffassung zufolge ein kausaler Prozess, in dem das Wahrgenommene das bewirkt, was wahrgenommen wird, und der Wahrnehmende es im Licht seiner Erfahrungen, Erinnerungen und Erwartungen als das interpretiert, als was es wahrgenommen wird. D.H. Mellor etwa beschreibt Wahrnehmung (perception) als einen "causal process

---

[2] Vgl. http://woerterbuchnetz.de/cgi-bin/WBNetz/wbgui_py?sigle=DWB&lemma=wahrnehmen; https://www.duden.de/rechtschreibung/wahrnehmen; https://de.wiktionary.org/wiki/wahrnehmen. (14/6/2020).

[3] Der Ausdruck ‚Wahrnehmung' ist mehrdeutig. Er kann sowohl den Vorgang meinen, in dem etwas wahrgenommen wird. Dann ist Wahrnehmung gleichbedeutend mit ‚Wahrnehmen' und ein Akt oder Vollzug, der stets in der Gegenwart stattfindet. Nur der kann wahrnehmen, der gegenwärtig ist, und nur das kann wahrgenommen werden, was dem, der wahrnimmt, gegenwärtig ist. Er kann aber auch das Ergebnis des Wahrnehmens meinen, also das, was wahrgenommen wird. Dann ist Wahrnehmung gleichbedeutend mit ‚Wahrgenommenem'. Als Akt oder Vollzug steht Wahrnehmen unter bestimmten Bedingungen, die nicht überall erfüllt sind: Wahrnehmen kann misslingen. Als Ergebnis oder Resultat dagegen ist Wahrnehmung ein Erfolgswort: Eine Wahrnehmung liegt nur vor, wenn auch etwas wahrgenommen wurde. Sonst hat man sich getäuscht und es handelt sich nur um eine vermeintliche Wahrnehmung.

of acquiring belief, a process from which no kind of event can be excluded *a priori*."[4] Dieser Kausalprozess wird durch das ausgelöst, was wahrgenommen wird. „Every perception is [...] an effect of whatever is thereby perceived."[5] Und er resultiert beim Wahrnehmenden in einem *belief* (einer Glaubensansicht), der sich dieser Ursache und nicht dem Willen des Wahrnehmenden verdankt. Wenn ich sehe, dass die Tür offensteht, dann glaube ich, dass sie offensteht, aber ich entscheide nicht, dass ich eher das als das Gegenteil glaube. Auch wenn ich es nicht glauben will, ist es so, und deshalb ist es so auch nicht deshalb, weil ich es glauben will, sondern weil es so ist.

Das Wahrgenommene ist also *Ursache* der Wahrnehmung. Es ist aber nicht deren einzige Ursache, und es bietet keine erschöpfende Erklärung der Wahrnehmung. Phänomenologisch ist Wahrnehmung stets ein Prozess, in dem *etwas von jemand durch etwas als etwas* wahrgenommen wird, und nur das erste Moment lässt sich rein kausal erklären: Gäbe es in einer Situation kein Ereignis, das im Wahrnehmenden eine Veränderung bewirkt und als deren Ursache fungiert, würde nichts wahrgenommen. Doch es wäre falsch, deshalb nach einer einzelnen Ursache einer Wahrnehmung zu suchen oder die ganze Wahrnehmung auf nur eine Ursache zurückzuführen. Die Sache ist komplexer. Zwar geht jeder Wahrnehmung das Wahrgenommene voraus. Ein Konzert findet statt, und nur deshalb kann man es wahrnehmen. Doch während die Wahrnehmung (das Wahrnehmen) immer ein Ereignis ist, gilt das vom Wahrgenommenen nicht notwendigerweise auch.[6] Man kann auch ein durch Ereignisse vermitteltes *Ding* wahrnehmen, etwa eine Geige, oder einen *Sachverhalt*, dass die Geige wie eine Guarneri klingt. Einen Sachverhalt nehmen wir wahr, wenn wir verschiedene Wahrnehmungen so zu einer Einheit integrieren, dass wir sie als etwas Bestimmtes wahrnehmen und beurteilen

---

[4] D. H. Mellor, *Real Time*, Cambridge 1981, 153.
[5] AaO. 157.
[6] AaO. 145.

können. Ein Ding sehen wir erst, wenn es eine Veränderung seines Zustands bzw. der Situation gibt, in der es uns auffällt, und wir sehen das Ding durch Wahrnehmung dieser Veränderung. Deshalb ist Wahrnehmung fast nie eine unmittelbare Wirkung des Wahrgenommenen, sondern vermittelt durch anderes.[7]

Dabei ist allerdings ein Mehrfaches zu beachten. Auf der einen Seite gilt: „We need not perceive distant things and events by *perceiving* the other things and events that mediate our perceptions."[8] Was wir sehen, sehen wir *direkt* – aber auch was wir direkt sehen, ist neuronal und kulturell durch Zeichen vermittelt. Auf der anderen Seite sehen wir nicht alles, was wir sehen, direkt: „Seeing times has to be indirect: I can only see the time by seeing a clock."[9] „In indirect perception the successive events may not be separately perceived."[10] Denn „we need not perceive every cause of our perception."[11]

Jede Wahrnehmung hat deshalb mehrere Ursachen, nämlich das, was ich wahrnehme, *und* meine früheren Wahrnehmungen. Das hat zwei Implikationen. Wahrzunehmen, dass ein Ereignis e einem andern e' vorangeht, heißt dann, dass meine Wahrnehmung von e' von meiner Wahrnehmung von e mit beeinflusst sein muss, dass also in meiner Wahrnehmung von e' ein „memory-trace of my seeing e"[12] mitwirken muss. Und das wiederum besagt: „The perception of precedence demands a corresponding causal order in the perceptions of the events whose succession is thereby perceived."[13]

Zum andern hätte jedes Wahrgenommene als Ursache für sich genommen dieselbe Wahrnehmung als Wirkung zur Folge. In jedem konkreten Fall trifft sie aber auf einen Wahrnehmenden, der

---

[7] AaO. 146.
[8] Ebd.
[9] Ebd.
[10] Ebd.
[11] AaO. 149.
[12] AaO. 144.
[13] AaO. 145.

schon frühere Wahrnehmungen gemacht hat und durch seine Erinnerungen, Erfahrungen und Erwartungen konkret und anders als andere geprägt ist. Infolgedessen fällt jede Wahrnehmung desselben immer wieder *verschieden* aus, und zwar nicht nur bei verschiedenen Wahrnehmenden, sondern auch bei demselben Wahrnehmenden zu verschiedenen Zeiten.

Das aber besagt, dass jede Wahrnehmung eine Zustandsänderung beim Wahrnehmenden verursacht und deshalb nicht einfach identisch wiederholt werden kann: „I change whenever I perceive something."[14] Diese Zustandsänderungen lassen sich als Änderung meines durch Wahrnehmungen und Reflexionen aufgebauten *belief*-Systems fassen: Wahrnehmung ist ein Kausalmechanismus zum Erwerb von *belief*, und eben dadurch ein Kausalmechanismus zur Veränderung (Erweiterung, Modifikation, Korrektur) meines *belief*-Systems.[15] Gerade weil sie diese Wirkung haben, sind Wahrnehmungen für das Leben und Handeln unerlässlich. Sie resultieren in bestimmten *beliefs* (Glaubensansichten), die mein *belief*-System ständig durch das verändern, durch was und wie sie bewirkt werden. Oder wie Mellor sagt: „The main function of perception [...] is to give us the tensed beliefs we need to act on at the right time."[16]

Bewusstes Handeln ist neben den sie motivierenden Wünschen und Emotionen immer und wesentlich auch durch die *beliefs* bestimmt, aufgrund derer wir so und nicht anders handeln und das und nicht jenes tun. Für die kritische Kontrolle unseres Handelns ist es deshalb wichtig, dass wir auf der Basis richtiger und hier und jetzt wichtiger *beliefs* handeln.

---

[14] AaO. 149.

[15] Es ist eine kognitivistische Engführung, das nur auf *beliefs* zu beziehen. Wahrnehmungen können auch unseren emotionalen Zustand, unsere Wünsche und Erwartungen oder unsere Wollen und unseren Willen modifizieren. Sie vermitteln alles, was uns in einer konkreten Situation bestimmt bzw. bestimmen kann. Mellors Überlegungen sind in dieser Hinsicht zu erweitern.

[16] MELLOR, *Real Time*, 86.

Dafür haben wir – pauschal gesagt – drei wichtige Kontrollinstanzen entwickelt, die wir zur Überprüfung ihrer formalen Konsistenz, ihrer Bezüge zur Möglichkeitsdimension und ihrer Wirklichkeitsbezüge einsetzen: So dient uns *Reflexion* oder *Denken* als unsere ‚interne Kontrollinstanz' dazu, unsere *beliefs* im Blick auf formale Aspekte wie Kohärenz, materiale Implikationen, problembezogene Valenz oder wunsch- bzw. zweckrelative Präferenz hin zu prüfen. Mit Hilfe der *Imagination* oder *Vorstellungskraft* als den ‚Instrumenten zur Erkundung des Möglichen' machen wir uns die Möglichkeitshorizonte unserer jeweiligen Problemlagen und Lösungsüberlegungen klar. Und *Wahrnehmung* dient dazu, uns als ‚Kontaktinstanz mit der uns umgebenden Wirklichkeit' immer wieder auf das einzustellen, was sich durch uns oder andere und anderes in der uns umgebenden Welt, in die wir eingebunden sind und zu der wir gehören, verändert. Sie loziert uns in konkreten Situationen, und sie erschließt uns das, was gleichzeitig mit uns da ist, und zwar auf allen Ebenen unseres Daseins.

3. Wahrnehmung als Unterscheidungs- und Selektionsprozess

Gerade das nötigt dazu, an Wahrnehmungen noch andere Aspekte zu betonen. Wenn sie die Kontaktinstanzen mit unserer konkreten Um- und Mitwelt sind, die immer komplexer ist als der komplexeste Gedanke, den wir uns von ihr machen können, dann können sie ihre Funktion nur erfüllen, indem sie die Komplexität dieser Umwelt in einer für uns hilfreichen Weise reduzieren. Wahrnehmung darf nicht alles, was an Kausalprozessen abläuft, ungefiltert auf uns einstürmen lassen, sondern muss als ein Filter funktionieren, der nur manches durchlässt und weiterleitet, anderes aber ausblendet. Wir sehen nichts, wenn wir ungeschützt in die Sonne blicken, sondern nur, wenn im Licht der Sonne einiges hervortritt und anderes im Hintergrund bleibt. Ähnlich hören wir auch nichts, wenn alle Laute in der Umwelt ungefiltert auf uns einstürmen und wir nicht zwischen den für uns (vermeintlich oder wirklich) wichtigeren und weniger wichtigen unterscheiden können. Das nicht zu können, ist eine schwere Behinderung menschlichen Lebens und macht es auf kaum erträgliche Weise qualvoll. Wahrnehmung vermeidet eine solche Reizüberflutung. Sie erschließt uns die Situation, in der wir konkret loziert sind, indem sie ausblendet und selegiert. Sie leitet nicht nur weiter, was um uns herum in unserer Umgebung geschieht, sondern sie ‚präsentiert' uns unsere Umwelt, indem sie diese auf bestimmte Züge vereinfacht und so die Voraussetzung dafür schafft, dass wir uns in ihr konkret orientieren können.

Man kann darüber streiten, ob Wahrnehmungen die Situation, in der wir uns befinden, unserem Geist dadurch präsentieren, dass sie uns ein bestimmtes ‚Bild' dieser Situation vor Augen oder vor den Geist zeichnen, oder dass sie uns die Situation so präsentieren, wie sie konkret ist. Im ersten Fall würde die Beziehung zwischen Wahrnehmenden und Wahrnehmungssituation durch ein Bild der Wahrnehmungssituation vermittelt, im zweiten Fall bezöge uns Wahrnehmung in bestimmter Weise auf die Situation, die sie uns erschließt, ohne dass dies über das kognitive Konstrukt eines ‚Bildes' geschehen würde. In Abweichung von den überkommenen Modellen einer kognitive Repräsentationsepistemologie spricht vieles dafür, dass das zweite der Fall ist. Wir sehen kein ‚Bild' der Situation, die wir wahrnehmen, sondern wir nehmen die Situation so, wie sie ist, in bestimmter Weise wahr. Auch das geschieht freilich vermittelt durch Zeichen, die bestimmte Züge der Situation hervorheben und andere zurücktreten lassen, sie also für uns in bestimmter Weise vereinfachen und strukturieren, so dass wir uns in ihr orientieren können. Wahrnehmung erschließt uns unsere konkrete Situation, indem sie diese für uns so vereinfacht, dass wir uns ihr gegenüber auf bestimmte Weise zu verhalten vermögen. Sie loziert uns in unserer Situation, indem sie zwischen uns als Wahrnehmenden und unserer Wahrnehmungssituation unterscheidet, und sie leistet das dadurch, dass sie uns nicht alle Züge und Aspekte einer Situation präsentiert, sondern die auswählt, die für uns wichtig sein könnten, um uns in ihr und zu ihr verhalten zu können.

Auf diesen Aspekt hat in besonderer Weise G. Dawes Hicks[17] aufmerksam gemacht. Gegenüber den sense-data Theorien von G.E. Moore, B. Russell oder H.H. Price[18] betont Hicks, das Wahrnehmung (perception) ein *Unterscheidungs-* und *Selektionsprozess* ist: „Perception is an act of discrimination, a selection from within the immense complexity of our environment."[19] Jede Wahrnehmung hat ihm zufolge ein Struktur, die drei Momente umfasst: ein *Objekt* („the cause of apprehension"), *was* wir unmittelbar wahrnehmen („the quality that we apprehend which is stimulated by the object") und den *Wahrnehmungsakt* (‚perceiving act'). Verschiedene Wahrnehmungen können daher in dreifacher Hinsicht verschieden sein: Es kann sich um verschiedene Objekte, verschiedene Selektionen und verschiedene Akte handelt. Diese Differenzen können kombiniert werden. Von verschiedenen Selektionen etwa kann man sowohl im Blick auf die Wahrnehmung von Verschiedenem als auch im Blick auf verschiedene Wahrnehmungen desselben sprechen – auch und gerade, wenn strittig ist, ob es und was ‚dasselbe' ist. In den meisten Fällen entstehen dadurch keine Probleme, weil die Bezugsidentität des Wahrgenommenen durch die gemeinsame Wahrnehmungssituation (‚Wir sehen von unseren verschiedenen Standpunkten aus denselben Berg') oder einen gemeinsamen Referenzgegenstand, über den sie vermittelt ist, gewährleistet wird (‚Wir haben dieselbe Person wahrgenommen, die dieses Plakat zeigt'). Und wo sich Probleme ergeben, gibt es in den meisten für unser Leben relevanten Bereichen akzeptierte Methoden, um strittige Fälle zu entscheiden.[20]

---

[17] G. Dawes Hicks, *Critical Realism. Studies in the Philosophy of Mind and Nature*, London 1938; vgl. J. Passmore, *100 Years of Philosophy*, London 1966, 283 ff.

[18] Vgl. Passmore, *100 Years,* 254 ff.

[19] AaO. 284.

[20] Ebd.: „If dispute arises [...] there are regular methods for settling it". Dieser Gedanke wird in Alstons Konzept einer doxastischen Praxis und den entsprechenden „overrider systems" aufgenommen und fortentwickelt. Vgl. auch die Überlegungen von Cook Wilson und H.A. Prichard, Passmore, *100 Years,* 249–258.

Allerdings ist die mit der Selektion stets gegebenen Möglichkeit, auch anders und anderes auszuwählen, immer das Problem verbunden, etwas nur unzulänglich wahrzunehmen, also gerade das, worauf es hier und jetzt angekommen wäre, nicht wahrgenommen zu haben. Die Kontingenz, etwas so und nicht anders wahrzunehmen, ist daher stets begleitet von der Möglichkeit, es auch anders wahrnehmen zu können. Ist Wahrnehmung Selektion, und ist der wahrgenommene ‚Gegenstand' (Sachverhalt) auch nur einigermaßen komplex, dann ist er durch keine Wahrnehmung erschöpfend zu erfassen, sondern erlaubt allenfalls, sich in einem Prozess von Wahrnehmungen an ihn anzunähern.

4. Wahrnehmung als Interpretation

Allein als Kausalprozess lässt sich Wahrnehmung nicht zureichend verstehen. Es ist immer ein Zusammenwirken zwischen Wahrgenommenem und Wahrnehmenden, auch wenn im Einzelfall das eine oder das andere dominieren kann. Das zeigt sich schon an der Bedeutung des Unterscheidens und Auswählens im Wahrnehmungsprozess, und es steigert sich, wenn man von der Frage nach dem Dass des Wahrnehmens zu der nach dem Was der Wahrnehmung wechselt. Schon dass wir *etwas* wahrnehmen, ist Resultat eines Unterscheidungs- und Selektionsaktes, der am Ort des Rezipienten stattfindet und bei identischem Wahrgenommenem zu unterschiedlichen Wahrnehmungen führen kann. Noch deutlicher ist die Beteiligung der Wahrnehmenden, wenn man beachtet, dass wir stets etwas *als etwas* wahrnehmen. Erst dadurch resultiert der Wahrnehmungsprozess nicht nur in irgendeinem, sondern einem *bestimmten* belief. Der Kausalprozess trifft auf einen Rezipienten, der seinerseits durch frühere Wahrnehmungen und Erfahrungen, aber auch durch sein sonstiges Wissen, seine Erinnerungen und seine Erwartungen geprägt ist.[21] Das unterscheidet Wahrnehmende nicht nur von anderen, sondern macht jede Wahrnehmung desselben anders, weil der Wahrnehmende in einem anderen Zustand ist. Jeder ist von anderen und von sich selbst in einem früheren Zustand unterschieden, und deshalb resultiert jeder Wahrnehmungsprozess, in dem Verschiedene dasselbe wahrnehmen oder dasselbe von denselben mehrmals wahrgenommen wird, in nuanciert oder drastisch verschiedenen Wahrnehmungen. Was uns jetzt erfreut, kann uns ein anderes Mal stören, und was uns jetzt gefällt, kann uns morgen langweilen. Wo der eine Musik hört, vernimmt der andere nur Lärm, und wo die eine einen treuen Freund sieht, sieht die andere nur einen kläffenden Köter.

Gemeinsam ist allen Fällen aber, dass nicht nur *etwas*, sondern *etwas als etwas* wahrgenommen wird, das Wahrgenommene also *als etwas* gesehen, gehört, gefühlt, verstanden, interpretiert wird. Die konkrete Gestalt dieser *Als*-Bestimmung variiert mit dem *Für*-Bezug einer Wahrnehmung: Was für den einen als Musik erscheint, erscheint für den anderen als Lärm. Beides, die *Als*-Bestimmung und der *Für*-Bezug gehören aber ebenso zur Wahrnehmung wie die *Durch*-Bestimmung, also das Medium, durch das sich die Wahrnehmung vollzieht, und die *Mit*-Bestimmung, also die Tatsache, dass sich keine Wahrnehmung isoliert für sich ereignet, sondern jede in einem Kontext mit anderen Wahrnehmungen steht, die ihr vorausgehen und sie mitbestimmen, und mit neuen Wahrnehmungen, die sie nach sich zieht und die durch sie mitbestimmt werden.[22] Etwas wahrnehmen heißt immer, *etwas wird von jemand durch etwas als etwas* wahrgenommen, und zwar so, dass es andere Wahrnehmungen fortsetzt und selbst neue

---

[21] D. Bernstein, *Essentials of Psychology*, Wadsworth [5]2011, 83–136, 123 f.

[22] Vgl. M. Merlau-Ponty, *Phänomenologie der Wahrnehmung*, Berlin 1976; I. U. Dalferth, *Radical Theology. An Essay on Faith and Theology in the Twenty-First Century*, Minneapolis, MN 2016, 100–107; ders., *Die Kunst des Verstehens*, 75–77.

Wahrnehmungen ermöglicht. Jedes dieser Momente verdient Beachtung, wenn man Wahrnehmung verstehen will.

Wer einen Tisch wahrnimmt, nimmt einen Tisch wahr und nicht etwas als einen Tisch. Aber seine Wahrnehmung lässt sich so analysieren, dass die vom Wahrgenommenen ausgehenden Informationen eines hier und jetzt Gegenwärtigen vom Wahrnehmenden als die Gegenwart eines Tisches interpretiert werden, also kategorial als *etwas* (Kategorie der Substanz), empirisch als *Tisch* und deutsch als ‚Tisch'. Nur wer Deutsch kann, also weiß, was mit ‚Tisch' normalerweise gemeint ist, wird das, was er wahrnimmt, so verstehen, bezeichnen und kommunizieren können. Aber auch wer in einer anderen Sprache lebt, denkt und kommuniziert, kann etwas als einen *Tisch* wahrnehmen, wenn er über das entsprechende Konzept verfügt. Und auch wer das nicht tut, kann wahrnehmen, dass *etwas* vorliegt, dass es näher zu bestimmen gilt. Im Wahrnehmen gleichen wir daher ständig die bewusst oder unbewusst bei uns eintreffenden Informationen mit den Sinn-Schemata und Begriffskonstrukten ab, die im *belief*-System unseres Geistes gespeichert sind. Nur so können wir nicht nur *etwas*, sondern *einen Tisch* sehen, und das in allen Sprachen, die wir beherrschen, in angemessener Weise zum Ausdruck bringen.

Interpretation geht insofern epistemisch ‚all the way down'. Es gibt kein Moment im Wahrnehmungsprozess, in dem ein uninterpretiertes *etwas* gegeben wäre, auch wenn das Gegebene durch weiteres und genaueres Wahrnehmen (Beobachten, Untersuchen) und begriffliches Verarbeiten (Kognition, Verstand) immer genauer bestimmte und besser interpretiert werden kann. Man muss deshalb zwischen zwei Interpretationsprozesse unterscheiden, die aufeinander aufbauen: demjenigen, der zu der Bestimmung des Wahrgenommenen als *etwas* führt, und demjenigen, in dem dieses etwas *als etwas* weiter bestimmt wird. Es ist eins, *etwas als einen Tisch* wahrzunehmen, ein anderes, *einen Tisch als etwas* wahrzunehmen. Das erste stellt vor die Frage, ob man das Wahrgenommene richtig identifiziert hat, das zweite vor die Frage, ob man das so Identifizierte richtig bestimmt und begriffen hat. Im ersten

Prozess legt die Wahrnehmung die Referenz fest, auf die sich das weitere Verstehen und Begreifen bezieht. Im zweiten Prozess geht es darum, ob das so Wahrgenommene falsch oder richtig bestimmt ist, der resultierende *belief* also wahr oder falsch ist.

Das stellt im Fall der Wahrnehmung Gottes vor die Frage, ob es darum geht, dass etwas wahrgenommen wird, das als Gott verstanden wird, oder ob Gott das ist, was wahrgenommen wird und zu verstehen versucht wird. Meint die Wendung ‚Wahrnehmung Gottes', dass *etwas als Gott* wahrgenommen wird oder dass *Gott als etwas* wahrgenommen wird? Im ersten Fall ginge es darum, bestimmte Phänomene aufzuweisen, die ‚Gott' genannt zu werden verdienen. Das ist nur möglich, wenn man über einen Sinnkonstrukt ‚Gott' bzw. einen Gottesbegriff verfügt oder auf eine Rede von Gott zurückgreifen kann, die diese Identifikation ermöglicht. Thomas von Aquin ist in den *quinque viae* so verfahren, indem er das analytisch erhobene Erst- bzw. Letztprinzip eins bestimmten Wahrnehmungs- und Erfahrungsbereichs mit dem gleichgesetzt, *quod omnes Deum nominant*. Auch wer nicht versteht, was der Ausdruck ‚Gott' meint, wird so darüber belehrt, was mit ihm in der Erfahrung der Welt gemeint ist. Aber ist das eine haltbare Interpretation des Ausdrucks ‚Gott'? Eben darum geht es im zweiten Fall, der sich nicht damit begnügt, die gängige Rede von Gott als die letzte Auskunft über das zur Kenntnis zu nehmen, was mit ‚Gott' gemeint ist, sondern fragt, wann und unter welchen Bedingungen das, *quod omnes Deum nominant,* zu Recht so genannt zu werden verdient. Dieser zweite Weg führt zur Ausarbeitung einer *Idee Gottes*, an der alle faktische Rede von Gott kritisch gemessen werden kann. Der erste Weg dagegen führt zur Suche nach etwas, was zu Recht ‚Gott' genannt werden kann.

Für Thomas von Aquin ist klar, dass das von keinem Phänomen unter Phänomenen zu Recht gesagt werden kann: Nichts, was wir wahrnehmen oder wahrnehmen können, verdient ‚Gott' genannt zu werden. Damit kann ihm zufolge nur das Erst- und Letztprinzip alles Wahrnehmbaren und Erfahrbaren bezeichnet werden, das seinerseits nicht wahrnehmbar oder erfahrbar ist.

Gott ist jenseits aller Wahrnehmung, also *nicht* wahrnehmbar, aber nicht, weil es ihn nicht gäbe, sondern weil er der ist, ohne den keine Wahrnehmung möglich sein könnte. Gott ist das Prinzip des Wahrnehmbaren, aber keine besondere Wahrnehmung verdient, ‚Wahrnehmung Gottes' genannt zu werden.

5. Sinnliche Wahrnehmung

Wahrnehmung kann es nach dieser Argumentation nur von Endlichem und Sinnlichem geben, aber nicht von Unendlichem und Übersinnlichem – jedenfalls für uns, die nur durch und über unsere Sinne wahrnehmen können. Gott ist nicht im Wahrnehmen und Erfahren, sondern im Denken zu suchen, und dort lässt er sich Anselm zufolge nur als der finden, der *maius est quam cogitari possit.*[23] Sinnliche Wahrnehmung ist immer Wahrnehmung von Endlichem, Gott aber ist unendlich und daher sinnlicher Wahrnehmung nicht zugänglich. Das hat auch methodische Gründe. Unsere Sinne sind dafür geschaffen, aus einer komplexen Wirklichkeit das herauszufiltern, was für uns hier und jetzt wichtig ist. Sie helfen uns, Komplexität zu reduzieren und das Komplexe einfacher zu machen, so dass wir es – schnell – erfassen können. Gott aber ist so einfach, dass er nicht vereinfacht werden kann. Das macht es schwierig, Gott zu denken, und es macht es unmöglich, Gott wahrzunehmen.

Diese klassische Ablehnung der Möglichkeit einer Wahrnehmung Gottes hängt auch daran, dass es Wahrnehmung nicht ohne Medien gibt, die das, was in einer konkrete Umgebung wahrgenommen wird, nach ihren eigenen Mechanismen auf je ihre Weise selegieren. Diese Medien sind im menschlichen Fall die klassischen Sinne und ihre technischen Extensionen, also

---

[23] Vgl. Anselm von Canterbury, *Proslogion*, cap. 15, *Opera omnia*, hg. v. Franciscus Salesius Schmitt. Seckau u. a. 1938–1961, ergänzter Neudruck Stuttgart/Bad Cannstatt 1984, Bd. 1, 112.

der Tastsinn, Geschmackssinn, Geruchssinn, Bewegungssinn, Gleichgewichtssinn, Hörsinn und Sehsinn.[24] Sie alle sind Körpersinne, die bestimmte Phänomene aus der Umgebung der Wahrnehmenden selegieren, sie dem Wahrnehmenden präsentieren und sich dabei gegenseitig verstärken oder korrigieren. Menschliche Wahrnehmung ist ein komplexer Selektionsprozess, der nicht nur über ein Medium und durch einen Sinn vollzogen wird, sondern im Zusammenwirken aller Sinne. Im Wahrnehmungsprozess kommt es durch die Verschiedenheit der sinnlichen Medien zur differenzierten und anpassungsfähigen Erschließung einer Wahrnehmungssituation. Die sensorischen Informationen der verschiedenen Sinne werden im Gehirn miteinander vermittelt, gegeneinander abgeglichen, untereinander verknüpft und miteinander integriert. Dadurch kommt es zum Aufbau komplexerer Hirnfunktionen, die den Unterschied zwischen Wahrnehmenden und Wahrgenommenen immer deutlicher herausarbeiten, das Wahrgenommene immer klarer bestimmen und damit wiedererkennbar machen und so den Wahrnehmenden koordiniertes Verhalten und intentionales Handeln ermöglichen.[25]

Wahrnehmungen bereiten so den Weg für weitere Wahrnehmungen, es kommt zum Aufbau von Wahrnehmungsmustern, indem durch Wiederholung und Habitualisierung das Bezie-

---

[24] Manche nehmen neben diesen klassischen Körpersinnen auch geistige Sinne zur Wahrnehmung von Freiheit, Gerechtigkeit, Wahrheit oder Schönheit an, einige Denker darüber hinaus auch einen besonderen Gottessinn. Vgl. H. Schwaetzer/H. Stahl-Schwaetzer, *Aisthesis. Die Wahrnehmung des Menschen: Gottessinn, Menschensinn, Kunstsinn: Ein interdisziplinäres Symposion*, Regensburg 1999. Doch wenn man für jedes Phänomen einen besonderen Sinn postuliert, wird der Selektionsfunktion der Sinne im Wahrnehmungsprozess der Boden entzogen und der Rekurs darauf macht nichts mehr verständlich.

[25] Vgl. F. Affolter, *Wahrnehmung, Wirklichkeit und Sprache*, Villingen-Schwenningen [10]2007; A. J. Ayres/J. Robbins, *Bausteine der kindlichen Entwicklung. Die Bedeutung der Integration der Sinne für die Entwicklung des Kindes*, Berlin 1998; H. Günther/A. Ernst, *Wahrnehmungsauffällige Kinder in der Grundschule*, Stuttgart 1998.

hungsgefüge zwischen den sinnlichen Medien und ihrer individuell verschiedenen Verlässlichkeit verstärkt wird, und es werden Wahrnehmungsstrategien entwickelt, die je nach Art der Wahrnehmungssituation bestimmte Sinne anderen gegenüber privilegieren und ihnen eine höhere Verlässlichkeit einräumen.

„In der Wahrnehmung" wird so in unterschiedlicher Effektivität „Unterschiedenes, obwohl unterschieden, als Einheit erfaßt."[26] Es ist unterschieden, weil es mehr als ein sinnliches Medium gibt, das die Informationen liefert, keines dieser Medien auf ein anderes zurückgeführt werden kann und jedes sinnliche Medium nach Differenzen strukturiert ist, die für diesen Sinn charakteristisch sind (hell/dunkel; laut/leise; süß/bitter; duftend/stinkend; hart/weich; heiß/kalt usf.). Diese Vielfalt wird im Wahrnehmen zur Einheit von ‚Gegenständen' verbunden, die als Träger einer Menge von Attributen verstanden werden, die den Differenzen der beteiligten Sinne korrespondieren, also stets durch Kontraste bestimmt sind, die ausschließen, dass beide Seiten der Unterscheidung gleichzeitig dem Gegenstand zugeschrieben werden können.[27] Dabei gilt, was Luhmann unterstreicht: „alles, was als Einheit fungiert, fungiert durch einen Beobachter für einen Beobachter als Einheit."[28] Die dabei operative Grundunterscheidung ist die zwischen Wahrnehmenden und Wahrgenommenen in der Einheit einer Situation. „Wahrnehmung hat [...] die Eigenart der Gleichzeitigkeit mit dem, was sie wahrnimmt. Sie leistet eine ereignishafte Synchronisation von System und Umwelt – aber nur für das Bewußtsein".[29]

Das ist aber nur der eine Grundkontrast, der das Wahrnehmen prägt: *Wir* nehmen etwas wahr. Der andere ist, dass das Wahrgenommene am Leitfaden der beteiligten sinnlichen Medien von dem unterschieden wird, was hier und jetzt so nicht wahrgenommen wird oder mit Hilfe dieser Sinnenmedien nicht wahrgenom-

---

[26] N. Luhmann, *Die Wissenschaft der Gesellschaft,* Frankfurt am Main 1990, 20.

[27] M. Merlau-Ponty, *Le visible et l'invisible*, Paris 1964.

[28] Luhmann, *Wissenschaft der Gesellschaft*, 62.

[29] AaO. 231.

men werden kann: Wir nehmen *etwas* wahr. „Die Wahrnehmung erfordert, daß die Unterscheidung als *Kontrast* auftritt. Das Unterschiedene muß simultan oder in unmittelbarem Nacheinander eines specious present präsent sein, sonst verliert die Unterscheidung ihre Wahrnehmbarkeit."[30]

Sinnlich differenziert Erschlossenes wird im Wahrnehmen dementsprechend als Einheit erfasst, indem es einerseits durch Kontraste von anderem als *dies* und nicht *das* oder *jenes* abgehoben wird (*etwas* wird *als Etwas* wahrgenommen) und indem es andererseits dabei zugleich vom Wahrnehmenden unterschieden wird, *für* den es eine Einheit bildet (etwas wird *von jemandem* wahrgenommen). Die Integration dieser Differenzen in der Einheit einer Situation charakterisiert die Wahrnehmungssituation und unterscheidet sie von Kommunikationssituationen, in denen keine Einheiten gebildet, sondern Unterscheidungen als Unterscheidungen prozessiert werden.[31]

Für die Direktheit und Schnelligkeit der Einbindung in eine durch Wahrnehmung in bestimmter Weise erschlossene Situation ist allerdings ein Preis zu zahlen. Aufgrund der Gleichzeitigkeit der Wahrnehmenden mit dem, was wahrgenommen wird, gibt es im Akt des Wahrnehmens „keine Unterscheidung von Realität und Täuschung".[32] Man nimmt wahr, was man wahrnimmt, ohne das Wahrgenommene vom eigenen Wahrnehmen kritisch unterscheiden zu können. Das wirft Folgeprobleme auf.

6. *Wahrnehmen und Erfahren*

Das eine ist, die Differenz zwischen Wahrnehmung und Wahrgenommenem und damit zwischen Wahrnehmendem und Wahrnehmungssituation machen zu können, die im Ereignis des Wahr-

---

[30] AaO. 233.
[31] AaO. 20.
[32] AaO. 231.

nehmens verdeckt wird. Man nimmt wahr, was man wahrnimmt, und hält das so lange für die Wahrheit, bis der Prozess des Lebens durch andere Wahrnehmungen Zweifel daran weckt. Das andere Problem ist, dass diese Sicht der Wahrnehmung als Integration verschiedener sinnlicher Selektionsprozesse im Prozess des Lebens die Frage aufwirft, wie sich die Kohärenz der Wahrnehmungen in der Differenz ihrer Akte und Selektionen im Prozess des Lebens bestimmen lässt. Wie kann man sich der Verlässlichkeit seines Wahrnehmens versichern, wenn weiteres Wahrnehmen Zweifel daran aufkommen lassen?

Das wird in der Regel dadurch beantwortet, dass man Wahrnehmungen in den Prozess des *Erfahrens* einzubinden versucht, der sie zu einem Wahrnehmungs*zusammenhang* verbindet, indem sie als gültig oder irrtümlich validiert werden können. Alles Wahrnehmen ist konkret, loziert und vollzieht sich in der Gleichzeitigkeit und Kopräsenz von Wahrgenommenem und Wahrnehmenden. Alles Erfahren dagegen ist die durch die Differenz des Besonderen und Allgemeinen strukturiert, es bindet das jeweilige Erfahren, Erleben oder Wahrnehmen als einen besonderen Fall unter anderen in den Erfahrungszusammenhang eines Menschen, einer Gruppe oder einer Kultur ein. Während im Wahrnehmen die erste oder zweite Person dominiert, so dass Wahrnehmen eine bestimmte, nämlich auf die gegenwärtige Situation bezogene Form des Erlebens ist, die sich dem Wahrgenommenen verdankt, steht im Erfahren die dritte Person und damit der potentielle Übergang zu ähnlichen Erfahrungen anderer im Zentrum. Im ersten Fall geht es um eine konkrete, so nicht wiederholbare Wirklichkeit (das hier und jetzt Wahrgenommene), im zweiten Fall um eine auch anderswo wiederholbare Möglichkeit (das so Erfahrbare). Der Allgemeinheitsanspruch des Wahrnehmens besteht dementsprechend darin, dass andere *in dieser Situation* dieselbe Wahrnehmung machen würden: Eine Wahrnehmung liegt vor, wenn andere in dieser Situation das, was wahrgenommen wird, auch wahrnehmen würden. Der Allgemeinheitsanspruch des Erfahrens dagegen besteht darin, dass andere *in ihrer Situation* dasselbe auch erfahren könnten: Eine Erfahrung liegt vor, wenn das, was erfahren wird, auch anderswo unter den entsprechenden Bedingungen erfahren werden könnte. Wo etwas erfahren wird, können andere erwarten, diese Erfahrung überprüfen oder auch machen zu können. Wo etwas wahrgenommen wird, stehe ich dafür ein, dass es keine Täuschung, sondern tatsächlich eine Wahrnehmung ist, in der Wirkliches bei mir einen entsprechenden *belief* bewirkt hat. Weil wir uns täuschen können, ist jeder Wahrnehmende daran interessiert (oder sollte es doch sein), seine Wahrnehmungen kritisch zu prüfen und in ihrem Wirklichkeitsgehalt in Erfahrungen zu überführen.

Erfahrung fungiert so als das Prinzip der Vereinheitlichung und Validierung von Wahrnehmungen, durch das sie nicht nur als verschiedene Wahrnehmungen *von etwas* einsichtig werden, sondern vor allem als je *meine* Wahrnehmungen in ein Gesamt des Erfahrens eingebunden werden, dass nicht nur durch die Kohärenz und Konsistenz seiner Momente als Wahrnehmung *desselben* ausgezeichnet ist, sondern auch durch deren Zentrierung auf *dasselbe*, dass den Punkt markiert, von dem her, für den und auf den hin die Selektionsprozesse der Wahrnehmung und die Vereinheitlichungsprozesse der Erfahrung aufeinander bezogen sind.

Offenkundig ist das aber keine stabile Lösung des Problems, weil dieses sich auf der Ebene des Erfahrens wiederholen kann. Auch Erfahrung kann nur dadurch validiert werden, dass sie mit anderen Erfahrungen verknüpft und durch sie korrigiert oder bestätigt wird. Beim Wahrnehmen und Erfahren müssen dabei ähnliche kognitive Leistungen erbracht werden (Selektion und Vereinheitlichung von etwas als etwas für jemanden), ohne die nichts wahrgenommen oder erfahren werden kann: Ohne ‚Wahrnehmung' und Selektion kein bestimmter Inhalt, sondern bloße Leere (wenn *nichts* wahrgenommen wird) oder völlige Unbestimmtheit (wenn *alles* wahrgenommen würde); und ohne ‚Erfahrung' und Vereinheitlichung kein Strukturierung und Zentrierung eines Informationszusammenhangs *auf ein ‚etwas'*, das auf verschiedene Weise wahrgenommen und erfahren wird und einen belief (eine kognitive Ansicht) konstituiert, oder eines *belief*-Systems *von jemandem*, auf dessen Handeln es bezogen wäre oder werden könnte. Im Wahrnehmen konstituieren sich im Wechselbezug Wahrnehmungsgegenstände und Wahrnehmungssubjekte, indem *etwas* vor dem Hintergrund des Wirklichen und Möglichen *für jemanden* zum Wahrnehmungsgegenstand wird, der eben dadurch *als etwas* von anderen unterschieden wird. Jeder nimmt wahr, wie er wahrnimmt, jeder nimmt auf seine Weise etwas als etwas wahr, und jeder ist der, der so wahrnimmt. Weil Wahrnehmende immer schon in Erfahrungszusammenhängen mit anderen stehen, sind sie dazu prädisponiert, das, was sich ereignet, in bestimmter Weise wahrzunehmen und als Fall eines Allgemeinen zu begreifen. Das verkürzt und beschleunigt die Bestimmungsabläufe, kann aber auch zu Fehldeutungen und Missverstehen des Wahrgenommenen führen, wenn der vorgegebene Erfahrungszusammenhang das Wahrgenommene rigid bestimmt und nicht zureichend zulässt, dass das Wahrgenommene den Erfahrungszusammenhang modifiziert, erweitert oder korrigiert. Man nimmt dann immer das Gleiche wahr, und lässt sich vom Leben nicht mehr unterbrechen und auf Neues hin öffnen.

Wie man diese operative Verortung in Situationen und ihre kognitive Erschließung im konkreten Fall nennt, ob sie also ‚Wahrnehmung' oder ‚Erfahrung' oder in methodisch unterschiedenen Weise beides genannt werden, ist sekundär. Wichtig aber sind zwei Dinge. Zum einen findet Wahrnehmen und Erfahren immer in der Gegenwart statt, ist aber nicht immer auch ein Wahrnehmen oder Erfahren von Gegenwart. Gegenwart ist kein Gegenstand in der Zeit, der wahrgenommen werden könnte, sondern das zeitliche Verhältnis der Wahrnehmenden zu Gegenständen in der Zeit, die von ihnen wahrgenommen werden. Nur Gegenstände in der Gegenwart sind Wahrnehmungsgegenstände, und nur wenn Gegenwart in der Gegenwart sinnlich vergegenständlicht wird (durch Ritual, Symbolisierung oder eine andere Thematisierung), kann sie wahrgenommen werden. Zum anderen nehmen wir nicht ‚nur so' wahr, sondern tun das deshalb, weil wir sonst nicht lebens-

und handlungsfähig wären, sei es, weil wir die Veränderungen unserer Umwelt nicht registrieren, sei es, weil wir nicht so auf sie reagieren, dass wir uns in einer für unser Handeln und Leben relevanten Weise dazu verhalten können. Im ersten Fall scheitern wir, weil wir nicht merken, was in unserer Welt passiert, im zweiten scheitern wir, weil wir nicht wissen, wie wir angesichts dessen, was wir merken, unser Verhalten in der Welt ändern sollen. Wir leben als sinnliche Wesen in sinnlich erschlossenen Situationen, die ohne verlässliche Wahrnehmung und erfahrungsbasiertes Wissen ihre Leben nicht sinnvoll vollziehen und verantwortlich gestalten können.

7. Die Struktur sinnlichen Wahrnehmens

Sinnliche Wahrnehmungen sind also durch folgende Grundzüge ausgezeichnet:

Zum einen sind sie *Wirkungen dessen, was wahrgenommen wird*. Nur wo etwas ist, das wirkt, kann etwas wahrgenommen werden, und von Wirkung kann nur da geredet werden, wo eine Veränderung eintritt, die sich dem verdankt, was wahrgenommen wird. Das Subjekt der Wahrnehmung wird durch diese verändert, ist im Wahrnehmen also in einer wesentlichen Hinsicht passiv.

Zum anderen sind Wahrnehmungen immer auch *Selektionen von Informationen aus der Umwelt* durch Wahrnehmungsmedien (Sinne), und dabei ist das Wahrnehmungssubjekt aktiv oder zumindest aktiv beteiligt. Ohne Reduktion von Komplexität durch die Selektionen des Subjekts der Wahrnehmung gibt es keine Wahrnehmung. Aber eine solche Reduktion kann es auch nur geben, wenn eine hinreichende komplexe Umwelt gegeben ist. Etwas ganz und gar Einfaches in einer ganz und gar einfachen Umwelt kann nach diesem Modell von Wahrnehmung nicht wahrgenommen werden, weil kein Selektionsprozess stattfinden könnte.

Wahrnehmung involviert damit drittens immer eine *Abstraktion einer allgemeinen (Zeichen-)Struktur von besonderen Fällen*. Beim

Wahrnehmen wird nicht irgendetwas selegiert, sondern es wird *etwas als etwas* wahrgenommen. Die Komplexität der Umwelt wird also am Leitfaden der sinnlichen Medien und ihrer Leitdifferenzen auf ein differenziertes Bestimmtes reduziert und zur Einheit eines Wahrgenommenen verdichtet, das unter den Differenzgesichtspunkten des Besonderen und Allgemeinem und des Konkreten und Abstraktem begrifflich weiter bestimmt werden kann. Je besser wir wahrzunehmen lernen, desto klarer nehmen wir *etwas Konkretes* (im Unterschied von anderem) *als etwas Besonderes* (eines Allgemeinen) wahr. Oder anders gesagt: Schon im Wahrnehmen (und nicht erst bei der begrifflichen Verarbeitung und Fortbestimmung von Wahrgenommenem) sind kognitive und emotionale Strategien am Werk, mit denen wir unsere wahrgenommene Umwelt strukturieren. Denn nur, indem wir das tun, leistet Wahrnehmung einen Beitrag dazu, uns die Orientierung und den Vollzug des Lebens in unseren komplexen Umwelten zu ermöglichen und zu erleichtern.

Das schließt aber viertens nicht aus, dass keine Wahrnehmung für sich allein das leistet. Wahrnehmungen gehören auf Seiten des wahrnehmenden Subjekts zum einen *Strom von Wahrnehmungen*, der jede Wahrnehmung an vorangehende anknüpfen und anschließen lässt und durch jede Wahrnehmung die Voraussetzung und den Anlass für weitere Wahrnehmungen schafft. Wahrnehmungen gibt es also niemals allein und für sich, sie gehören zu einem Prozess, den sie aufnehmen und fortsetzen und der über und durch sie fortgesetzt werden kann. In jeder Wahrnehmung wirkt dann aber nicht nur das jeweils Wahrgenommene, sondern es wirken immer auch die früheren Wahrnehmungen des Wahrnehmenden weiter. Wahrnehmungen sind deshalb niemals identisch wiederholbar, sondern strikt einmalig: Jede Wahrnehmung desselben ist eine neue Wahrnehmung, auch wenn sie als solche zu einem Wahrnehmungsprozess gehört, in dem etwas (im gelungenen Fall) immer besser oder doch zumindest immer wieder anders wahrgenommen wird.

In Wahrnehmungsprozessen kann es deshalb fünftens zu besserem Wahrnehmen kommen, wenn durch Korrektur, rekursive

Verstärkung und Habitualisierung *Wahrnehmungsmuster* gebildet werden, die wie Abkürzungen zum Identifizieren, Erfassen, Verstehen und Einordnen von Wahrgenommenem fungieren. Man nimmt schneller wahr, was man wahrnimmt, wenn man ein geübter Wahrnehmer ist. Mit dem Aufbau solcher Wahrnehmungsmuster steigert sich allerdings auch die Gefahr, falsch wahrzunehmen, weil man Unvertrautes und Unbekanntes zu schnell nach dem Muster des Vertrauten und Bekannten erfasst. Deshalb wächst die Notwendigkeit der Begleitung des Wahrnehmens durch kritische Distanzierung, Reflexion, Überprüfung und Wiederholung, je stabilere Wahrnehmungsmuster sich entwickelt haben. Wahrnehmung ohne Kritik kann in die Irre führen, und die Berufung auf Wahrnehmung ist immer auch ein Anlass, die Frage zu stellen, ob man sich nicht geirrt hat und deshalb noch einmal genauer hinsehen, hinhören, schmeckend, tastend und messend prüfen sollte. Das Wahrnehmen findet so zunehmend im Kontext einer komplexen Wahrnehmungspraxis statt, die man mit anderen teilt und die immer auch Prüfkriterien und Korrekturverfahren einschließt, die man sich aneignen muss, um kritisch reflektiert und kontrolliert wahrnehmen zu können.

Schon in Wahrnehmungsprozessen bahnt sich daher, sechstens, die Korrektur der falschen Auffassung an, man sei im Wahrnehmen unmittelbar in der Gegenwart der Gegenstände (Sachverhalte), die man wahrnimmt. Kopräsenz ist keine Unmittelbarkeit, sondern eine zeichenvermittelte Gleichzeitigkeit. Die Suggestion der Unmittelbarkeit verliert sich in dem Maß, in dem man darauf achtet, wie man über verschiedene Sinne verschieden wahrnimmt und vor der Frage steht, ob man dasselbe verschieden oder Verschiedenes wahrgenommen hat. Alles Wahrnehmen ist vermittelt durch sinnliche Zeichen, die ihrerseits eine konkrete Verbindung von Sinn und Sinnlichkeit sind, also mithilfe einer bestimmten sinnlichen Materialität einen bestimmten nicht sinnlichen Sinn vermitteln. Unvermittelte Unmittelbarkeit gibt es an keinem Punkt. Im Gegenteil, es kommt im Wahrnehmungsprozess zur Ausdifferenzierung von Wahrnehmungsgegenstand und Wahrnehmungssubjekt durch den Aufbau einer Vermittlungsstruktur sinnlicher Zeichen, durch die sowohl das Objekt als auch das Subjekt der Wahrnehmung kontingent bestimmt werden. Nur mit Hilfe von Sinnlichem kann etwas wahrgenommen werden, und nur was so sinnlich wahrgenommen werden kann, ist für uns ein möglicher Gegenstand der Wahrnehmung.

E. Wahrnehmung Gottes

1. Gotteswahrnehmung als Problem

Versteht man Wahrnehmung in diesem Sinn, dann drängt sich die Frage auf, ob es eine Wahrnehmung Gottes überhaupt geben kann. Ist der Gedanke einer Gotteswahrnehmung nicht selbstwidersprüchlich? Wenn *einerseits* Wahrnehmung nur dort möglich ist, wo das Wahrgenommene sinnlich gegeben, also raumzeitlich bestimmt ist, wo es aus einer komplexen Umwelt selegiert und abstrahiert und als etwas Bestimmtes unter dem Gesichtspunkt des Besonderen und Allgemeinen erfasst werden kann, und wo dadurch frühere Wahrnehmungen so fortgesetzt werden, dass weitere Wahrnehmungen möglich werden, und wenn *andererseits* Gott nicht sinnlich gegeben ist, wenn er ganz und gar einfach ist, wenn nichts, was aus unserer Umwelt selegiert, abstrahiert und bestimmte werden kann, ‚Gott' genannt zu werden verdient, und wenn deshalb auch nichts, was an unsere Umweltwahrnehmungen anknüpft und diese zu weiteren entsprechenden Wahrnehmungen weiterführt, eine ‚Wahrnehmung Gottes' sein kann, dann scheint der Gedanke einer *Wahrnehmung Gottes* ein Ungedanke zu sein, der zusammenstellt, was nicht zusammen gehört.

Dasselbe gilt von der ‚Erfahrung Gottes', wenn diese als Einbettung von Wahrnehmungen Gottes in umfassendere Erfahrungszusammenhänge oder als Einbettung von Wahrnehmungen in umfassendere Zusammenhänge der Erfahrung Gottes verstanden wird. Ein mathematisch definierter Punkt ist kein Moment einer gezeichneten Linie und ein nichtsinnlicher Gott kein Gegenstand einer sinnlichen Wahrnehmung. Und wenn Gott nicht wahrgenommen werden kann, wie kann er dann erfahren werden? Kann man Gott nicht denken, weil er größer ist als alle Vernunft

(„maius quam cogitari possit“[1]), dann kann man ihn erst recht nicht wahrnehmen oder erfahren. Wie sollte sich auch das Unendliche im Endlichen, das Nichtsinnliche im Sinnlichen, der Schöpfer in der Schöpfung, Gott im Nichtgöttlichen fassen lassen?

Das Problem verschiebt sich, wenn man nicht nach *Gott*, sondern nach dem *Glauben an Gott* fragt. Glaube an Gott gibt es, jedenfalls in dem Sinn, dass Menschen an Gott glauben und diesen Glauben leben. Lässt sich dieser Glaube an Gott auf Wahrnehmung oder Erfahrung gründen, also in seiner Genese erhellen und in seiner Geltung rechtfertigen? Darauf wird unterschiedlich geantwortet. Zum einen ist der Rekurs auf *Wahrnehmung* etwas anderes als der auf die Wahrnehmung *Gottes*. Wenn der Glaube an Gott nicht auf sinnliche Wahrnehmungen von Nichtgöttlichem gegründet werden kann, könnte er dann nicht auf nichtsinnliche Wahrnehmungen des Göttlichen gebaut werden, wenn sich solche aufweisen lassen und ein solcher Gedanke nicht unsinnig ist? Zum anderen kann der Rekurs auf Wahrnehmung bzw. Erfahrung direkt oder indirekt sein, also eine bestimmte *Erfahrung* ins Feld führen, die jeder machen könnte, oder das *Zeugnis einer Erfahrung*, die ein bestimmter Mensch bzw. bestimmte Menschen gemacht zu haben beanspruchen, ohne dass diese deshalb auch anderen offen stehen müsste. Nicht jeder muss Gott direkt erfahren oder wahrnehmen können, wenn es einer kann. Wenn das tatsächlich geschehen ist und verlässlich tradiert und kommuniziert wird, kann man sich indirekt darauf beziehen.

Die Frage nach der Wahrnehmbarkeit bzw. Erfahrbarkeit Gottes wird dementsprechend gerade angesichts der Überzeugung, dass Gott nicht sinnlich wahrgenommen und erfahren werden kann, im Wesentlichen auf vier Wegen zu beantworten gesucht.

Der erste ist der Weg der *natürlichen Theologie*. Diese versucht, nichtreligiöse Sachverhalte durch Rekurs auf Gott zu erklären oder

---

[1] Anselm von Canterbury, *Proslogion*, cap. 15, *Opera omnia*, hg. v. Franciscus Salesius Schmitt. Seckau u. a. 1938–1961, ergänzter Neudruck Stuttgart/Bad Cannstatt 1984, Bd. 1, 112.

den Glauben an Gott durch Rekurs auf Sachverhalte zu begründen oder zu plausibilisieren, die nicht in religiösem Glauben gründen oder ihn voraussetzen. Im Verlauf der Neuzeit hat sich so ein Gegensatz entwickelt zwischen einem wissenschaftlichen Naturalismus, der auch religiöse Sachverhalte nichtreligiös erklären zu können meint, und einem wissenschaftlichen Theismus, der sich selbst und nichtreligiöse Sachverhalte religiös erklären zu können beansprucht. Dazu wird typischerweise entweder auf kosmologische oder teleologische Argumente verwiesen, die vom Faktum (Dass) bzw. vom Charakter (Ordnung, Zweckmässigkeit) der Welt(erfahrung) auf Gott als ihren Erklärungsgrund schließen, oder auf ontologische Argumente, die Gottes Dasein aus dem Begriff Gottes abzuleiten und durch den Nachweis der Unmöglichkeit des Nichtseins Gottes zu erweisen suchen.

Ganz anders wird argumentiert, wenn man auf die *Tradition und Praxis* einer religiösen Gemeinschaft rekurriert. In diesem Fall werden nicht Erfahrung(en), sondern das *Zeugnis* von Erfahrung(en) als Beleg für die Erfahrbarkeit Gottes angeführt. Das aber sind keine Primärerfahrungen Gottes, sondern – wenn überhaupt – die Sekundärerfahrungen derer, die solche Primärerfahrungen weitergeben. Sie bezeugen ein Zeugnis, bei dem stets zu Recht gefragt werden kann, ob es wirklich das Zeugnis einer Gotteserfahrung oder nur einer vermeintlichen Gotteserfahrung ist. Und sie werfen das zusätzliche Problem auf, dass zuerst die Verlässlichkeit der Zeugnisse festgestellt werden muss, ehe man sich mit der Frage der Wahrheit oder Wahrscheinlichkeit dessen, was sie bezeugen, befassen kann. Es genügt nicht, dass möglicherweise wahr sein könnte, was sie tradieren, wenn sie gar keine wirkliche Erfahrung tradieren, weil es niemand gibt, der das je erfahren hätte. Auch wenn man nicht ausschließen will, dass Gott gesehen werden könnte, kann doch wahr sein, dass keiner Gott je gesehen hat. So gewiss daher die Unmöglichkeit einer sinnlichen Wahrnehmung Gottes ausschließt, dass die Mitteilung einer solchen Erfahrung wahr sein kann, so gewiss folgt aus der Möglichkeit einer nichtsinnlichen Wahrnehmung Gottes nicht, dass es sie tatsächlich auch gibt und die Mitteilung davon ernst zu nehmen ist.

Das gilt auch, wenn ein Zeugnis beansprucht, nicht auf Erfahrung von Menschen, sondern auf eine *Offenbarung Gottes* zu rekurrieren. Offenbarung wird dabei als Selbsterschließung Gottes für bestimmte Menschen verstanden, durch deren Zeugnis wir davon wissen. Nicht die Offenbarung, sondern das menschliche Zeugnis von ihr bildet dann aber die Basis der Argumentation. Das erweist diese als eine Version des zweiten Wegs. Man muss nicht ausschließen, dass eine Selbstoffenbarung Gottes möglich ist, wenn man die Verlässlichkeit eines Zeugnisses bezweifelt, eine solche habe es gegeben.

Soll der Rekurs auf Offenbarung aber überhaupt sinnvoll sein, muss es eine direkte Wahrnehmung Gottes zumindest geben können. Daß dies nicht nur möglich, sondern tatsächlich der Fall sei, wird mit Verweis auf *mystische Gotteserfahrungen* belegt, die keine Schlussfolgerungen aus anderen Erfahrungen seien. Dieser Weg steht vor der Schwierigkeit, die mystische Gotteserfahrung als direkte Wahrnehmung sui generis von sinnlicher Wahrnehmung und Erfahrung zu unterscheiden, also deutlich zu machen, inwiefern hier wirklich *Gott* und nicht etwas anderes wahrgenommen und erfahren wird.

Die genannten Wege schließen sich nicht aus, sondern können in verschiedener Weise kombiniert werden. Kein Gottesglaube, auch nicht der christliche, verdankt sich nur einer Art von Erfahrung oder ist nur auf eine Weise auf Erfahrung bezogen oder in Erfahrung verankert. Aber auch wenn der Rekurs auf Erfahrungen seine Genese erhellt, ist damit noch nicht seine Geltung erwiesen. Und während es eines ist, Erfahrung durch den Rückgang auf Gott zu erklären, ist es ein anderes, eine Erfahrung Gottes zu erklären. Im ersten Fall fungiert Gott als Explanans, im zweiten als Explanandum, und es liegt auf der Hand, dass Erfahrungen durch Gott zu erklären etwas anderes ist als Gott durch Erfahrungen zu erklären.

2. Wahrnehmung Gottes oder Gottes Wahrnehmung?

Dass Gott oder Göttliches kein möglicher Gegenstand sinnlicher Wahrnehmung ist, wird trotz der Wende zur Körperlichkeit gemeinhin zugestanden: Wenn es Gott gibt, dann ist Gott von allem sinnlich erfahrbaren Weltlichen verschieden.[2] Sonst gerät man in die Aporien des Anthropomorphismus, der Endlichkeit oder einer Pluralität von Göttern, in denen die Differenz zwischen Gott und Weltlichem verwischt zu werden droht. Aber wenn Gott kein Gegenstand sinnlicher Wahrnehmung ist, kann dann überhaupt sinnvoll von einer Erfahrung oder Wahrnehmung Gottes gesprochen werden?

Man kann das bejahen, indem man die Wendung ‚Wahrnehmung Gottes' nicht als *genetivus objectivus*, sondern als *genetivus subjectivus* versteht. Im ersten Fall ist Gott das, was wahrgenommen wird, im zweiten derjenige, der wahrnimmt. Eine Wahrnehmung Gottes im ersten Sinn kann es nur geben, wenn Gott sie mitverursacht, auch wenn das durch vieles andere vermittelt sein mag. Wie aber soll man Gott als Ursache von den sinnlichen Vermittlungen unterscheiden, durch die er (angeblich) wahrgenommen wird? Gott lässt sich nicht sinnlich konstruieren, weil er keine über die Sinne vermittelte Differenzen zu den Gegenständen hat, die sinnlich vermittelt wahrgenommen werden. Ob man wirklich *Gott* oder doch etwas anderes wahrgenommen hat, bleibt damit stets offen. Gott ist nicht sinnlich von anderem unterschieden, sondern es gibt Sinnliches im Unterschied von anderem Sinnlichen nur, weil es Gott gibt. Entweder man verwirft die Wendung ‚Wahrnehmung Gottes' daher als ein Unding und plädiert im Horizont sinnlicher Wahrnehmung und Erfahrung für eine rein negative Theologie, weil Gott sich so gerade *nicht* wahrnehmen lässt. Oder

---

[2] Gotteskonzeptionen wie die der Mormonen sind eine Ausnahme von dieser Regel. Vgl. aber die antiken Traditionen, Gott als Körper und den Körper Gottes zu thematisieren, Chr. Markschies, *Gottes Körper. Jüdische, christliche und pagane Gottesvorstellungen in der Antike*, München 2016.

man sucht einen Ausweg, indem man mit der Möglichkeit einer nichtsinnlichen Wahrnehmung bzw. Erfahrung Gottes rechnet. Oder man konstruiert die Wendung ‚Wahrnehmung Gottes' als *genetivus subjectivus*, versteht Gott also nicht als Objekt unserer Wahrnehmung, sondern als Subjekt seines eigenen Wahrnehmens.

Eben das tut Hegel. Ihm zufolge sind nicht wir als endliche Wesen die Subjekte des Wahrnehmens und Erfahrens Gottes, sondern Gott selbst ist das Subjekt nicht nur dieser, sondern aller Erfahrung. Wahrnehmen heißt wahrnehmen, dass und wie etwas in Wahrheit ist, und erfahren heißt erfahren, dass und wie etwas im Zusammenhang mit allem anderen wahr ist. Was etwas in Wahrheit ist, lässt sich aber nie als solches, sondern nur im Zusammenhang mit allem anderen Wahren erfassen, und dass und was Gott in Wahrheit ist, lässt sich nur durch Gott selbst im Zusammenhang mit allem übrige Wahren erfassen. Man muss daher nicht nur vom sinnlichen Wahrnehmen zum begrifflichen Wissen weitergehen, sondern vom Erfassen eines partikularen Sachverhalts zum begrifflichen Erfassen des gesamten Wahrheitszusammenhangs, zu dem er gehört, und das geht nur, wenn man Gott nicht als einen Gegenstand des Wissens unter oder neben anderen missversteht, sondern als den, der sich selbst begreift, indem er alles Wissbare im Prozess der Zeit erfasst und dadurch den Begriff seines selbst ausarbeitet. Gotteserfahrung gibt es nur als Erfahrung, die Gott von sich und allem anderen macht. Und ein Wissen von Gott gibt es nur, insofern Gott alles Wissbare weiß und sich selbst als den, der alles Wissbare einschließlich seiner selbst weiß, kennt und begreift.

Feuerbach kehrt den Gedanken um und versteht unter *Erfahrung Gottes* eine Form der Selbsterfahrung, in der wir unter dem Titel ‚Gott' uns selbst so erfahren, wie wir als Menschen gerne sein würden. Alles Wahrnehmen, Erfahren und Wissen ist durch die kognitive Grunddifferenz zwischen Gegenstand (Objekt) und Subjekt des Wahrnehmens, Erfahrens und Wissens gekennzeichnet. Stets wird *etwas* wahrgenommen, erfahren oder gewusst, und stets wird es *von jemandem* wahrgenommen, erfahren oder gewusst. Man kann Wahrnehmen, Erfahren und Wissen daher gegenstandsbezogen oder subjektbezogen entwickeln, als vom Modell der Gegenstandswahrnehmung ausgehen oder von dem der Selbstwahrnehmung. Das zweite ist der stärkere Ansatz. Selbstwahrnehmung kann niemals nur ein Fall von Gegenstandswahrnehmung sein, weil es keine Gegenstandswahrnehmung ohne Selbstwahrnehmung gibt. Auch dort, wo sich das Subjekt selbst zum Gegenstand seines Wahrnehmens wird, bleibt es als Subjekt von dieser Vergegenständlichung seiner selbst unterschieden. ‚Ich nehme mich wahr' kann nie so aufgelöst werden, dass ‚ich' und ‚mich' unterschiedslos identisch sind. Nicht die Differenz zwischen *genetivus objectivus* und *genetivus subjectivus* in der Wendung ‚Erfahrung Gottes' ist für Feuerbach daher entscheidend, sondern die Priorität der Selbsterfahrung gegenüber aller Gegenstandserfahrung und die Entscheidung, dass das ‚Selbst', das sich hier erfährt, nicht Gott ist, sondern der Mensch, der sich – nicht als Individuum, wohl aber als Gattung – unter dem Titel ‚Gott' selbst erfährt. Gott wird damit zwar nicht wieder zum bloßen Gegenstand von Erfahrung, wie im vorausgehenden Theismus der europäischen Neuzeit, aber er wird zur indirekten Bezeichnung der anthropologischen Wirklichkeit, die sich im Modus der Selbsterfahrung selbst so erfährt, wie sie als Gattung sein könnte und sollte, auch wenn sie es als Individuum nicht ist. Gotteserfahrung ist Selbsterfahrung – die Erfahrung dessen, was ich selbst und jeder andere als Mensch sein könnte und sollte.

Die Raffinesse dieses Gedankengangs ist schon lange wieder vergessen worden. Stattdessen wird unter Gotteserfahrung in Aufnahme theistischer Traditionen heute von vielen wieder eine Erfahrung verstanden, in der Gott der Gegenstand ist, der erfahren wird. Doch wie soll ein nichtsinnlicher Gegenstand sinnlich erfahren werden? Oder ein lebendiges Subjekt lebendig und nicht nur begrifflich als Objekt? Oder Gott als derjenige, der nicht verstanden werden kann, wenn man ihn nicht so versteht, wie er sich selbst versteht? Wenn ein Gegenstand möglicher Erfahrung alles und nur das ist, was geschaffen ist, dann kann Gott nicht erfahren werden, weil er der Schöpfer und kein Geschöpf ist. Ist die Schöpfung der Inbegriff des Erfahrbaren, dann ist der Schöpfer nicht erfahrbar, sondern der, ohne den es keine Erfahrung und nicht Erfahrbares geben könnte. Vor diesem Hintergrund kann unter *Erfahrung Gottes* nicht eine Erfahrung von Gott (gen. objectivus) verstanden werden, sondern nur eine Weise, uns und alles andere in der Gegenwart Gottes zu erfahren. Im Horizont des Erfahrbaren ist Gott verborgen, aber wer das Erfahrbare im Horizont Gottes erfährt, der erfährt sich und alles andere als Schöpfung.[3] Und das heißt: Nicht die Frage, ob Gott Objekt oder Subjekt der Wahrnehmung ist, die man zu verstehen sucht, ob er also theistisch oder nichttheistisch zu verstehen ist, ist die eigentliche Herausforderung, sondern was es heißt, sich selbst angesichts der Gegenwart Gottes zu verstehen.

3. Gottes Verborgenheit

Dabei gilt es allerdings zu berücksichtigen, dass Gott nicht nur aus epistemologischen, sondern auch religiösen Gründen in der Welt ‚verborgen', also gerade nicht wahrnehmbar ist. Das gilt einmal in dem existenziellen Sinn, in dem der Beter von Ps 13,2 darüber klagt, dass Gott ‚sein Angesicht verbirgt' und sich der Wahrnehmung des Beters entzieht.[4] Sein Angesicht lässt sich nicht sehen, seine Stimme nicht hören, seine ‚Freundlichkeit' nicht wahrnehmen (Ps 27,4). Das Vertrauen in die Hilfe und Rettung, die man sich von Gott erhofft, gerät damit ins Wanken. Deshalb hofft man, dass diese unerträgliche Situation bald enden möge und Gott sich

---

[3] I. U. Dalferth, Gotteserfahrung, in: *Gott neu vertrauen*, EKD Das Magazin zum Reformationsjubiläum 2017, Frankfurt am Main 2016, 23–25.

[4] Vgl. B. Janowski, *Konfliktgespräche*, 53–97; ders., *Das hörende Herz. Beiträge zur Theologie und Anthropologie des Alten Testaments* 6, Göttingen 2018, 1–123; ders., *Anthropologie des Alten Testaments. Grundfragen – Kontexte – Themenfelder*, Tübingen 2019, 148–157.

wieder so wahrnehmen lässt, dass man wie Hiob sagen kann: „Durch das Ohr hatte ich von Dir gehört / jetzt aber hat mein Auge dich gesehen" (Hi 42,5). Wenn man von Gott nur gehört hat, kennt man ihn noch nicht. Man muss ihn in der eigenen Gegenwart wahrnehmen, also selbst ‚sehen' und selbst ‚hören'. Eben das aber kann nicht durch die Augen und Ohren, also auf sinnliche Weise geschehen, sondern allein ‚im Herzen': Nur wer Gott im Zentrum seines Daseins, seinem ‚hörenden Herzen', als gegenwärtig wahrnimmt, hat wirklich *Gott* wahrgenommen, weil er wirklich *selbst* ihn wahrgenommen hat.[5] Erst im Herzen ist man ganz in seiner eigenen Gegenwart, also nicht zerstreut bezogen auf anderes in seiner Umwelt und Umgebung, sondern alles, worauf man bezogen ist und womit man lebt, ist versammelt im Zentrum des eigenen Daseins, in dem man ein ‚Herz' und damit ein Selbst ist. Aber gerade diese Herzens-Gegenwart ist der Ort, wo das Dasein des Geschöpfs auf die Gegenwart des Schöpfers hin offen ist, wo Gott der Gegenwart des Menschen so gegenwärtig wird, dass man mit ihm ‚reden', auf ihn ‚hören', ihn wahrnehmen und sich an seiner Gegenwart ausrichten kann. Den Sinnen bleibt verborgen, was das Herz da wahrnimmt. Aber das Herz nimmt wahr, was ‚kein Auge je gesehen' und ‚kein Ohr je gehört' hat. Nicht die Sinne sind im Bezug auf die Wahrnehmung der Gegenwart Gottes daher entscheidend, sondern das Herz. Wenn das verstockt ist, kennt man nicht nur sich selbst nicht mehr, sondern versteht nichts mehr recht. Deshalb nehmen Menschen sich und alles übrige anders wahr, wenn Gott ihnen im Herzen verborgen oder eben nicht verborgen ist.

Was also ist unter der ‚Verborgenheit Gottes' zu verstehen? Philosophisch und theologisch werden darauf verschiedene Antworten gegeben.

Theologisch hat Luther in der *Heidelberger Disputation* von 1518 darauf insistiert, dass unsere Gotteswahrnehmung und -erfahrung eine doppelte Grenze hat, nämlich zum einen die *Ver-*

---

[5] JANOWSKI, *Konfliktgespräche*, 166–173.

borgenheit Gottes, zum andern die *Sünde des Menschen.* Gott ist nicht erfahrbar, weil er zu den *invisibilia* und nicht zu den *visibilia* gehört. Wir aber können ihn nicht erfahren, weil wir aufgrund unserer sündigen Abwendung von Gott von den *visibilia* aus die *invisibilia Dei* nicht erschließen können. Denn – und damit präzisiert Luther das, was ‚invisibilia dei' meint in kritischem Gegenzug zur Tradition – *unsichtbar* ist Gott nicht in dem Sinn, dass er allem Sichtbaren als Letztursache zu Grunde liegt, so dass wir ihn schlussfolgernd „per ea, quae facta sunt" erkennen könnten (These 19).[6] Nicht die Werke der Natur, verstanden als Wirkungen der göttlichen Erstursache, sind der Weg zur Gotteserkenntnis, sondern die „visibilia et posteriora Dei" (Ex 21), und die – so betont These 20 – werden allein „per passiones et crucem conspecta".[7]

Dort – und damit kommt die Bedeutung der Sünde ins Spiel – steht Gott aber nicht einfach für jedermann zugänglich vor Augen. Das Leiden und Kreuz Jesu Christi manifestieren nicht einfach Gott, sondern die *Verborgenheit* Gottes; und diese Verborgenheit erschließt sich nicht unserer Erfahrung und erfahrungsbestimmten Vernunft, sondern allein dem Glauben, der in Leiden und Kreuz die Nähe und Gegenwart Gottes wahrnimmt. Denn, so heißt es in den Probationes Conclusionum in These 19 und 20: „Quia enim homines cognitione Dei ex operibus abusi sunt, voluit rursus Deus ex passionibus cognosci et reprobare sapientiam invisibilium, per sapientiam visibilium, ut sic, qui Deum non coluerunt manifestum ex operibus, colerent absconditum in passionibus [...] Ergo in Christo crucifixo est vera Theologia et cognitione Dei.".[8]

Die Verborgenheit Gottes im Kreuz Christi ist also *nicht* mit dem zu verwechseln, was Luther in *De servo arbitrio* den *deus absconditus* nannte: Es ist gerade der *deus revelatus,* dessen Ver-

---

[6] M. Luther, *Disputatio Heidelbergae Habita* (1518), *Martin Luther. Lateinisch-Deutsche Studienausgabe,* Bd. 1: *Der Mensch vor Gott,* hg. v. W. Härle/M. Beyer, Leipzig 2006, 52.

[7] Ebd.

[8] AaO. 52.

borgenheit am Kreuz wahrgenommen wird. Luther spricht daher auch nicht einfach von der Offenbarung Gottes, sondern von seiner revelatio *sub contrario*. Das heißt, dass die Erfahrung Gottes anhand des Kreuzes Christi nur dialektisch bestimmte werden kann: die natürliche Vernunft und Erfahrung, also der gemeine Menschenverstand nimmt dort nur die Abwesenheit Gottes wahr; dass in dieser Abwesenheit Gott anwesend ist, erschließt sich allein dem Glauben. Für uns erfahrbar ist daher streng genommen gerade die Ferne und Abwesenheit Gottes, die uns als solche zweifeln und verzweifeln lässt. Für den Glauben wahrnehmbar dagegen ist die *Anwesenheit Gottes sub contrario*, und d.h.: der Glaube nimmt wahr, dass das Kreuz nicht einfach signalisiert ‚Es gibt keinen Gott', sondern im Gegenteil ‚Gott ist genau so, dass er sich in diesem Leiden und Sterben in seinem Wesen erschließt: als auch den Tod nicht scheuende Liebe'.

Der theologische Weg, die Wahrnehmung Gottes in ihrer Problematik und Möglichkeit zu präzisieren, führt Luther also dazu, sie im Rekurs auf das Kreuz durch die Dialektik von Anwesenheit und Abwesenheit, Sichtbarkeit und Unsichtbarkeit Gottes zu präzisieren[9]: Gotteswahrnehmung gibt es nur, insofern Gottes *Nichterfahrbarkeit* als seine *Verborgenheit unter dem Gegenteil* durchschaut wird: kein direktes Gegebensein Gottes also, sondern ein durch Distanz und Differenz strukturiertes Wahrnehmen seiner verborgenen Präsenz in Jesus Christus.

4. *Nichtwahrnehmbarkeit Gottes*

Philosophen haben in der Regel eine andere Konsequenz gezogen. Gott ist kein Gegenstand möglicher Wahrnehmung. Er kann nicht erfahren, sondern allenfalls gedacht werden. Was immer sinnlich

---

[9] Bezugspunkt ist also nicht einfach das Kreuz als historisches Phänomen, sondern die Dialektik der Anwesenheit und Abwesenheit Gottes, die sich im Kreuz paradigmatisch erschließt.

gegeben sein kann, kann nicht Gott sein, und wenn es Gott gibt, dann ist er keine sinnlich wahrnehmbare Wirklichkeit.[10]

Im Anschluss an Überlegungen Kants und Hegels argumentiert so etwa Falk Wagner, der Ausdruck „‚Gott' kann sich nicht auf einen ‚Gegenstand' beziehen, der ein Datum der sinnlichen Wahrnehmung (‚dabile') repräsentiert, denn ‚Gott hat niemand gesehen.'"[11] „Damit gilt zugleich, dass Gott auch kein Gegenstand bzw. Objekt der auf sinnliche Daten (Erscheinungen) bezogenen und sie konstituierenden Verstandeserkenntnis sein kann. Ebensowenig ist ‚Gott' im Sinne eines empirischen Begriffs konzipierbar."[12] Sagen lässt sich Wagner zufolge daher nur, „der mit ‚Gott' gemeinte Gegenstand, das Bestimmbare, sei ein nichtsinnliches Bestimmbares, kein dabile, sondern ein cogitabile, d. h. ein durch Denken (der Vernunft) zu Bestimmendes".[13] Aber „Gedanken fallen weder vom Himmel, noch sind sie wie sinnliche Daten gegeben noch wie erkennbare Objekte gegeben wie gedacht (kategorial konstituiert). Gott als Gedanke zu denken besagt vielmehr: Gott wird gedacht wie gedacht. In diesem Sinne ist Gott als Gedanke ein ‚Selbstgeschöpf' des reinen Denkens der Vernunft."[14]

Hier ist das geschehen, was Luther mit Bedacht vermieden hat. Während er davon sprach, dass die „fides creatrix divinitatis non in person, sed in nobis" sei, so gilt bei der von Wagner artikulierten Tradition, dass Gott nicht nur *in nobis*, sondern *in se* bzw. *in persona gedacht* und damit zum *Selbstgeschöpf der Vernunft* wird.

Ausgangspunkt des zu diesem Resultat führenden Denkwegs ist die Auffassung, dass Gott nicht wahrgenommen, sondern *nur gedacht* werden kann, weil er kein dabile ist, sondern – wenn

[10] In diesem Sinn betont G. L. Müller, Unsichtbarkeit, *LThK*³ 10 (2001), 431, dass Gottes „prinzipielle[...] Verborgenheit [...] ihren inneren Grund nicht in der Begrenztheit der menschlichen Erkenntnisfähigkeit [hat], sondern darin, dass Gott kein dinglich-erfassbarer Teil dieser Welt ist."

[11] Wagner, *Religion*, 575.

[12] Ebd.

[13] AaO. 575 f.

[14] AaO. 576.

überhaupt – nur cogitabile sein kann. Und dabei ist wiederum vorausgesetzt, dass nur das dabile sein kann, was wahrgenommen werden kann, Wahrnehmung aber ipso facto *sinnliche* Wahrnehmung ist.

Beides ist keineswegs selbstverständlich, sondern eine problematische Selbstblockade der neuzeitlichen Konzeption von Vernunft. Der Spielraum, den sie dem Wahrnehmungs- und Erfahrungsbezug der Rede von Gott einräumt, ist damit so eng, dass nicht verwundert, dass von einer Erfahrung Gottes strenggenommen gar nicht mehr geredet werden kann: *Gott ist kein möglicher Gegenstand von Erfahrung*; allenfalls noch ein *Grund der Möglichkeit von Erfahrung überhaupt*; und dieser *Grund von Erfahrung* ist seinerseits kein *Gegenstand von Erfahrung.*[15] Dass Gott nicht wahrgenommen und erfahren werden kann, ist keine Entdeckung, sondern die Folge dessen, wie Gott philosophisch verstanden wird. Während Ursachen und Wirkungen unter dem Homogenitätsprinzip stehen, dass Ursache einer Wirkung in der Erfahrung nur das sein kann, was selbst auch erfahrbar ist, ist das bei Urgrund und Folgen nicht so. Das Prinzip der Erfahrbarkeit muss nicht selbst erfahrbar sein und der Urgrund der Welt nicht selbst weltlich. Ist die Welt aber der Inbegriff des Erfahrbaren und Gott nicht Teil oder Moment der Welt, dann kann auch nicht sinnvoll nach der Erfahrbarkeit Gottes gefragt werden. Gott ist kein sinnliches dabile, sondern ein cogitabile. Er kann vielleicht gedacht, aber auf keinen Fall wahrgenommen werden. Und nichts, was man denken kann, muss auch gedacht werden.

---

[15] Vgl. die Argumentation von E. Herms im Blick auf Differenz von Erfahrungswirklichkeit und Wirklichkeit/Existenz Gottes: Gottes Wirklichkeit, in: Ders., *Offenbarung und Glaube*, Tübingen 1992, 319–342, 340: Gott kann „als Grund der Wirklichkeit nur gedacht werden, wenn darauf verzichtet wird, ihn als wirklich zu prädizieren […] Als Grund der Wirklichkeit ist Gott überhaupt keine von denjenigen Instanzen, die der Alternative unterliegen, zum Wirklichen zu zählen oder nicht; sondern er ist der unverwechselbare Ort der Entscheidung zwischen Wirklichkeit und Nichts".

5. Divine Hiddeness

Doch wie kann man sein Leben an Gottes Gegenwart orientieren, wenn man Gott nicht wahrnehmen kann und nicht denken muss? Wie kann Gott ein Gott der Liebe sein und sich so verbergen, dass er sich unserem Wahrnehmen und Denken entzieht, so dass wir nicht wissen können, ob und wie es Gott gibt? Hier setzt die neuere religionsphilosophische Debatte um die Verborgenheit Gottes an, die John Schellenberg durch sein *divine hiddenness* Argument angestoßen hat.[16] Die Formulierung des Arguments hat in der Diskussion verschiedene Stadien durchlaufen und wird von Schellenberg gegenwärtig in folgender knapper Weise vertreten: „If no perfectly loving God exists, then God does not exist [...] No perfectly loving God exists [...] God does not exist."[17] Etwas ausführlicher:

(1) If a perfectly loving God exists, then there exists a God who is always open to a personal relationship with any finite person.

---

[16] J. L. Schellenberg, *Divine Hiddenness and Human Reason*, Ithaca, NY 1993; ders., Would a Loving God Hide from Anyone?, in: R. Solomon/D. McDermid (Hg.), *Introducing Philosophy for Canadians*, Oxford 2011, 165–166; ders., *The Hiddenness Argument: Philosophy's New Challenge to Belief in God*, New York 2015; ders., Divine Hiddenness: Part 1 (Recent Work on the Hiddenness Argument), *Philosophy Compass* 12 (2017); ders., Divine Hiddenness: Part 2 (Recent Enlargements of the Discussion), *Philosophy Compass* 12 (2017); D. Howard-Snyder, Daniel/P. K. Moser, *Divine Hiddenness: New Essays,* New York 2002; D. Howard-Snyder/A. Green, Hiddenness of God, *The Stanford Encyclopedia of Philosophy* (Winter 2016 Edition), Edward N. Zalta (Hg.), URL = https://plato.stanford.edu/archives/win2016/entries/divine-hiddenness/; V. Weidner, *Examining Schellenberg's Hiddenness Argument*, Cham 2018; dies., Verborgenheit Gottes, in: K. Viertbauer/ G. Gasser (Hg.), *Handbuch Analytische Religionsphilosophie, Akteure – Diskurse – Perspektiven*, Berlin 2019, 245–254; G. Gasser/A. Kreiner/V. Weidner (Hg.), *Verborgenheit Gottes. Klassische und aktuelle Beiträge aus Theologie und Religionsphilosophie*, Stuttgart 2020; K. Vandergriff, Re-evaluating the hiddenness argument from above, *International Journal for Philosophy of Religion* 85 (2019) 193–211.

[17] Schellenberg, *The Hiddenness Argument*, 102.

(2) If there exists a God who is always open to a personal relationship with any finite person, then no finite person is ever nonresistantly in a state of nonbelief in relation to the proposition that God exists.
(3) If a perfectly loving God exists, then no finite person is ever nonresistantly in a state of nonbelief in relation to the proposition that God exists (from 1 and 2).
(4) Some finite persons are or have been nonresistantly in a state of nonbelief in relation to the proposition that God exists.
(5) No perfectly loving God exists (from 3 and 4).
(6) If no perfectly loving God exists, then God does not exist.
(7) God does not exist (from 5 and 6).[18]

Es handelt sich um ein deduktives Argument, das einen korrekten Schluss darstellt, so dass die Konklusion wahr ist, wenn die Prämissen wahr sind. Aber sind sie es? Schellenberg betont, es sei wichtig zu beachten, dass in den Prämissen nicht von Menschen, sondern von ‚endlichen Personen' die Rede ist, so dass der Rekurs auf Menschen, die Gott einen Grund gegeben haben könnten, sich zu verbergen, blockiert ist: „if it is thought that a perfectly loving God would have to create humnan beings, then it will mistakenly be supposed that facts *about human beings* determine whether God has reason to permit nonresistant nonbelief or not."[19] Das sei ein theologisches Argument, das der Philosophie nicht offen stünde.

Darüber kann man streiten: Warum sollten philosophische Argumente auf das beschränkt sein, was eine naturalistische Weltanschauung für möglich hält? Und auch wenn man nichtnaturalistisch für eine evolutionäre Offenheit plädiert, derzufolge wir heute noch nicht, aber vielleicht künftig einmal wissen können, ob Gott existiert, ist nicht einzusehen, warum der faktische Zustand menschlichen Lebens nicht ein guter Grund sein könnte,

---

[18] AaO. 103.

[19] Ebd. In der Einleitung zu GASSER/KREINER/WEIDNER, *Verborgenheit Gottes,* 18–22 rekonstruieren die Autoren das Argument als Argument über die Beziehung zwischen Gott und *Menschen* – eine Lesart, die Schellenberg ausdrücklich verworfen hat, um sich theologischen Einwänden entziehen zu können.

dass Gottes Gegenwart hier und jetzt nicht wahrgenommen wird, für uns also verborgen ist. Es gibt in jüngster Zeit den Versuch, die Frage der Existenz Gottes axiologisch zu beantworten, indem die pro-theistische These vertreten wird, eine Welt, in der Gott existiert, sei besser als eine Welt, in der das nicht der Fall sei.[20] Die Hauptschwäche dieser Versuche ist, dass sie mit der Denkmöglichkeit einer Welt ohne Gott operieren, die selbstwidersprüchlich ist: Wenn Gott der ist, ohne den es nichts Wirkliches und Mögliches gibt, dann gibt es die Möglichkeit einer Welt ohne Gott nicht, weil sie nur unter Voraussetzung einer Welt mit Gott gedacht werden könnte.

Doch das eigentliche Problem liegt an anderer Stelle: in dem vorausgesetzten Gottesverständnis. Zum einen wird Gott theistisch als „the greatest possible person" verstanden, die metaphysisch die Letzterklärung von allem bietet, axiologisch die „greatest possible reality" darstellt, weil sie „the deepest possible value" verkörpert, und soteriologisch die ultimative Wirklichkeit ist, durch die „the deepest or ultimate human good can be attained".[21] Von endlichen Personen ist diese unendliche Person dadurch unterschieden ist, dass sie zu allen und nicht nur zu einigen in eine personale Beziehung treten kann und will – konkret: in eine Beziehung reziproker Liebe. Wenn es dazu nicht kommt, weil sie ihr Dasein nicht erschließt, so dass sie nicht geliebt werden kann, ist sie dafür verantwortlich, nicht die endlichen Personen, die sie nicht lieben (können). Zum anderen wird Gottes vollkommene Liebe so verstanden, dass sie Gott nötigt, zu allen, die dessen fähig sind, in eine personale Beziehung zu treten. Wenn Gott existiert und vollkommen liebt, dann gibt es niemanden, zu dem Gott nicht in eine personale Beziehung der Liebe treten will, und wenn Gott das will, dann ist es unmöglich, dass er es nicht auch tut. Zu einer

[20] Vgl. K. J. Kraay (Hg.), *Does God matter? Essays on the axiological consequences of theism*, New York 2018; P. Hendricks/K. Lougheed, Undermining the axiological solution to divine hiddenness, *International Journal for Philosophy of Religion* 86 (2019) 3–15.

[21] Schellenberg, *Hiddenness Argument*, 19–21.

Liebesbeziehung gehört aber, dass beide Seiten wissen, dass die andere existiert. Man kann nur eine Person nur lieben, von der man weiß, dass es sie gibt. Wenn Gott wirklich vollkommen liebt, warum verbirgt er dann seine Existenz so, dass endliche Wesen sie nicht wahrnehmen können und dementsprechend auch nicht in der Lage sind, Gott zu lieben?

Beide Annahmen – die Idee Gottes als der größten möglichen bzw. ultimativen Person und die Idee vollkommener Liebe als Unmöglichkeit, die eigene Existenz und Liebe anderen gegenüber zu verbergen – sind fragwürdig. Das Verhältnis zwischen Schöpfer und Geschöpf ist kein Verhältnis zwischen einer unendlichen Person und endlichen Personen. Es ist unklar, was eine ‚unendliche Person' sein soll, die metaphysisch, axiologisch und soteriologisch ultimativ ist. Selbst wenn die Idee einer solchen Person möglich wäre, bleibt unklar, warum sie mehr sein sollte als nur eine Idee. Und selbst wenn es sie geben sollte, kann sie sich nicht nur graduell durch die Menge und Intensität ihrer personalen Beziehungen zu endlichen Personen unterscheiden. Gott ist nicht nur der ultimative Grenzfall der Beziehungsmöglichkeiten zwischen endlichen Personen. Er ist nicht dadurch ‚größer' als wir, dass er alles Gute, was wir sind, viel mehr und viel besser ist. Seine Differenz von uns ist nicht graduell, sondern prinzipiell. Ihn könnte es auch ohne uns geben, uns aber nicht ohne ihn.

Das aber besagt: Wenn es Gott gibt, dann kann es keine endliche Person geben, die nicht in Gottes Gegenwart existiert. Gott ist immer schon involviert in das endliche Dasein endlicher Personen und steht ihm nicht nur so gegenüber, dass es zu personalen Beziehungen kommen kann oder nicht. Werden personale Beziehungen im Fall Gottes wie die im Fall endlicher Personen verstanden, dann wird übersehen, dass Gott der ist, der endliche Personen *schafft*, also aus dem Nichts in Dasein bringt, und zwar *als Personen*, die personale Beziehungen haben, eingehen oder abbrechen können. Gott ist der Schöpfer, nicht eines seiner Geschöpfe. Gottes Schöpfungsbeziehung zu den Geschöpfen kann aber nicht so gedacht werden, dass sie auch abgebrochen werden könnte, weil diese dann nicht mehr da wären. Die Beziehung des Schöpfers zum Geschöpf wird fehlverstanden, wenn sie nach Art kontingenter Beziehungen unter Geschöpfen konstruiert wird. Das gilt nicht nur für personale Beziehungen, sondern für alle. Weil Gott für uns kein Gott wäre, wenn er nicht unser Schöpfer wäre, kann er nicht in einer solchen Beziehung zu uns stehen, wie wir zu anderen Geschöpfen stehen.

Zum anderen kann Gottes Liebe nicht so gedacht werden, dass sie Gott nötigt, sich in bestimmter Weise zu verhalten. Gott ist nicht notwendig „always open to a personal relationship with any finite person", wenn er „a perfectly loving God" ist. Schellenberg konstruiert Gottes Liebe hier nach dem Modell der Liebe unter endlichen Personen, demzufolge es eine notwendige „connection between love and openness to relationship" gebe, weil Liebe „a personal and positively meaningful and explicit sort of relationship of the sort" sei, „that logically presupposes each party's belief in the other's existence."[22] Doch Gottes Liebe ist keine Beziehung zwischen einer göttlichen Person und endlichen Personen, die alle schon da sein müssen, damit es zu einer solchen Beziehung kommen kann. Niemand existiert, ohne dass dies Gottes Liebe zu verdanken wäre. Aber Gott ist nicht genötigt, alle, deren Dasein nicht unmöglich (also selbstwidersprüchlich) ist, ins Dasein zu bringen, weil er Liebe ist. Gott ist auch nicht genötigt, zu allen, die da sind, in dieselbe personale Beziehung zu treten. Es ist vielmehr gerade umgekehrt so, dass Gott zu allen, die da sind, weil er sie geschaffen hat, in diejenige Beziehung tritt, die diesen dazu verhilft, das für sie bestmögliche Leben in seiner Gegenwart zu leben; und dazu gehört immer schon, dass er sie möglich und wirklich macht, ihnen also ermöglicht, da zu sein.

Die Tatsache, dass es keine Person gibt, die ihr Dasein nicht Gott verdankt, heißt also nicht, dass Gott gar nicht hätte anders können als sie zu schaffen, und es heißt auch nicht, dass sie des-

---

[22] J. L. Schellenberg, *Divine Hiddenness and Human Reason,* Ithaca, NY. 2006, VIII.

halb „nonresistantly in a state of nonbelief in relation to the proposition that God exists“ sein müsste. Im Gegenteil, dass man sein Dasein und Leben Gottes Gegenwart verdankt, wird in der Regel gerade nicht wahrgenommen. Es ist auch nicht notwendig mit dem epistemischen Sachverhalt verknüpft, dass man das weiß und bejaht. Wenn es wahr ist, ist es vielmehr gerade auch dann wahr, wenn es ignoriert oder bestritten wird. Aus der Tatsache, dass Gott Liebe ist, kann daher nicht gefolgert werden, dass jeder das auch wahrnehmen müsste oder zumindest nicht bestreiten könnte, dass es Gott gibt und Gott Liebe ist. Auch wer das erste zugibt, kann das zweite bestreiten, und niemand ist allein dadurch, dass er da ist, auch davon überzeugt, dass Gott existiert und gegenwärtig ist.

Schellenbergs Argument vermischt damit wohl zu unterscheidende Aspekte, weil er nicht zwischen der Tatsache der Beziehung des Schöpfers zum Geschöpf (Schaffen) und der Art der Beziehung des Schöpfers zum Geschöpf (Lieben) unterscheidet, weil er das zweite nicht als Grund für das erste erkennt und das erste nicht als eine Vollzugsform des zweiten, und weil er die Beziehung zwischen Schöpfer und Geschöpf nach Maßgabe der Beziehung zwischen endlichen Geschöpfen konstruiert. Doch wir stehen Gott nicht so gegenüber, wie wir anderen Geschöpfen gegenüberstehen, weil wir nirgendwo stehen würden ohne Gottes Gegenwart, und dasselbe gilt auch für alle anderen. Wer sich auf Gott beziehen will, kann sich immer nur auf den beziehen, auf den er schon bezogen ist. Er kann sich daher nur darauf beziehen, wie Gott sich auf ihn bezogen hat und bezieht. Wenn er das ignoriert oder ausblendet, wird er auch dann, wenn er sich „nonresistantly“ auf Gott beziehen will, nicht auf Gott beziehen können, weil er sich im Widerspruch zur Wirklichkeit seines Daseins Gott gegenüberstellt und nicht beachtet, dass Gott ihm immer schon näher ist als er sich selbst. Niemand verdankt sein Dasein sich selbst oder einer anderen endlichen Person, jeder verdankt es vielmehr allein dem Schöpfer. Um Gott gegenüberstehen zu können, muss man durch Gott ins Dasein gebracht und im Dasein erhalten werden.

Ohne Gottes Gegenwart kann man die Gegenwart Gottes weder ignorieren noch sich auf sie beziehen.

Gottes Verborgenheit ist deshalb keine Verbergung, die auch aufgehoben sein könnte und aufgehoben sein müsste, wenn Gott wirklich Liebe wäre, sondern die Verborgenheit des Standpunkts, auf dem wir stehen und unser Leben vollziehen und von dem aus wir die Welt erleben und erforschen. Das Da, an dem wir sind, verdankt sich nicht uns, sondern Gottes Gegenwart. Gerade das aber nehmen wir im Vollzug unseres Daseins zwar in Anspruch, aber nicht epistemisch wahr, weil wir uns von unserem Dasein reflexiv distanzieren müssen, um es thematisieren zu können. Gottes Gegenwart ist der *blind spot* unseres Daseins. Nur weil wir da sind, haben wir ihn, und ohne ihn wären wir nicht da. Er ist nur *mit* unserem Dasein da, aber nie in einem epistemologischen Sinn *für* unser Dasein, so dass wir ihn als objektiv Gegebenes unter objektiv Gegebenem wahrnehmen könnten. Wir können ihn nur mit-wahrnehmen und mit-thematisieren, wenn wir uns in entsprechender Weise von unserem Dasein reflexiv distanzieren, um es anders zu thematisieren, als wir es im Vollzug erleben. Ohne Wahrnehmung der Gegenwart Gottes (im Sinn des existenziellen In-Anspruch-Nehmens dieser Gegenwart) wären wir nicht da, aber das nehmen wir nicht wahr (im Sinn des kognitiven Wahrnehmens), wenn wir uns nicht vom Vollzug unseres Daseins distanzieren und dieses reflektierend im Hinblick auf die Bedingungen seiner Möglichkeit durchdenken.

Schellenberg dagegen argumentiert, als ob der Standpunkt, von dem aus ich alles betrachte, kein Standpunkt sein könne, weil ich ihn von meinem Standpunkt aus nicht betrachten kann. Doch das ist ein Kurzschluss. Etwas kann verborgen sein, weil man es nicht wahrnimmt, obwohl man es im Prinzip wahrnehmen könnte; oder weil man es nicht wahrnimmt, weil es sich gar nicht wahrnehmen lässt, also da ist, ohne mit den uns verfügbaren Mitteln wahrgenommen werden zu können; oder weil gar nichts da ist, was man wahrnehmen könnte, so dass es eigentlich auch nicht ‚verborgen' genannt zu werden verdient; oder weil man es schon so gut kennt, dass man es gar nicht mehr wahrnimmt, oder jedenfalls nicht wahrnimmt, dass man es wahrnimmt; oder weil es in jedem Wahrnehmen in Anspruch genommen werden muss, um wahrnehmen zu können, ohne dass es deshalb selbst ein möglicher Gegenstand des Wahrnehmens sein müsste. All diese Arten der Verborgenheit müssen unterschieden und verschieden behandelt werden, wenn man sich nicht in Konfusionen verwickeln will.

Um die zu vermeiden, muss man im Hinblick auf das eigene Wahrnehmen, Verstehen und Erkennen differenzierter argumentieren. Man missversteht Gottes Verborgenheit, solange man Gott theistisch als Großen Anderen und Absolutes Gegenüber aller anderen versteht, mit dem man in Beziehung treten kann oder auch nicht. Dabei wird übersehen, dass alle, die da sind, immer schon aus Gott und von Gott her zu Gott, über Gott oder gegen Gott sprechen oder von Gott schweigen. Gott ist uns näher als wir uns selbst, weil wir ohne seine Gegenwart nicht da wären. Aber eben deshalb kann er von uns auch nie so wahrgenommen werden, wie wir einen Gegenstand oder eine Person in unserer Umgebung wahrnehmen. Gott ist kein Gegenwärtiger unter anderen, sondern der, ohne den es kein Dasein von Personen und damit auch keine Gegenwart gäbe. Ist er aber mit allem da, was da ist und da sein kann, dann ist er verborgen anwesend und muss anders wahrgenommen werden als alles, was da ist, aber auch nicht da sein könnte.

6. Sensus divinitatis?

Ein radikaler Versuch, das zu erweisen, ist der Rekurs auf einen *besonderen Gottessinn* im Anschluss an Calvins Überlegungen zu einem *sensus divinitatis*, der dem Geist aller Menschen eingeschrieben sei. Man kann Gottes Gegenwart und Wirken in der Welt nur wahrnehmen, weil man Gott immer schon kennt und seine Gegenwart in seinem eigenen Geist immer schon wahrgenommen hat. Wer nach Gott sucht, weiß, wonach er sucht, weil jeder eine Ahnung Gottes in sich trägt. Das gilt nach Calvin für jeden Menschen. „Daß der menschliche Geist durch natürliches Ahnvermögen eine Art Empfindung für die Gottheit besitzt [sensus divinitatis], steht für uns außer allem Streit. Denn Gott selbst hat allen Menschen eine Kenntnis seiner Gottheit zu eigen gemacht, damit ja niemand den Vorwand der Unwissenheit als Entschuldigung anführe. Diese Kenntnis frischt er stets auf und benetzt sie mit neuen Tröpflein. Und wenn die Menschen doch alle darum wissen, daß ein Gott sei und daß er ihr Schöpfer ist, so sollen sie sich durch ihr eigenes Zeugnis verdammen, weil sie ihm keinen Dienst erweisen und seinem Willen ihr Leben nicht zum Opfer darbringen. [...] So sind auch die Gottlosen ein Beispiel und Zeugnis dafür, daß stets im Herzen der Menschen etwas wie ein Wissen um Gott [aliqua Dei notio] kräftig ist. Es werden also alle, die recht urteilen, darin einige sein: es ist wirklich im Herzen des Menschen ein Empfinden für die Gottheit gleichsam eingemeißelt, das unzerstörbar ist. [...] es handelt sich hier nicht um eine Lehre, die man erst in der Schule lernen müßte; sondern jeder ist hierin von Geburt an sein eigener Lehrmeister, und die Natur selbst verhindert das Vergessen".[23] Der Gedanke wurde von Jonathan Edwards im 18. Jahrhundert aufgegriffen und ist auch in Schleiermachers Gedanken der schlechthinnigen Abhängigkeit eingegangen.[24] In jüngerer Zeit wurde er von Alvin Plantinga[25] und Nicolas Wolterstorff[26] im Rahmen der *reformed epistemology*

---

[23] J. Calvin, *Institutio Christianae Religionis,* I, 3, 1–3, zitiert nach J. Calvin, *Unterricht in der christlichen Religion,* übersetzt und bearbeitet von O. Weber, Neukirchen-Vluyn ³1984, 5–6.

[24] Vgl. P. Capetz, *Christian Faith as Religion: A Study in the Theologies of Calvin and Schleiermacher,* Lanham 1998; reprint, 2011.

[25] A. Plantinga, Reason and Belief in God, in: A. Plantinga/N. Wolterstorff, *Faith and Rationality. Reason and Belief in God*, Notre Dame 1983, 16–93; ders., *Warrant: The Current Debate*, Oxford 1993; ders. *Warrant and Proper Function,* Oxford 1993; ders., *Warranted Christian Belief,* Oxford 2000; ders., *Knowledge and Christian Belief,* Grand Rapids, MI 2015.

[26] N. Wolterstorff, *Reason within the Bounds of Religion,* Grand Ra-

zu einer erkenntnistheoretischen Konzeption ausgearbeitet, der zufolge alle Menschen diesen Wahrnehmungssinn für Gott besitzen, auch wenn infolge der noetischen Effekte der Sünde viele nicht in der Lage sind, ihn recht gebrauchen.[27]

Plantinga argumentiert, dass ein *belief* (kognitive Glaubensansicht) rational vertreten werden kann, wenn er durch Grundüberzeugungen (basic beliefs) gestützt wird, die das Glaubenssystem bzw. die noetische Struktur der entsprechenden Person fundieren.[28] Er geht davon aus, dass kein *belief* isoliert auftritt, sondern stets zum *belief system* einer Person gehört. Nicht alle *beliefs* in einem System sind gleich belastbar, gleichwertig oder gleich gültig. Viele müssen gerechtfertigt werden, indem sie auf andere, gewissere *beliefs* in der noetischen Struktur des Glaubenssystems einer Person gegründet werden.[29] In jedem *belief system* einer Person gibt es so bestimmte *basic beliefs*, die nicht von anderen abgeleitet sind oder aufgrund der Evidenz anderer *beliefs* akzeptiert werden, durch die sie begründet oder gerechtfertigt werden können, sondern die in allen Begründungs- und Rechtfertigungsprozessen als gültig in Anspruch genommen werden. Diese *basic beliefs* werden von Plantinga *properly basic beliefs* genannt, wenn sie auf eine Weise erworben wurden, die in der Regel zu verlässlichen Resultaten führt (proper functionalism). Ein *belief* kann nur dann gültig sein, wenn er auf verlässliche Weise erworben wurde, und das ist nur dann der Fall, wenn die „belief-forming and belief-maintaining" kognitiven Mechanismen eines Menschen

---

pids, MI ²1976; ders., *Thomas Reid and the Story of Epistemology*, New York 2001.

[27] Vgl. zum Folgenden Dalferth, *Die Wirklichkeit des Möglichen*, 300–303.

[28] A. Plantinga, Is Belief in God Rational?, in: C. F. Delany (Hg.), *Rationality and Religious Belief*, Notre Dame/London 1979, 2 f; ders., Is Belief in God Properly Basic? *Nous* 15 (1981) 41–51; vgl. G. Gutting, *Religious Belief and Religious Scpeticism*, Notre Dame/Indianapolis 1982, 79–82.

[29] A. Plantinga, Is Belief in God Rational?, in: C. F. Delany (Hg.), *Rationality and Religious Belief*, Notre Dame/London, 1979, 12 f.

so funktionieren, wie sie funktionieren sollten.[30] Nicht die vernünftige Begründbarkeit durch unabhängige Gründe, sondern das Gewonnensein in einem verlässlichen kognitiven Prozess zeichnet einen Glauben als belastbar und gültig aus.

Für Plantinga ist der Glaube an Gott ein solcher *basic belief*. Er ist nicht schlussfolgernd aus anderen *beliefs* erschlossen, und er ist auch nicht erst dadurch gültig und vernünftig vertretbar, dass er durch unabhängige Gründe und andere *beliefs* in zureichender Weise gestützt ist. Sofern der Glaube an Gott ein *properly basic belief* ist, sind Glaubende gerechtfertigt, ihn zu vertreten, auch wenn sie keine überzeugenden unabhängigen Gründe für ihn anführen können, so lange es keine schlagkräftige Widerlegung ihres Glaubens gibt.[31] Oder wie Wolterstorrff es im Sinne der forensischen Unschuldspräsumtion ‚innocent until proved guilty' formuliert: „Our beliefs are rational unless we have reasons for refraining; they are not nonrational unless we have reasons *for* believing."[32] Die Argumentationslast liegt dementsprechend bei denen, die den Gottesglauben in Frage stellen, und nicht bei denen, die ihn vertreten. Mit dieser Verlagerung der Bringschuld für den Nachweis der Vernünftigkeit eines Glaubens vom Glaubenden auf den Kritiker ist allerdings nur der Vorwurf der Unvernünftigkeit des Glaubens abgewiesen, nicht aber die Vernünftigkeit des Glaubens an Gott erwiesen. Der Freispruch eines Angeklagten aufgrund erwiesener Unschuld ist etwas anderes als sein Freispruch aufgrund der Nichtbeweisbarkeit seiner Schuld. Wolterstorffs Argument deckt die Fragwürdigkeit der Kritik am Gottesglauben auf, erweist diesen aber nicht als wahr oder als vernünftig.

Plantinga geht einen Schritt weiter. Auch ihm geht es nicht um den Erweis der Wahrheit des Glaubens (Begründung), wohl aber um den Aufweis der Möglichkeit, ihn zu Recht vertreten,

---

[30] PLANTINGA, *Warrant and Proper Function*, 4.

[31] Vgl. N. WOLTERSTORFF, Can Belief in God be Rational if it has no Foundations?, in: A. Plantinga/N. Wolterstorff (Hg.), *Faith and Rationality. Reason and Belief in God*, Notre Dame 1983, 135–186.

[32] AaO. 163.

also nicht unvernünftig zu sein, wenn man glaubt (Rechtfertigung). Er versucht das nicht, indem er Vernunftgründe für den Glauben an Gott anführt, sondern indem er diesen Glauben im Anschluss an Calvin als einen *properly basic belief* charakterisiert. Für Christen ist der Glaube an Gott typischerweise „not the conclusion of an argument [...], or accepted on the evidence of other beliefs, or accepted just because it constitutes a good explanation of phenomena of one kind or another".[33] Er ist vielmehr *„properly* basic" – ‚*basic*', weil er „*immediate*" ist und „formed in the *basic* way"[34], also wie Glaubensansichten, die sich „perception, memory, and rational intuition" verdanken, nicht auf einen unabhängigen „warrant" angewiesen, um für verlässlich gehalten werden zu können[35]; und ‚*properly* basic', weil „the believer is *justified* in accepting these beliefs in the basic way and is *rational* [...] in doing so".[36] Ist der Gottesglaube *properly basic*, dann ist er auch ohne weitere Gründe *warranted*, also vernünftig vertretbar, vertrauenswürdig und verlässlich, weil er in einem epistemischen Prozess erworben wurde, in dem die kognitiven Fähigkeiten des Erkenntnissubjekts sachgemäß funktionierten, also in der Regel zu verlässlichen Ergebnissen führen. Ein so erworbener Glaube kann „enough warrant for knowledge" haben, so dass er den Status von Wissen beanspruchen kann.[37] ‚Warrant' ist für Plantinga nicht einfach gleichbedeutend mit ‚gerechtfertigt', sondern diejenige Eigenschaft, die einen kognitiven *belief* zum Wissen macht. So ist ein *belief* B *warranted*, kann also als Wissen gelten, wenn „(1) the cognitive faculties involved in the production of B are functioning properly [...]; (2) your cognitive environment is sufficiently similar to the one for which your cognitive faculties are designed; (3) [...] the design plan governing the production of the belief in question involves, as purpose or function, the production of true beliefs

[33] Plantinga, *Warranted Christian Belief*, 258.
[34] AaO. 259.
[35] AaO. 262.
[36] AaO. 259.
[37] Ebd.

[...]; and (4) the design plan is a good one: that is, there is a high statistical or objective probability that a belief produced in accordance with the relevant segment of the design plan in that sort of environment is true.“[38]

Um den Gottesglauben in diesem Sinn als *properly basic* zu erweisen, muss also eine kognitive Fähigkeit vorliegen, die richtig gebraucht in der Regel zu verlässlichen Resultaten führt. Um die Möglichkeit einer solchen Fähigkeit aufzuzeigen, greift Plantinga auf Überlegungen Calvins zu einem spezifisch menschlichen *sensus divinitatis* zurück, einer grundlegenden Fähigkeit des Menschen, Gottes Gegenwart wahrzunehmen. „Calvin's claim, then, is that God has created us in such a way that we have a strong tendency or inclination toward belief in him. This tendency has been in part overlaid or suppressed by sin. Were it not for the existence of sin in the world, human beings would believe in God to the same degree and with the same natural spontaneity that we believe in the existence of other persons, an external world, or the past. This is the natural human condition; it is because of our presently unnatural sinful condition that many find belief in God difficult or absurd. The fact is, Calvin thinks, one who does not believe in God is in an epistemically substandard position – rather like a man who does not believe that his wife exists, or thinks she is likely a cleverly constructed robot and has no thoughts, feelings, or consciousness. Although this belief in God is partially suppressed, it is nonetheless universally present.“[39] Und Plantinga folgert, dass „there is a kind of faculty or cognitive mechanism, what Calvin calls *sensus divinitatis* or a sense of divinity, which in a wide variety of circumstances produces in us beliefs about God.“[40]

Im abschließenden Band seiner Trilogie *Warranted Christian Belief* entwickelt er im Anschluss an Calvin zwei Modelle, um

---

[38] Plantinga, *Warrant and Proper Function*, 194.
[39] Plantinga/Wolterstorff, *Faith and Rationality*, 66.
[40] Ebd.

zu zeigen, dass es möglich ist, christlichen Gottesglauben so zu verstehen. Das erste sog. ‚Aquinas/Calvin Modell' legt dar, inwiefern im allgemeinen Sinn ein Glaube an Gott gerechtfertigt sein kann, weil er auf verlässliche Weise erworben wird. Das zweite ‚Extended Aquinas/Calvin Modell' versucht zu zeigen, inwiefern so auch spezifisch christliche Zentralüberzeugungen wie die Trinität, die Menschwerdung, die Auferweckung und die Erlösung als „warranted" erwiesen werden können. Sie sind Plantinga zufolge keine rationalen Schlussfolgerungen aus anderen *beliefs*, sondern die Verlässlichkeit dieser Glaubensüberzeugungen gründet in der Gewissheit, dass der Heilige Geist sie gewirkt hat.[41] Das ist hinreichend, sie für verlässlich und gewiss zu halten. Erst wenn die Gewissheit vom Wirken des heiligen Geistes durch Einwände der Nichtglaubenden erschüttert würde, „to which neither she nor the Christian community could see a satisfactory reply, then she might have a problem".[42]

Plantinga geht es nicht darum, die Wahrheit christlicher Glaubensüberzeugungen zu erweisen, sondern die Möglichkeit aufzuzeigen, dass sie als *properly basic beliefs* verstanden werden können. Wenn sie das sind, kann es vernünftig sein, sie zu vertreten, auch wenn man sie nicht zureichend zu begründen (als wahr zu erweisen) vermag. Man ist gerechtfertigt, sie zu glauben, und muss nicht erst vernünftige Gründe dafür anführen, dass es nicht unvernünftig ist, das zu tun. Denn was sich dem heiligen Geist verdankt, dass ist fundierter als alle Gewissheit, die wir auf der Basis sinnlicher Wahrnehmung und vernünftiger Reflexion und Argumentation vertreten können.

Der Rekurs auf den heiligen Geist bürdet dem Kritiker die unmögliche Aufgabe auf zu erweisen, dass die Berufung auf den Geist falsch ist, weil dessen Wirken in der Regel nicht zu verlässlichen kognitiven Resultaten führt. Kritiker können dieses Argument nicht einfach als unvernünftig zurückweisen, sondern müssen

---

[41] Plantinga, *Warranted Christian Belief*, 251, vgl. 290 ff.

[42] AaO. 259.

seine Falschheit beweisen.[43] Doch wie sollte man das tun, wenn es unmöglich ist, die Wahrheit dieser Behauptung zu belegen? Dass man ein Recht hat, seinen eigenen Wahrnehmungen zu trauen bis zum Erweis des Gegenteils, muss nicht bestritten werden. Aber wenn das im Fall des christlichen Glaubens an Gott gelten soll, gilt es dann nicht auch für jede andere Glaubensüberzeugung? „If belief in God can be properly basic, why cannot just any belief be properly basic? Could we not say the same for any bizarre aberration we can think of? What about voodoo or astrology? What about the belief that the Great Pumpkin returns every Halloween? Could I properly take that as basic?“[44] Plantingas Antwort auf diese selbst gestellte Frage hat zwei Komponenten. Zum einen weist er zurück, dass die Vertreter einer solchen Ansicht wirklich auf Wahrnehmung und Erfahrung rekurrieren könnten, die ein Verständnis ihrer Ansichten als *basic beliefs* rechtfertigen könnte. Zum anderen betont er, nur Christen könnten zur Rechtfertigung ihres Gottesglaubens auf den heiligen Geist rekurrieren. Das wird von Kritikern als exklusivistisch und arrogant zurückgewiesen. Warum sollte der Rekurs auf die Wahrnehmung und religiöse Erfahrung von Nichtchristen nicht dasselbe Recht haben?[45]

Das gilt um so mehr, als der Glaube an Gott, wie Plantinga ihn versteht, bei manchen Personen basal sein zu können scheint, bei anderen dagegen nicht, so dass, wie J. Kellenberger gezeigt hat, es für die einen rational ist, an Gott zu glauben, für andere dagegen, das nicht zu tun.[46] Der Glaube an Gott kann auch nicht wie der Glaube an den Osterhasen, den Weihnachtsmann oder den Great Pumpkin behandelt werden. Hier übersieht Plantinga

---

[43] J. Beilby, Plantinga's Model of Warranted Christian Belief, in: D.-P. Baker (Hg.), *Alvin Plantinga*, Cambridge 2007, 125–165.

[44] Plantinga, Reason and Belief in God, 74.

[45] R. Feldman, Plantinga on Exclusivism, *Faith and Philosophy* 20 (2003) 85–90.

[46] J. Kellenberger, *The Cognitivity of Religion. Three Perspectives*, Berkeley/Los Angeles 1985, 102f. Vgl. L. Zagzebski (Hg.), *Rational Faith: Catholic Responses to Reformed Epistemology*, Notre Dame 1993.

eine Differenz, die Kant mit der Unterscheidung von Fiktionen (Möglichkeiten) und notwendigen Fiktionen (unvermeidlichen Möglichkeiten) zu Recht betont hat.[47] Der Rekurs auf Gott spielt eine andere Rolle im Leben von Menschen als die Rede vom Weihnachtsmann. „Dass der Glaube an Gott durch Argumente nicht unwiderleglich begründbar ist, aber durch skeptische Argumente auch nicht grundlegend erschüttert wird, muss auch nicht daran liegen, dass all diese Einwände zurückgewiesen werden können oder doch bisher zurückgewiesen werden konnten, wie Plantinga meint. Es könnte auch darauf hinweisen, dass es beim Streit zwischen Glaubenden und Skpetikern im Blick auf den Glauben an Gott gar nicht um ein theoretisches Wissen von einem bestimmten Wesen oder ‚theistischen Objekt' geht, sondern um einen Konflikt der Lebensorientierungen: Der Wechsel vom Nichtglauben zum Glauben an Gott ist keine (wie auch immer herbeigeführte und zu rechtfertigende) Veränderung im Wissen, sondern eine fundamentale Änderung des Lebens, keine kognitive Zustandsänderung der ‚noetischen Struktur' eines Menschen, aus der dieser Handlungskonsequenzen ziehen kann oder auch nicht, sondern eine Umorientierung des Lebens, die alles bisherige Wissen, Tun und Empfinden in eine neue Perspektive und einen neuen Horizont stellt. Der Glaube an Gott ist nicht nur ‚basal', wie meine Wahrnehmung meiner Hände beim Schreiben basal ist. Er hat auch nicht nur mögliche praktische Konsequenzen im Leben wie jeder andere Glaube auch. Es gibt ihn vielmehr nur als neue und alles neu bestimmte Lebenspraxis: Der Glaube an Gott ändert nicht nur etwas im Leben eines Menschen, sondern mit ihm ändert sich dessen ganzes Leben."[48]

Der entscheidende Einwand gegen diesen Versuch ist daher, dass Plantinga den Glauben an Gott als einen *basic belief* wie an-

---

[47] Vgl. I. U. Dalferth, Fiktion und Negativität. Zur Rolle des Negativen im Fiktiven, in: M. Firchow/M. Moxter (Hg.), *Vernunft – Fiktion – Glaube*, Leipzig 2020, 29–53.

[48] Dalferth, *Wirklichkeit des Möglichen*, 302 f.

dere *basic beliefs* behandelt, aber nicht auf die *Differenz* zwischen diesem Glauben und anderen Glaubensüberzeugungen achtet. Doch wer die Wahrnehmung von Gottes Gegenwart nach dem Modell der Wahrnehmung der weltlichen Wirklichkeit von Geschöpfen konstruiert, muss ihre Pointe verfehlen. Gotteswahrnehmung ist keine Wahrnehmung, die wie andere Wahrnehmung funktioniert, aber anstatt auf sinnliche Medien auf das Wirken des heiligen Geistes setzt. Gotteswahrnehmung ist vielmehr immer so zu konstruieren, dass es nicht um die Wahrnehmung Gottes als solcher, sondern um die Wahrnehmung meines Lebens in der Gegenwart Gottes geht. Wer Gott wahrnimmt, nimmt sein Leben neu und anders war. Diesen Wechsel gilt es zu verstehen und zu erhellen, nicht die angebliche Möglichkeit, Gott eben so auf nichtsinnliche Weise so wahrzunehmen, wie man auf sinnliche Weise Dinge und Sachverhalte in der Welt wahrnimmt.

7. Gotteswahrnehmung und Glaubenspraxis

Auch W. P. Alston versucht zu zeigen, dass es nicht unvernünftig ist, mit einer solchen Wahrnehmung zu rechnen.[49] Anders als Plantinga rekurriert er aber nicht auf den heiligen Geist, sondern auf die Möglichkeit einer nichtsinnlichen Wahrnehmung Gottes.

[49] ALSTON, *Perceiving God*; DERS., Knowledge of God, in: M. Hester (Hg.), *Faith, Reason, and Skepticism*, Philadelphia 1992, 6–49. Vgl. K. MEEKER, William Alston's Epistemology of Religious Experience: A ,Reformed' Reformed Epistemology? *International Journal for Philosophy of Religion* 35 (1994) 89–110; J. HARRIS, *Analytic Philosophy of Religion*, Dodrecht/Boston/London 2002, 159–171; S. KETTL, *Ist Gott wahrnehmbar? Willliam P. Alstons Epistemologie religiöser Erfahrung in „Perceiving God" und ihre Rezeption im religionsphilosophischen Diskurs*, Berlin 2006; M. WASMAIER, *Zwischen Pragmatismus und Realismus. Eine Analyse der Religionsphilosophie von William P. Alston*, Berlin/New York 2007, 219–230.

a) Die Möglichkeit nichtsinnlicher Gotteswahrnehmung

Soll die Rede von der Wahrnehmung Gottes einen Sinn haben, muß es „*direct, non-sensory* experiences of God" geben.[50] *Erfahrung* kann das dann genannt werden, wenn es „a *presentation, givenness,* or *appearance* of something to the subject" involviert, „identified by the subject as God".[51] Das heißt, die beiden Momente des *Gegebenseins* des Wahrgenommenen für einen Wahrnehmenden (also sein Wirkenkönnen) und des *Identifiziertwerdens als etwas* durch den Wahrnehmenden (also dessen Bestimmungs- und Selektionsleistung) müssen auch im Blick auf eine mögliche Gotteswahrnehmung gewahrt sein. Ist Wahrnehmung aber „the awareness of something's appearing to one *as such-and-such*", dann ist eine „direct experiential awareness of God [...] a mode of perception."[52] Die ist freilich nur dann wahr, wenn Gott auch tatsächlich existiert, und eben das ist unter diese Umständen nur gewährleistet, wenn Gott „among the causes of that experience" ist.[53]

Alston argumentiert nun nicht, *dass* es eine solche Wahrnehmung Gottes gibt (dazu müsste die Existenz Gottes sichergestellt werden), sondern zeigt, dass die (üblichen) Einwände gegen die Aussagen von Gläubigen, Gott erfahren und wahrgenommen zu haben, nicht stichhaltig sind. Gezeigt wird also nur, dass es nicht von vornherein ausgeschlossen bzw. unmöglich ist, dass Gott wahrgenommen wurde, aber nicht, dass Gott tatsächlich wahrgenommen wurde oder wird. Alston will keinen Gottesbeweis auf der Basis von Wahrnehmungen Gottes liefern, sondern zeigen, dass es möglich und berechtigt ist, die Gottesaussagen von Glaubenden (Christen) im Rekurs auf ihre Wahrnehmungen Gottes zu

---

[50] ALSTON, *Perceiving God*, 5. Vgl. J. GRECO, Alston's Epistemology of Perception, in: *Perspectives on the Philosophy of William P. Alston*, hg. v. H. D. Battaly/M. P. Lynch, Lanham/Boulder/New York/Toronto/Oxford 2005, 95–110; W. P. ALSTON, Response to Greco, aaO. 111–120.

[51] ALSTON, *Perceiving God*, 5.

[52] Ebd.

[53] Ebd.

begründen, dass christliche Rede von Gott auf der Basis (angeblicher) Gotteswahrnehmungen also rational wohl begründbar ist. Ein Gottes-Argument wird allenfalls indirekt vorgetragen, indem er betont: „if beliefs ‚about God', entailing or presupposing that God exists, are justified by being based on putative experiential awarenes of God, then so is the belief that God exists."[54]

Wenn im Folgenden von ‚Wahrnehmung Gottes' die Rede ist, muss daher beachtet werden, dass damit keine wirkliche, sondern nur eine mögliche Wahrnehmung gemeint ist. Normalerweise ist eine Wahrnehmungsaussage eine ‚Erfolgs'-Aussage. Aus ‚Ich habe x wahrgenommen' können wir auf ‚x existiert' schließen. Sollte sich dieser Schluss als falsch herausstellen, x also nicht existieren, würde damit auch die Wahrnehmungsaussage als falsch erwiesen. Ich hätte dann nur *gemeint*, x wahrgenommen zu haben, aber feststellen müssen, dass ich mich getäuscht habe. Mit ‚Wahrnehmung Gottes' ist im Folgenden dagegen nur gemeint ‚Ich meine bzw. bin überzeugt, Gott wahrgenommen zu haben'. Ob das wahr ist, tatsächlich also eine solche Wahrnehmung vorliegt, soll offenbleiben. Es geht in Alstons Überlegungen nicht um die Tatsache der Wahrnehmung Gottes, sondern um die *Möglichkeit* der Gotteswahrnehmung, eben damit aber auch darum, dass die Überzeugung, Gott wahrgenommen zu haben, nicht als solche unvernünftig und falsch ist. Wenn es möglich ist, dass Gottes Gegenwart wahrgenommen werden kann, dann ist es nicht unvernünftig, bis zum Erweis des Gegenteils davon auszugehen, dass diejenigen, die sich auf eine solche Gotteswahrnehmung berufen, Recht haben könnten.

Gotteswahrnehmung (oder – wie Alston auch sagt – *mystische Wahrnehmung*) dieser Art schließt ein Doppeltes ein. Zum einen hat sie jemand nicht, wenn und weil er nicht darauf achtet, hätte sie aber, wenn er darauf achten würde. Zum anderen nimmt man Gott tatsächlich wahr, auch wenn man das, was man wahrnimmt, nicht als Gott identifiziert bzw. zu identifizieren weiß.[55]

---

[54] AaO. 9.
[55] AaO. 11.

b) Die Struktur des Wahrnehmens

Nach diesen Klärungen kann nach Alston Folgendes zur Frage der Möglichkeit einer Wahrnehmung Gottes gesagt werden:

1. *Wahrnehmung Gottes ist eine Art des Erfahrens, nicht des Denkens Gottes.* Begrifflich ist Gottes*wahrnehmung* in doppelter Weise abgegrenzt, nämlich einerseits als *Erfahrung* gegenüber dem *Denken Gottes* (einschließlich des Erinnerns, des Etwas-für-wahr-Haltens, des darüber Redens etc.), insofern etwas *für uns* bzw. *unserem Bewusstsein* Gegebenes vorliegt, das wirkkräftig *anwesend ist*, während es im Fall des Denkens *abwesend ist* (bzw. sein kann).[56] Anders gesagt: „God is *presented* to their awareness in a way that does not depend in any way on their own efforts."[57] Zum anderen ist es von *sinnlicher* Erfahrungen dadurch unterschieden, dass es eine *nicht-sinnliche Erfahrung* (non-sensory experience) ist.

2. *Wahrnehmung Gottes ist eine nicht-sinnliche Wahrnehmung.* Aber gibt es das? Was sollte das denn sein? Alston antwortet mit einer Rückfrage: „Why suppose that the possibilities of experiential givenness, for human beings or otherwise, are exhausted by the powers of *our* five senses? [...] why can't we also envisage presentations that do not stem from the activity of any physical sense organs"?[58] Das heißt, logisch und faktisch spricht nichts prinzipiell gegen die *Möglichkeit* nichtsinnlicher Wahrnehmung, einer Wahrnehmung also, die nicht über die üblichen Sinne vermittelt ist, sondern über einen speziellen, religiösen Sinn (religious sense).

3. *Wahrnehmung Gottes ist entweder direkt oder indirekt. Indirekt* ist eine Wahrnehmung, bei der wir etwas *anhand der Wahrnehmung von etwas anderem* wahrnehmen, etwa wenn ich eine Person wahrnehme, indem ich ihr Bild im Spiegel wahrnehme.[59] Genauer sind im Blick auf Wahrnehmung drei Fälle zu unterscheiden. Der erste ist die *absolute Unmittelbarkeit* (absolute imme-

[56] AaO. 14.
[57] AaO. 16.
[58] AaO. 17.
[59] AaO. 21.

diacy): „One is aware of X but not through anything else, even a state of consciousness", also z. B. unsere eigenen Stimmungslagen, Gefühle, Gedanken, Vorstellungen.[60] In solchen Fällen lässt sich zwischen dem *Gegenstand der Wahrnehmung* und dem *Bewusstseinszustand des Wahrnehmenden* nicht unterscheiden. Der zweite ist die *vermittelte Unmittelbarkeit* (mediated immediacy oder direct perception): „One is aware of X through a state of consciousness that is distinguishable from X, and can be made an object of absolutely immediate awareness, but is not perceived."[61] Bei der Wahrnehmung eines externen Gegenstands vor mir nehme ich diesen, aber nicht meinen Bewusstsein seiner Anwesenheit wahr. Der dritte Fall ist die *vermittelte Wahrnehmung* (mediate perception): „One is aware of X through the awareness of another object of perception", wie es in dem genannten Spiegel-Beispiel der Fall ist.[62]

Ist von der Wahrnehmung Gottes die Rede, dann ist damit meist eine *indirekte Wahrnehmung* gemeint. Sie, so Alston, ist unter dem Stichwort der Gotteserfahrung eine „popular topic in contemporary philosophical and theological literature."[63] Gotteserfahrungen dieser Art werden in der Natur, der Schrift, in der Predigt, der Stimme des Gewissens oder im Vorsehungshandeln Gottes in unserem Leben gefunden.

Ein Beispiel dafür bietet John Baillies Argument, Glaube sei eine „primary mode of awareness. Faith does not deduce from other realities that *are* present the existence of God who is *not* present but absent; rather it is an awareness of the divine Presence itself, however hidden behind the veils of sense."[64] Das heißt, der Glaube nimmt wirklich Gott wahr und identifiziert nicht nur etwas Abwesendes als Gott. Aber dann fährt Baillie fort, dass diese Glaubenswahrnehmung Gottes immer durch Natur, Geschichte

[60] Ebd.

[61] AaO. 22.

[62] Ebd.

[63] AaO. 25.

[64] J. Baillie, *The Sense of the Presence of God*, New York 1962, 88–89.

und Gesellschaft vermittelt sei.[65] Erst dadurch wird die Glaubenswahrnehmung Gottes im Modus der ersten Person (ich nehme Gott so wahr) zur Gotteserfahrung im Modus der dritten Person (Gott ist so), die auch anderen zugänglich sein könnte. Damit müsste aber klarer gezeigt werden, was die durch anderes vermittelte Wahrnehmung Gottes vom schlussfolgernden Erschließen Gottes auf der Basis von Welterfahrung unterscheidet, das stets den Charakter hat, dass wir etwas, das wir als Letztgrund unserer Welterfahrung erschließen, *als* Gott interpretieren.[66] Gott aus der Erfahrung unserer selbst oder unserer Welt zu erschließen, ist etwas anderes, als uns und unsere Welt im Licht der Wahrnehmung von Gottes Gegenwart als Schöpfung wahrzunehmen.

Das ist noch deutlicher bei John Hick, für den Gotteserfahrung „an interpretation of the world as a whole as mediating a divine presence and purpose" ist.[67] Seine These ist, dass alles Erfahren Interpretieren sei, also ein erfahren-*als*. Es gibt keine uninterpretierte Erfahrung; und *religiöse Erfahrung* ist eine *religiöse Interpretation von Erfahrung* – also gerade *keine* direkte Gegebenheit Gottes *für* unserer Erfahrung, sondern die religiöse Interpretation einer für uns direkt gegebenen, sinnlich, empirisch, historisch usf. beschreibbaren Erfahrung *als* Erfahrung Gottes. Mit einer *direkten Erfahrung Gottes* wird von Hick nicht gerechnet. Gerade aber um die geht es hier.

4. *Wahrnehmung Gottes ist wirklich eine Wahrnehmung* Gottes. Gegenüber Hick behauptet Alston, dass bis zum Erweis des Gegenteils davon auszugehen sei, dass diejenigen, die eine Gotteserfahrung berichten, tatsächlich *Gott* erfahren und nicht nur etwas

---

[65] AaO. 39 und 85–86: „it is in the world that I encounter my neighbour, and God through my neighbour, and my neighbour through God" (86), und die ‚Welt', von der da die Rede ist, ist die sinnlich-empirische Welt unserer Alltagserfahrung.

[66] Vgl. I. U. Dalferth, Gibt es eine wissenschaftliche Rede von Gott? In: M. Kleinert/H. Schulz (Hg.), *Natur, Religion, Wissenschaft. Beiträge zur Religionsphilosophie Hermann Deusers*, Tübingen 2017, 440f.

[67] J. Hick, *Faith and Knowledge*, London 1966, 27.

als Gott beschrieben, gedeutet oder interpretiert haben; und sie könnten das sagen, weil und insofern sie das, was sie wahrnehmen, als Gott identifizieren. Das aber heisst: Die Gotteswahrnehmung muss so sein, dass die These der „nineteenth-century idealists and their pragmatist epigoni [...] that there could be no form of cognition that is not mediated by general concepts and judgment" unzutreffend ist.[68] Es sei eines zu sagen, dass der *Glaube* (belief), den die Wahrnehmung bewirkt, „involves conceptualization and judgment"[69], ein anderes dagegen, dass das, was diesen Glauben *hervorruft*, Urteil und begriffliche Allgemeinheit involviere: „A case of perceptual consciousness is a case of something's looking, smelling ... so-and-so to S."[70] Alston bestreitet nicht, dass unser Glauben, unsere Begriffe und Begriffssysteme unsere Wahrnehmungen mitbeeinflussen.[71] Aber sie konstituieren sie nicht. Vielmehr sei von dem „essentially nonconceptual, nonjudgmental character of *appearance* or *presentation*" auszugehen.[72]

5. *Wahrnehmung* hat für Alston daher grundsätzlich die Struktur: „For S to perceive X is simply for X to appear to S as so-and-so."[73] In Abgrenzung gegen die Sinnesdaten-Theorie entwickelt Alston daher eine *Theory of Appearing*: „the notion of X's appearing to S as so-and-so is fundamental and unanalyzable."[74] Dieses Erscheinen-als-so-und-so ist „non- or pre-conceptual", also nicht Ergebnis oder Resultat eines Denk- oder Reflexionsprozesses.[75] Dass „in visual and other sense perception the perceiver is in causal interaction with the object perceived"[76], ist eine notwendige, aber keine hinreichende Bedingung. Keineswegs „everything that

---

[68] ALSTON, *Perceiving God*, 37 f.
[69] AaO. 38.
[70] Ebd.
[71] AaO. 38 f.
[72] AaO. 40.
[73] AaO. 55.
[74] Ebd.
[75] Ebd.
[76] AaO. 57.

figures importantly in the causal chain leading to a certain visual experience is thereby seen."[77] Welche zusätzliche Bedingung muss dann aber erfüllt sein?

Eine gängige Antwort lautet, wie wir sahen, dass die entsprechenden Glaubensansichten (beliefs) vom Wahrgenommenen bewirkt werden. Aber das müsste zumindest qualifiziert werden, „since one can see X without beliefs about X being generated".[78] Alston geht daher genauer davon aus, „X's appearing to S" sei „necessary and sufficient for S's perceiving X", aber das sei durchaus vereinbar damit, „that some kind of causal relation of X to S's experience might be a necessary condition of X's being what is appearing to S in that experience".[79]

Im Hinblick auf die Möglichkeit einer Gotteswahrnehmung heißt das: „there is no reason to think it impossible that God, if He exists, does causally contribute to the occurrence of mystical experiences. Quite the contrary. If God exists and things are as supposed by classical theism, God causally contributes to every occurrence. That follows just from the fact that nothing would exist without the creative an sustaining activity of God."[80] Dann aber ist auch nicht ausgeschlossen, „that at least some of these experiences occur only because God intentionally presents Himself to the subjects' awareness as so-and-so."[81] Damit rekapituliert Alston auf seine Weise die klassische Unterscheidung einer allgemeinen und besonderen Gegenwart Gottes. Auf der einen Seite wirkt Gott in, mit und unter allem mit, was wir wahrnehmen, ohne dass wir ihn als Gott wahrnehmen (Gott der Schöpfer). Auf der anderen Seite wirkt Gott (der Geist) in Bestimmtem (Jesus Christus) so, dass wir ihn als Wirkenden wahrnehmen (Gott als Erlöser), nämlich als den, der sich uns hier als Gott identifiziert und erkennbar macht, indem er hier seinen Willen uns gegenüber erschließt.

---

[77] Ebd.
[78] AaO. 58.
[79] AaO. 59.
[80] AaO. 64.
[81] Ebd.

Man muss freilich nicht alles, was im Kausalprozess der Wahrnehmung eine konstitutive Rolle spielt, auch wahrnehmen. Gott „would have to make the right kind of causal contribution. But what is the right kind?"[82] Hier liegt die Schwierigkeit. Diese Art und Weise lässt sich nicht allgemein spezifizieren, sondern hängt an der Art der Wahrnehmung und der Art des Wahrgenommenen. Und das heißt: Es müssen zuerst *konkrete Wahrnehmungen Gottes vorliegen*, ehe wir versuchen können, die Frage seiner kausalen Bezogenheit zu klären: „We will have a chance of determining how God has to be causally related to an experiene in order to be perceived therein only if we can first determine in a number of cases that God is being perceived."[83] Diese Reihenfolge ist unumkehrbar.

Dabei kann sich dann allerdings auch zeigen, dass es nicht hinreicht, nur so von Gottes Aktivität zu reden, wie er in der Schöpfung überhaupt am Werk ist. Wenn Gott in allem am Werk ist, auch wenn wir es nicht bemerken,[84] weil wir dazu weder willens noch in der Lage sind (Sünde), dann werden wir auf Gottes Gegenwart und Wirken nur aufmerksam, wenn diese Situation der Unwilligkeit und Unfähigkeit des Wahrnehmens von Gottes Gegenwart von Gott selbst geändert wird. Und das verlangt, noch in anderem Sinn als bisher von Gottes Wahrnehmung zu reden.

c) Doxastische Praxis

Bislang wurde nur die *Möglichkeit* einer nichtsinnlichen Wahrnehmung Gottes erläutert. Darüber hinaus ist aber zu fragen, inwiefern die Berufung auf eine solche Wahrnehmung rational ist und argumentative Überzeugungskraft besitzt. Um das zu klären, entwickelt Alston die These, dass solche Berufung auf Wahrnehmung dann als rationales Argument gilt, wenn sie im Rahmen einer wohlbestimmten und etablierten *doxastischen Praxis* stattfindet. Was das ist, erläutert er durch folgende Bestimmungen:

---

[82] Ebd.

[83] AaO. 65.

[84] Vgl. BAILLIE, *Knowledge of God*.

„A doxastic practice can be thought of as a system or constellation of dispositions or habits [...] each of which yields a belief as output that is related in a certain way to an ‚input'."[85] Besteht der Input etwa in bestimmten Sinneseindrücke, dann ist der Output die Glaubensansicht (belief) ‚Das ist ein Tisch'. Oder etwas genauer gesagt, wenn gilt ‚S nimmt x als F wahr', dann besagt das, ‚X erscheint als F für S', und das resultiert in der Glaubensansicht ‚x ist F'. Insofern ist eine doxastische Praxis ein Standardverfahren zur Bildung und Bewertung von wahrnehmungsbegründetem Glauben.

Dabei kommen normalerweise zwei Arten von Mechanismen zum Tragen, die Alston „generational" und „transformational practices" nennt. „Generational practices produce beliefs from nondoxastic inputs".[86] Sie sind eine Quelle neuer Informationen. Die beiden zentralen Verfahren dieser Informationsgenerierung sind *Wahrnehmung und Kommunikation*. „Transformational practices yield belief outputs from belief inputs"[87], sie verarbeiten also Informationen, die durch die erstgenannten Praktiken erworben werden, und das gilt für allem für die *Reflexion*. Wahrnehmung und Kommunikation sind unsere Zugangsweisen zu einem bestimmten Bereich der Wirklichkeit, und zwar erschließt sich uns in sinnlicher Wahrnehmung unsere physische und soziale Umgebung, in der Introspektion unsere Bewusstseinszustände, und in der Wahrnehmung Gottes unser Bezogensein auf Gott.

Eine doxastische Praxis umfasst also nicht nur einen faktischen Mechanismus zum Erwerb von Glaubensansichten (beliefs), sondern auch je bestimmte Beurteilungsverfahren (assessment procedures). „The principle says that when a belief of type B is formed on the basis of an input of type I, that belief is thereby (prima facie) justified."[88] Das heißt, eine doxastische Praxis hat zwei grundlegende Komponenten, nämlich eine Komponente, um *beliefs* zu

[85] ALSTON, *Perceiving God,* 153.
[86] AaO. 157.
[87] Ebd.
[88] AaO. 158.

erwerben (Wahrnehmung und/oder Kommunikation), und eine Komponente, um *beliefs* zu *überprüfen* (Reflexion). Dazu gehört die Fähigkeit zu entscheiden, ob ein *belief* aufgrund seiner Genese haltbar oder fragwürdig ist, und die Fähigkeit zu entscheiden, ob in einem bestimmten Fall ein prima facie durch Wahrnehmung begründeter *belief* es faktisch doch nicht ist. Das wiederum erfordert ein entsprechendes *Hintergrundwissen* über den in Frage stehenden Sachbereich, und ein Wissen um *Verfahren*, wirklich haltbare von nur scheinbar haltbaren Wahrnehmungs-*beliefs* zu unterscheiden. Um etwa entscheiden zu können, ob eine Aussage von S ‚Ich habe vor der Tür einen Löwen gesehen' durch den Rekurs auf S's Wahrnehmung begründet ist, müssen wir wissen, wie wahrscheinlich es ist, dass Löwen auf den Fluren der Universität herumschleichen, wie in diesem Fall weitere Nachprüfungen vorzunehmen wären, wie wir entscheiden können, ob S zu normaler Wahrnehmung in der Lage und fähig ist usf. Jede doxastische Praxis schließt also ein Prüf- und Korrektursystem ein, auf das in Zweifelsfällen zurückgegriffen werden kann, um prima facie begründete Glaubensansichten zu testen. Das heißt nicht, dass ein Wahrnehmungs-Glaube erst begründet ist, wenn er getestet wurde und für haltbar befunden wurde: Er ist es bis zum Erweis des Gegenteils. Das heißt, es müssen gewichtige Gegengründe vorliegen, wenn ein Wahrnehmungs-Glaube problematisiert werden soll. Dazu gehört auch, dass diese Gegengründe im in Frage stehenden Fall wahrscheinlicher sind als das, was sie problematisieren, und das führt leicht zu einem argumentativen Regress.

Zu beachten ist bei all dem, dass unsere doxastischen Praktiken nicht separat, sondern *im Zusammenhang* operieren: Reflexionsverfahren sind auf Wahrnehmungsverfahren angewiesen. Unsere Wahrnehmungspraxis involviert Erinnerungsleistungen und Schlussfolgerungen im Hintergrundsystem. Jede konkrete Wahrnehmung ist nicht nur durch das Wahrgenommene verursacht, sondern auch durch das schon früher Wahrgenommene, Gedachte, Erinnerte usf. ‚gefärbt'. Das verweist nicht nur auf die Prozesse, in denen wir immer schon stehen, wenn wir wahrnehmen, sondern auch auf die irreduzierbare Vielfalt doxastischer Praktiken, die wir ausüben. Wir setzen nicht nur immer schon Vorliegendes fort, wir agieren auch nie nur in einem, sondern in verschiedenen doxastischen Praxiszusammenhängen.

Zu einer Vereinheitlichung kommt es nicht, weil eine bestimmte Praxis und ihre Verfahren für alle anderen maßgeblich wären, sondern allenfalls auf einer Meta-Erklärungs-Ebene: „whether the basis of the belief is sense experience, introspection, memory, or inference, that basis is justifying only because the truth of the belief is the best explanation for its ground“[89]: Die Wahrheit von ‚Es regnet‘ ist die beste Erklärung für den Glauben, dass es regnet, die Wahrheit von ‚Gott existiert‘ ist die beste Erklärung für den Glauben, dass Gott existiert usf. Das aber belegt nicht, wie Alston mit Wittgenstein und Reid betont, dass eine bestimmte doxastische Praxis (etwa die Sinneswahrnehmung) dadurch besser begründet oder fundamentaler verankert wäre. „Ultimate diversity is a fact of our epistemic life“.[90]

Allerdings ist es wichtig, dass wir unsere doxastischen Praktiken im Zusammenhang einer Lebensform lernen, in die wir hineinwachsen, wie im Anschluss an Wittgenstein betont wird. Wer die entsprechende Lebensform nicht lebt, wird auch deren doxastische Praktiken nicht lernen. Diese sind auch grundsätzlich soziale Praktiken, keine Privatverfahren. Sie gründen in einer gemeinsamen Lebensform und werden auch nie nur allein, sondern gemeinsam ausgeübt. Doxastische Praktiken sind auch nicht unveränderlich, sondern plastisch. Wenn wir Genaueres über (Sinnes-)Wahrnehmung lernen, wenn sich unser Hintergrundsystem verändert usf., dann ändern sich auch unsere Überzeugungen dessen, was ‚wohlerworben‘ und ‚gut begründet‘ ist, dann halten wir z. B. magische Praktiken oder Eingeweideschau nicht mehr für probate Mittel, über die Gültigkeit von bestimmten Ansichten oder Erwartungen zu entscheiden.

---

[89] AaO. 162.
[90] AaO. 163.

Nicht alle doxastischen Praktiken sind prima facie als verlässlich und selbstverständlich begründet akzeptiert, sondern nur diejenigen, die *in einer Gemeinschaft aufgrund von Erfahrung Geltung* haben: Die Praxis, die vermutete Entwicklung des Aktienkurses an der Entwicklung der Schulnoten seiner Kinder zu orientieren, hat nicht denselben Status wie die Praxis, Wettervorhersagen auf die Daten von Wetterstationen und entsprechende Modellrechnungen zu gründen. Ähnliches gilt für Kaffeesatzlesen, Eingeweideschau und Astrologie. Ihre Prognosen sind so vage oder trivial, dass sie in keinen bemerkbaren Gegensatz zur wahrgenommen Wirklichkeit treten können – oder sie treten zu häufig in Gegensatz zur faktischen Entwicklung und Wahrnehmung, um weiterhin ernst genommen zu werden. Aber natürlich kann man in jedem konkreten Fall die Praxis beibehalten und die dagegen sprechende Wahrnehmung problematisieren. Kurz und als Prinzip formuliert: „a belief is prima facie justified [...] provided it stems from a socially established doxastic practice that is not discredited by the total output of such practices."[91]

d) Die Wahrnehmung Gottes

Wendet man nun all das auf den uns beschäftigenden Fall der Frage nach der Möglichkeit einer Wahrnehmung Gottes an, dann ist damit die Wahrnehmung gemeint, die zu „beliefs about perceivable features and activities of God" führt.[92] Diese Gotteswahrnehmung hat den Charakter einer doxastischen Praxis, wenn und insofern sie die folgenden Züge aufweist:

a. Man wächst in sie hinein lange ehe man sie sich reflektierend aneignet: Sie wird *sozial vermittelt und gelernt.*

b. Die doxastische Praxis der Wahrnehmung Gottes ist *Teil einer umfassenderen Lebensform.* „One does not learn to perceive God as a detached observer. One learns to pray to God, to worship God, hear and respond to His voice, ask God for forgiveness, and see

[91] AaO. 182.
[92] AaO. 186.

one's life and the environing world in the light of its creation, sustenance, providential ordering by God."[93]

c. Sie ist nicht isoliert, sondern *hängt mit anderen Wahrnehmungs- und Erfahrungsverfahren zusammen*, also mit sinnlicher Wahrnehmung, Denken, Erinnern, Schlussfolgern etc.

d. Sie *verändert sich* analog zur Veränderung anderer doxastischer Praktiken, reagiert also auf Erfahrungen.

e. Sie ist nicht voraussetzungsfrei, sondern geht von bestimmten Konstellationen aus, ohne die es sie nicht gäbe. So setzt sie etwa die Existenz Gottes voraus, oder die Genese des Glaubens als Wirken Gottes, oder die Bildung einer Gemeinschaft, die diese Praktiken entwickelt etc.

f. Sie involviert (a) Verfahren zum *Erwerb von Glaubensansichten über Gott* und (b) Verfahren zur Beurteilung der Resultate dieser Erwerbspraxis. Zu den Erwerbsverfahren gehört zentral der *Glaube*: Nur durch Glauben kann Gott wahrgenommen werden. Zu den Beurteilungsverfahren dagegen gehören der Rekurs auf Gottes Wort, auf Gottes Selbstoffenbarung und auf Einsichten und Erkenntnis der natürlichen Theologie, die zusammen mit unserem sonst erworbenen religiösen und nichtreligiösen Wissen das Hintergrundwissen der Wahrnehmung Gottes darstellen. Im engeren Sinn wird dieses greifbar im Lehrsystem einer Religion: Die christliche Praxis der Wahrnehmung Gottes „takes the Bible, the ecumenical councils of the undevided church, Christian experience through the ages, Christian thought, and more generally the Christian tradition as normative sources of its overrider system."[94]

Kurz, die christliche Praxis der Wahrnehmung Gottes hat alle Züge einer doxastischen Praxis: Es ist deshalb rational, sich an ihr zu beteiligen, „since it is a socially established doxastic practice that is not demonstrably unreliable or otherwise disqualified for rational acceptance."[95] Und das wiederum heißt, so lautet Alstons

---

[93] AaO. 187.
[94] AaO. 193.
[95] AaO. 194.

Resultat, dass wir berechtigt sind, unsern Glauben an Gott und die daraus gewonnen Ansichten über Gott (beliefs) mit Verweis auf die Wahrnehmung Gottes zu begründen.

e) Kritische Rückfragen

Dieses Resultat versucht Alston gegen eine Reihe sich aufdrängender Einwände zu verteidigen.

1. *Während Sinneswahrnehmung von jedermann praktiziert wird, gilt das nicht für die Praxis der Wahrnehmung Gottes.* Das ist für Alston kein stichhaltiger Einwand. Auch andere doxastische Praktiken wie logisches Schlussfolgern, Mathematik, theoretische Physik usf. würden nicht von allen praktiziert, sondern nur von denen, die sie gelernt hätten. Das gilt auch für Wahrnehmungsverfahren: Nur der Kenner könne Weinsorten und -lagen nach Geschmack unterscheiden. Nur weniger könnten die Textur einer Symphonie analytisch hören usf. Die christliche Praxis der Wahrnehmung Gottes offeriere zudem selbst eine Erklärung für die Beschränkung: Ohne eine gewisse Art der Weltabwendung gäbe es keine Gotteswahrnehmung (‚Man muss werden wie ein Kind …'). Im übrigen sei es „*epistemic imperialism*, unwarrantly taking the standards of one doastic practice as normative for all."[96] ‚Universal distribution' aber sei ein solcher von der Sinneswahrnehmung unberechtigt generalisierter Standard, der nicht ohne weiteres für alle doxastischen Praktiken gelte.

2. *Es gibt gar keine organisierte doxastische Praxis der Wahrnehmung Gottes.* Alston widerspricht dem mit dem Hinweis, eine solche gebe es nicht nur, wenn ihre Regeln *bewusst* sind und explizit praktiziert werden, wie die grammatische Struktur der Sprache zeigt. In der christlichen Tradition seien im übrigen immer wieder Kriterien formuliert worden, anhand derer „the genuine presence of God can be recognized."[97] Dazu zählten *moralische Kriterien* wie Bescheidenheit vs. Übertreibung, Friedfertigkeit vs. Streit-

[96] AaO. 199.
[97] AaO. 201.

lust, Vertrauen vs. Verzweiflung, Geduld vs. Ungeduld, Einfachheit und Aufrichtigkeit vs. Unaufrichtigkeit, Liebe vs. Eifer(sucht) etc., aber auch *Traditionskriterien* wie die Übereinstimmung mit dem Überkommenen. Dass es solche Kriteriensysteme gibt, lässt sich kaum bestreiten, damit aber auch eine Praxis der Beurteilung und Unterscheidung haltbarer von unhaltbaren Ansprüchen der Wahrnehmung Gottes. Dass jedes dieser Kriteriensysteme seinerseits auf gemachten Erfahrungen beruht, die nicht so sein müssen, aber so sind und waren und die, wenn sie nicht mehr so sind, zur Änderung des Kriteriensystems führen, ist kein Gegeneinwand, sondern genau die Pointe von Kriterien: Sie sind sozial geronnene Erfahrungen.

3. *Die Praxis der Wahrnehmung Gottes ist keine echte Quelle neuer Informationen*, weil dabei gar nichts Reales wahrgenommen, also *nichts* wahrgenommen werde. Doch es ist eine bloße Behauptung zu sagen, in der Wahrnehmung Gottes werde nur das in andere Erfahrung ‚hineingelesen', was man an einschlägigen Glaubensansichten schon hat. Und insofern ist es für sich genommen kein überzeugender Einwand.

4. *Es gibt erhebliche Unterschiede zwischen der Wahrnehmung Gottes und der Sinneswahrnehmung.* Sinneswahrnehmung sei „continuously, insistently, and unavoidably present during all or wakening hours"[98], die Wahrnehmung Gottes dagegen sei „except for a few souls, [...] a rare phenomenon."[99] Sinneswahrnehmung liefere uns eine Unmenge trivialer, unwichtiger Informationen, die Wahrnehmung Gottes dagegen liefere uns nur wichtige Informationen. Sofern für Wahrnehmung generell gilt, dass „its basic function is to give us information that we need for the conduct of life"[100], zeige die Differenz zwischen Sinneswahrnehmung und der Wahrnehmung Gottes nur, dass Lebensführung in diesen beiden Hinsichten vor unterschiedliche Anforderungen stellt. Während

[98] AaO. 207f.
[99] AaO. 208.
[100] AaO. 209.

uns die Vielfalt des Trivialen bei der Sinneswahrnehmung zum *Aussortieren* des Wichtigen nötige, gehe es bei der Wahrnehmung Gottes darum, die seltene Einsicht zu *identifizieren und zu registrieren*, d.h. sie nicht zu übersehen.

5. *Die Wahrnehmung Gottes kenne keine „Checks and Tests of Particular Perceptual Beliefs"*.[101] Das, so Alston, stimme nicht. Christen nehmen keineswegs jeden Anspruch einer Gotteswahrnehmung kritik- und kriterienlos hin. Sie diskutieren und prüfen ihn, und sie diskutieren und prüfen die Kriterien dafür in der theologischen Reflexion. Richtig sei allenfalls, dass es kein Verfahren zur Prüfung eines bestimmten Anspruchs einer Gotteswahrnehmung gebe, das nicht auf schon gemachte Wahrnehmung Gottes rekurrierte und insofern ‚zirkulär' ist. Aber genau diese Zirkularität gelte auch für die Sinneswahrnehmung und jede andere doxastische Praxis. In der Praxis der Sinneswahrnehmung gebe es Tests, weil sich Situationen herstellen ließen, in denen ein Phänomen gegeben oder nicht gegeben bzw. mehr oder weniger wahrscheinlich gegeben sei. Im Fall der Wahrnehmung Gottes gehe das nicht, denn „God is always present everywhere, if present anywhere."[102] Tests in der Praxis der Gotteswahrnehmung seien daher anderer Art. Man hält sich an interne Kritierien der Glaubensgemeinschaft. Dazu gehört zentral: „it is God Himself who determines the time and place, and even whether it will occur in this life."[103] Wir können also der Natur der Sache nach in diesem Fall keine Experimente durchführen. Zentral sei vielmehr die Übereinstimmung einer bestimmten Behauptung mit dem überkommen Glauben, und das sei keine apriorische Norm, sondern selbst Resultat der Erfahrung und Einsicht der christlichen Glaubensgemeinschaft. Auch hier zeige sich wieder, dass es ein bloßes Vorurteil ist, eine Glaubensansicht sei nur dann wahrheitsfähig oder ‚objektiv', wenn sie sich durch Sinneswahrnehmung bestätigen oder widerlegen lasse.

---

[101] Ebd.
[102] AaO. 213.
[103] AaO. 219.

8. Wahrnehmung der Gegenwart Gottes

In der Diskussion um Alstons Überlegungen sind viele gewichtige Einwände und Gegeneinwände vorgetragen worden.[104] Doch wie immer man sich zu seinen Überlegungen stellen mag, sie haben – zusammen mit den Versuchen von Plantinga und Wolterstorff – auf erwägenswerte Weise das Dogma der Moderne in Frage gestellt, dass Wahrnehmung immer und ausschließlich sinnliche Wahrnehmung sei und dass deshalb das Gottesproblem nicht in Bezug auf Wahrnehmung und Erfahrung, sondern allein in Bezug auf das Denken oder die Vernunft vernünftig erörtert werden könne. Das hat stets dazu geführt, religiösen Glauben den Standards einer nicht religiösen, sondern säkularen Vernunft und einer empirischen Erfahrung zu unterwerfen.

Demgegenüber wird von Alston darauf aufmerksam gemacht, dass es auch anders sein *könnte* – nicht mehr, aber auch nicht weniger. Der Dualismus von sinnlicher Wahrnehmung (empirischer Erfahrung) und Denken (Reflexion, Verstand, Vernunft) versteht sich nicht von selbst und ist keine unbefragbare Gegebenheit. Er ist selbst Produkt des Denkens einer bestimmten historischen Epoche, ihrer Fragestellungen und ihrer Versuche, bestimmte Probleme zu lösen, die sich mit der Entstehung der frühneuzeitlichen Wissenschaften und ihrer mathematischen und empirischen Methoden stellten. Insofern ist er eine übervereinfachende Strukturierung eines bestimmten Problemfelds, um Fragen präziser formulieren und bessere Antworten finden zu können. Aber was für die Physik oder Biologie gute Dienste leistet, muss deshalb so nicht auch für die Musik, Ethik oder Religion brauchbar sein. Der Dualismus von sinnlicher Wahrnehmung und Denken ist keine Grundunterscheidung, die sich so immer und überall findet, für

[104] Vgl. CHR. JÄGER, Religious Experience and Epistemic Justification: Alston on the Reliability of ‚Mystical Perception', in: C. U. Moulines/ K.-G. Niebergall (Hg.), *Argument und Analyse*, Paderborn 2002, 403–423, sowie die Arbeiten von A. PLANTINGA und N. WOLTERSTORFF.

alles und jedes relevant ist oder alle Bereiche unseres Lebens in gleicher Weise strukturiert.[105]

Wird man auf den problembereichsbezogenen Konstruktcharakter dieser Unterscheidung aber erst einmal aufmerksam, dann ist in jedem Fall zunächst zu prüfen, ob auf sie zu rekurrieren für die anstehende Fragestellung angebracht ist oder nicht. Alstons Verdienst ist es, das im Blick auf religiösen Glauben in Erinnerung gebracht zu haben. Religiöser Glaube ist nicht durch sinnliche Wahrnehmungen anderer Lebensbereiche als plausibel zu erweisen, sondern es ist nach den Wahrnehmungen zu fragen, die er erhellt und die ihn einsichtig und mitvollziehbar machen. Andernfalls sucht man Gott und Gottes Gegenwart mit Mitteln, mit denen sie sich nicht finden lassen, so dass man sich nicht wundern braucht, wenn man sie nicht findet. Nicht der Glaube ist an der Erfahrung der Welt zu bewähren, sondern man muss den Glauben als die *experientia* begreifen, in der es zur Wahrnehmung Gottes *sub contrario* und damit zu einer neuen Selbst- und Welterfahrung kommt, in der sich an konkreten Erfahrungen im Leben mehr erschließt, als diese von sich aus zeigen. Das Leben wird vieldeutig, weil man nicht nur erlebt, wie man lebt, sondern darin die Gegenwart dessen wahrnimmt, dem sich das Leben (dass wir leben) und sein Erleben (dass wir erleben, wie wir leben) verdanken. In diesem Sinn ist der Glaube nicht eine Erfahrung neben und unter anderen, sondern diejenige Wahrnehmungsweise, die in, mit und unter dem, was im Leben geschieht, erfahren und verstanden wird, die Gegenwart Gottes wahrnimmt, dem sich das Leben und alles Erleben und Erfahren verdankt. Dieser Glaube ist als Wahrnehmung der Gegenwart Gottes keine Wirkung der Erfahrungen, anhand derer diese Gegenwart wahrgenommen wird, sondern als Werk Gottes sui generis und kein Fall von etwas anderem oder Allgemeinerem. Man darf den Glauben nicht zum religiösen Glauben

---

[105] Vgl. etwa die Arbeiten von H. ZENDER, *Die Sinne denken. Texte zur Musik 1975–2003*, Wiesbaden ^{2}2018; ders., *Denken hören – Hören denken. Musik als eine Grunderfahrung des Lebens*, Freiburg 2016.

verharmlosen, also zu einer Art von Glauben neben anderen Arten des Glaubens im Vollzug unseres Lebens in der Welt machen, wenn man ihn als Schlüssel zum Verständnis Gottes begreifen will. Damit verspielt man seine unverwechselbare Eigentümlichkeit und macht ihn zu einem besonderen – eben religiösen – Fall einer allgemeinen Struktur von Glauben und Erfahren.[106]

Denkt man auf dieser Spur weiter, dann ist allerdings auch zu fragen, ob denn nicht alle der Wahrnehmung fähigen Wesen Gottes Gegenwart wahrnehmen können? Nehmen sie diese nicht unablässig wahr, weil sie als Geschöpfe nur leben, weil und insofern sie eben das tun? Der Unterschied zwischen Menschen und anderen Lebewesen würde dann nicht darin bestehen, dass nur wir Gottes Gegenwart wahrnehmen können, die anderen aber nicht, sondern darin, dass wir unter allen Lebewesen als einzige in der Lage sind, wahrzunehmen, dass und was wir wahrnehmen, uns unserer Wahrnehmungen also bewußt zu werden, und dass wir genau dann wahrnehmen, dass wir Gottes Gegenwart wahrnehmen, wenn und insofern Gott uns dafür die Augen öffnet. Das ist genauer zu entfalten.

Grundsätzlich können wir nur wahrnehmen, was in unserem Wahrnehmungsfeld einen Unterschied setzt, also *für uns eine Differenz markiert.* Nicht alles, was für uns eine Differenz markiert, wird von uns aber auch jederzeit, ohne Hilfsmittel und von allen in der gleichen Weise wahrgenommen. Das gilt auch im Blick auf die Wahrnehmung der Gegenwart Gottes. Manche Differenzen können von uns im Prinzip nicht wahrgenommen werden, weil sie keine Differenz *für uns* markieren (etwa die Differenz zwischen Schöpfer und Schöpfung). Andere Differenzen könnten von uns im Prinzip wahrgenommen werden, sie werden es aber

---

[106] Das kennzeichnet alle Versuche in der Tradition des Pragmati(zi)smus, die religiöse Erfahrung als eine besonderen Fall von Erfahrung (experience) und religiösen Glauben als einen besonderen Fall des Glaubens (belief) zu verstehen suchen. Vgl. M. JUNG, *Erfahrung und Religion. Grundzüge einer hermeneutisch-pragmatischen Religionsphilosophie*, Freiburg im Breisgau 1999; ders., *Gewöhnliche Erfahrung*, Tübingen 2014.

faktisch nicht (etwa die Differenz zwischen Geschöpfsein und Sündersein). Wieder andere können im Denken, aber nicht im Wahrnehmen erkannt und festgestellt werden (dass Gottes Liebe unendlich und nicht endlich ist). Und manche Differenzen im Zusammenhang der Gotteswahrnehmung werden von den einen, aber nicht von anderen wahrgenommen (Mystik). Kurz, wenn es Gotteswahrnehmung überhaupt gibt, dann gibt es sie in vielen verschiedenen Gestalten und Abstufungen, nicht nur auf eine Weise und deshalb auch nicht nur entweder ganz oder gar nicht.

Das wird in zwei theologischen Lehrstücken in besonderer Weise bedacht. Die Lehre von Sünde betont, dass wir Gottes Gegenwart und ihre Wirkungen in unserem Leben im Prinzip wahrnehmen *könnten*, es aber faktisch aus eigener Schuld nicht tun: Wir sind unwillig oder unfähig dazu, und zwar aufgrund unserer faktischen Lebensweise, nicht aufgrund der Tatsache, dass wir endliche Geschöpfe sind. Und die Lehre vom Menschen als *imago dei* führt aus, dass wir *Gottes Ebenbild* sind nicht durch irgendeine Analogie oder Ähnlichkeit (aufrechter Gang, Vernunft, Weltbeherrschung o.ä.), sondern darin, dass wir als einzige Wesen – soweit wir wissen – wahrnehmen können, dass wir Gottes Gegenwart wahrnehmen, eben deshalb aber auch auf sie reagieren, Gott also *als Gott verehren* und zum ihm in eine persönliches Verhältnis treten *können.*

Die Folge ist, dass wir zwar einerseits nicht sein können, ohne Gottes Gegenwart wahr- und in Anspruch zu nehmen, Gott uns aber nicht zwingt, wahrzunehmen, dass wir seine Gegenwart wahrnehmen. Es ist die Pointe personaler Verhältnisse, dass kein Partner den anderen kausal manipulieren kann (sonst degradiert er ihn oder sie zu einer Sache). Personale Beziehungen hängen stets von beiden Partnern ab, und zwar sowohl im Blick auf die Zuwendung zu Anderen wie im Blick auf die dafür notwendige Distanz von Anderen. Dazu gehört fundamental, dass man sich aus personalen Beziehungen auch stets heraushalten kann: Niemand *muss* in bestimmten Beziehungen leben, auch wenn niemand ohne personale Bezogenheit menschlich zu leben vermag. Das gilt auch für das Gottesverhältnis. Gott kann uns nicht in ein personales Verhältnis mit ihm oder zu ihm manipulieren, ohne das Verhältnis unmöglich zu machen, auf das allein es hier ankommt. Gott kann nicht die Entscheidung für uns treffen, die allein wir treffen können. Er kann sie nur ermöglichen, nahelegen, sich uns so vergegenwärtigen, dass wir erkennen und wahrnehmen können, dass er in ein personales Verhältnis zu uns getreten ist – und wir deshalb wirklichkeitswidrig leben, wenn wir das ignorieren.

9. Sich in der Gegenwart Gottes wahrnehmen

Was aber nimmt man wahr, wenn man wahrnimmt, dass man in Gottes Gegenwart wahrnimmt? Nicht Gott an sich oder als solchen, sondern stets die *Art und Weise, wie man sich* – positiv oder negativ, dankbar oder desinteressiert, durch Aufmerksamkeit oder durch Ausblenden – *darauf bezieht, dass und wie Gott sich auf einen bezieht*, wie man sich also dazu verhält, dass und wie Gott die Einzigartigkeit seiner Gegenwart für seine Geschöpfe partikularisiert und erschließt, indem er sich ihren jeweiligen Möglichkeiten und Fähigkeiten akkommodiert. Das heißt, man nimmt nicht Gott wahr, sondern *sich selbst in Gottes Gegenwart*, man nimmt auch nicht Gottes Gegenwart als solche wahr, sondern *dass und wie man in Gottes Gegenwart lebt*. Nicht Gottes Gegenwart setzt eine wahrnehmbare Differenz im Wahrnehmungsfeld einer Situation, sondern wie Menschen sich auf sie beziehen oder nicht beziehen. Das jeweilige Leben ist das Medium und der Resonanzboden, in dem und durch das Gott seine Gegenwart für die Menschen wahrnehmbar macht und zur Wirkung bringt. Man nimmt wahr, dass man das wahrnimmt, indem man sein eigenes Leben in seiner Bestimmtheit *coram deo* als den Ort wahrnimmt, an dem Gottes Liebe am Werk ist. Und weil das nur möglich und keine Selbsttäuschung ist, wenn Gott tatsächlich so am Werk ist, gehört zu dieser Wahrnehmung die Einsicht, dass Gottes Liebe im

Leben seiner Geschöpfe auch dann am Werk ist, wenn diese das nicht wahrnehmen oder sich nicht dafür interessieren.

Das ist kein Plädoyer für religiösen Subjektivismus oder menschlichen Speziezismus. Indem Menschen wahrnehmen, dass Gottes Liebe ihrer Gegenwart gegenwärtig ist, nehmen sie auch alles, was mit ihnen zusammen da ist, als etwas wahr, was in Gottes Gegenwart lebt („Ich glaube, dass *mich* Gott geschaffen hat *samt aller Kreatur*"). Gottes Gegenwart ist allumfassend, weil Gott nicht nur bestimmten Gegenwarten gegenwärtig ist, sondern *jeder* Gegenwart und damit *allem, was jeweils gegenwärtig ist.* Das ist kein leeres Wort. Gott wäre nicht Gott, wenn er nicht *semper ubique actuosus* wäre. Seine Gegenwart ist kreativ, einflussreich und wirksam. Von Gottes Liebe, Güte, Freiheit und Gerechtigkeit könnte nicht gesprochen werden, wenn sie nicht aktiv vollzogen würden. Es gibt Liebe nur, wo tatsächlich geliebt wird. Es gibt Güte nur, wo sie praktiziert wird. Es gibt Freiheit nur, wo sie auch gelebt wird. Es gibt Gerechtigkeit nur, wo sie verwirklicht wird. Wer sich selbst in Gottes Gegenwart wahrnimmt, wird auf Gottes Wirken im eigenen Leben aufmerksam und beteiligt sich aktiv sowohl an dem, was Gott dort aufbaut, als auch an dem, was Gott dort abbaut. Gott wahrzunehmen heißt, an dem mitzuwirken, was Gott im menschlichen Leben wirkt (Rilke), im Überwinden des Bösen und Üblen und im Bewirken des Guten, Wahren und Rechten.

Dass Menschen Gottes Gegenwart *als* Gottes Gegenwart wahrnehmen können, heißt nicht, dass Gott nur dem menschlichen *apex mentis* gegenwärtig wäre, wie die neuplatonisch-augustinische Geist-Tradition zuweilen missverstanden wird. Weil Gott allem Gegenwärtigen gegenwärtig ist, ist er allem Gegenwärtigen auch auf allen Ebenen gegenwärtig, auf denen man seiner Gegenwart gegenwärtig sein kann. Und weil Gott nicht gegenwärtig sein kann, ohne auch wahrgenommen werden zu können, und nicht wahrgenommen werden kann, ohne in der einen oder anderen Weise auch wahrgenommen zu werden, wird Gottes Gegenwart nicht nur dort wahrgenommen, wo das bewusst geschieht, sondern wie bei den Leibnizschen Perzeptionen auf allen Ebenen des Daseins. Die Wahrnehmung von Gottes Gegenwart hat daher nicht nur eine Gestalt, sondern viele verschiedene Formen. Es ist nicht immer nur die alles umstürzende Durchbrechungserfahrung, die mystische Vereinigungserfahrung oder die Erfahrung des *fascinosum* und *tremendum*, von der religionsphänomenologisch gesprochen wird. Aber es ist stets eine Erfahrung, in die man selbst einbezogen ist, in der man also nicht nur eine Veränderung seiner Umwelt registriert, sondern die einen selbst verändert. Menschen nehmen wahr, dass sie wahrnehmen, und sie können sich darüber klar werden, wie sie wahrnehmen.

Sich selbst in der Gegenwart Gottes zu erleben und wahrzunehmen, oder das eben nicht zu tun, ist daher etwas, was in vielen verschiedenen Deutlichkeitsgraden vorkommen kann. Man nimmt Gott anhand der unerwarteten Möglichkeiten und unwahrscheinlichen Wirklichkeitsverläufe im Leben wahr, die sich seiner Gegenwart verdanken. Oder man tut das nicht. Beides sind Weisen, auf Gottes Selbstvergegenwärtigung zu reagieren, ohne die nichts da wäre und niemand leben könnte. Beides setzt voraus, dass Gott sich ins Verhältnis zu den Menschen gesetzt hat, ehe diese das ignorieren oder wahrnehmen können. Aber wir können seine Gegenwart nicht an ihr selbst, sondern nur an ihren Resonanzen in unserem Leben ablesen. Deshalb gründen sowohl unsere Vorstellungen und Konzeptualisierungen der Gegenwart Gottes (positive Theologie) als auch ihrer Bestreitungen und Verleugnungen (negative Theologie) auf der Wahrnehmung dessen, *wie wir uns selbst* in der Welt vorfinden oder wie wir *die Welt*, in der wir uns vorfinden, wahrnehmen. Denn wie wir uns selbst und unsere Welt nicht verstehen können, ohne von unserer Wirklichkeit auszugehen und deren Möglichkeit zu erkunden, so können wir auch Gott nicht verstehen, ohne von der stets vorgängigen Wirklichkeit von Gottes Gegenwart auszugehen, der wir uns verdanken und die wir an jedem Punkt in Rechnung stellen müssen. Niemals denken wir Gott, wo wir Gott nur als Möglichkeit denken, und niemals erfassen wir Gottes Gegenwart, wo wir sie nicht als vorausgehende

Wirklichkeit wahrnehmen. Der Weg des Denkens geht im Fall Gottes immer von dessen Wirklichkeit zu seiner Möglichkeit und nicht umgekehrt, und er geht deshalb auch im Fall der Gegenwart Gottes von der Wahrnehmung dieser Gegenwart aus und nicht vom hypothetischen Entwurf ihrer Möglichkeit.[107]

Die verschiedenen Weisen, Gottes Gegenwart in den verschiedenen Religionen zu symbolisieren, lassen sich von hier aus verstehen und entschlüsseln. Sie werden missverstanden, wenn man sie als Datenbasis für Schlussfolgerungen im Blick auf Gott zu gebrauchen sucht oder eine (einige) von ihnen anderen gegenüber als die profundere oder bessere Wahrnehmungsweise zu privilegieren versucht. Sie belegen vielmehr, dass Gottes Gegenwart mannigfach wahrgenommen wird, auch wo das bestritten wird. Beides geschieht stets in konkreten Lebenskontexten und oft traditionell geprägten Formen, ohne dass die so wahrgenommene Gottesgegenwart mit einer von diesen Wahrnehmungsformen zusammenfallen würde oder die Leugnung der Gegenwart Gottes ein Beleg dafür wäre, dass es sie nicht gäbe. Im Gegenteil, auch ihre Leugnung belegt ihre Wirklichkeit, weil man sie nicht bestreiten kann, ohne sie in Anspruch zu nehmen. An diesem Punkt unterscheidet sich die christliche Wahrnehmung der Wirklichkeit und Gegenwart Gottes nicht von anderen. Ihre Besonderheit besteht nicht darin, dass *nur hier* Gott wahrgenommen wird, sondern dass Gott hier *so* wahrgenommen wird, wie er überall im Leben und im Tod am Werk ist, nämlich *als Liebe*. Weil seine Gegenwart hier so wahrgenommen wird, kann sie überall, wo

---

[107] Das ist der Grundeinwand gegen jeden Theismus, der meint, zuerst müsse die Möglichkeit eines Gottesgedankens erwiesen werden, ehe man nach der Wirklichkeit eines so gedachten Gottes fragen kann. Wer nicht von vornherein Wirkliches als Mögliches denkt, denkt nicht Gott, auch wenn er Mögliches denkt. Deshalb ist das Denken Gottes kein freies Spiel der Möglichkeiten, sondern ans Wahrnehmen der Wirklichkeit zu koppeln, ohne die man weder denken noch wahrnehmen könnte. Nicht wenn man die semantische Kohärenz und logische Konsistenz eines Gottesgedankens erweist, sondern wenn man wahrnimmt, was der Fall sein muss, damit man etwas wahrnehmen kann, ist man auf dem Weg zum Denken Gottes.

sie wahrgenommen wird, so wahrgenommen werden. Und weil es keine Gegenwart gibt, die nicht von Gottes Gegenwart zehrt, können auch die Leugnung und Bestreitung Gottes die Gegenwart seiner Liebe nicht verdunkeln, ohne die sie nicht möglich wären.

Als Wahrnehmung des Wahrnehmens oder Nichtwahrnehmens von Gottes Gegenwart hat die Wahrnehmung Gottes nicht nur viele Formen, sondern auch viele unterschiedliche Grade: *Was* Menschen von und als Gottes Gegenwart wahrnehmen, variiert ebenso sehr wie das, *wie* sie Gottes Gegenwart wahrnehmen bzw. nicht wahrnehmen. Auf der basalen Ebene des *Gefühls* (*feeling* im Sinne Hartshornes oder Whiteheads) wird alles Lebende von Gottes Gegenwart affiziert, ohne sie bewusst wahrzunehmen; aber diese gefühlsmäßige Wahrnehmung wirkt sich auch dann im Leben aus, wenn man sie nicht bewusst registriert. Auf einer komplexeren Ebene wird Gottes Gegenwart so wahrgenommen, dass daraus Emotionen, Wünsche, Bedürfnisse und unbewusste Glaubensansichten und -zustände resultieren, die das Leben und Handeln von Menschen beeinflussen. Man könnte das Gottes unbewusstes Wirken im Leben der Menschen nennen. Man kann sich dessen, was man fühlt und empfindet, mehr oder weniger bewusst werden in religiösem Erleben und diesem in Symbol und Ritual Ausdruck geben. Man kann im Rahmen und mit den Mitteln der doxastischen Praktiken einer Religion seine Fähigkeit zur Darstellung und zum Ausdruck dieser Wahrnehmungen steigern, also lernen, wie das, was man (unbewusst oder bewusst) wahrnimmt, besser ausgedrückt, dargestellt und kommuniziert werden kann. Und schließlich kann man seine Denk- und Reflexionsfähigkeiten dazu einsetzen, das religiös Wahrgenommene, Dargestellte und Kommunizierte klarer zu begreifen und die Einheit in der Vielfalt der Wahrnehmungen von Gottes Gegenwart herauszuarbeiten.

Wahrnehmung von Gottes Gegenwart gibt es daher auf den Ebenen des Gefühls, des Erlebens, der bewussten Wahrnehmung und des Denkens – und insofern sich das als Stufenfolge menschlichen bewussten Lebens verstehen lässt, wird dadurch auch die Wahrnehmung von Gottes Gegenwart immer klarer und von anderen Wahrnehmungen, Erlebnissen und Erfahrungen unterschieden. Je bewusster die Wahrnehmungen von Gottes Gegenwart werden, desto stärker unterliegen sie der Grundregel all unserer bewussten Operationen: dass sie jederzeit abgebrochen und unterlassen werden können. Niemand *muss* Gottes Gegenwart bewusst wahrnehmen oder im Denken erfassen. Aber daraus folgt nicht, dass Gott deshalb nicht gegenwärtig oder wirksam wäre, ja nicht einmal, dass wir seine Gegenwart nicht irgendwie wahrnehmen würden. Es sagt nur etwas aus über unsere Wahrnehmungswilligkeit und Wahrnehmungsfähigkeit im Blick auf das, was wir wahrnehmen. Wir könnten anders leben, auch wenn wir es nicht tun.

Von der Wahrnehmung oder Nicht-Wahrnehmung von Gottes Gegenwart muss daher sehr differenziert gesprochen werden: Vielleicht nehmen wir sie nicht bewusst wahr; oder wir nehmen etwas wahr, ohne es als Gott thematisieren zu können; oder wir können es als Gott thematisieren, ohne zu wissen und sicher zu sein, was wir damit genau sagen und meinen, was also Gott als Gott auszeichnet; oder wir nehmen nicht nur Gottes Gegenwart wahr, sondern nehmen diese so wahr, dass wir Gottes wahres Wesen wahrnehmen, also das, wie er Gott für uns sein will.

In jedem Fall gilt, dass man Gottes Gegenwart nur *vermittelt durch die Wahrnehmung des eigenen Lebens in der Gegenwart Gottes wahrnimmt* – und dass deshalb die Darstellungen und Ausdrucksformen der Gottesgegenwart durch die partikularen Momente und kontextuellen Bedingtheiten des konkreten Lebens geprägt sind, das sich so wahrnimmt. Man nimmt wahr, wer und was Gott wirklich ist, indem man sich und seine Umgebung als etwas wahrnimmt, das sich Gottes Gegenwart verdankt, von ihm also geschaffen und gewollt ist. Und man nimmt wahr, was Gott in Wahrheit ist, indem man die Menschen unter allem Geschaffenen als die wahrnimmt, denen Gott in Jesus Christus und durch seinen Geist sein wahres Wesen als Liebe erschlossen hat, so dass sie in einer wechselseitigen Beziehung der Liebe zu Gott und untereinander zu leben vermögen, und zwar zu *allen* Menschen, weil Gott sich zu ihnen wie zu einem selbst als Liebe verhält.

Deshalb gibt es keine *cognitio dei* ohne eine entsprechende *cognitio hominis* und umgekehrt, und keine *cognitio hominis* ohne eine korrespondierende *cognitio mundi*, in der Menschen zum Ausdruck bringen, wie sie ihr Leben in ihrer Welt *coram deo* leben und erleben. Gottes Gegenwart wahrnehmen heißt, sich selbst und seine Welt in Gottes Gegenwart wahrnehmen, und zwar so, wie man durch sie und in ihr in seinem Dasein, Sosein und Wahrsein bestimmt wird. Das sind keine nur theoretischen Einsichten. Wo man sich so wahrnimmt, bleibt das nicht ohne praktische Folgen. Denn man kann sich so nicht wahrnehmen, ohne an dem mitzuwirken, was Gott wirkt. Und was das heißt, zeigt sich zuerst und vor allem daran, wie man selbst in der Orientierung an Gottes Gegenwart lebt.

Schluss

Die Untersuchung hat sich von Meister Eckharts Ansage der Gottesgegenwart aus der Analyse der Gegenwart zugewandt und ist am Ende von der Analyse der Gegenwart wieder zur Gottesgegenwart zurückgekehrt. Von beidem ist jetzt anders die Rede als zu Beginn. Wir haben im ersten Teil der Untersuchung gesehen, dass Gegenwart kein Begriff der Zeitstruktur oder Zeitmessung ist, sondern ein Begriff unserer zeitlichen Orientierung in den Zeitstrukturen der nach *früher als*, *gleichzeitig mit* und *später als* geordneten Ereigniswelt. Gegenwart ist keine physikalische, sondern eine lebensweltliche Größe, nichts, was sich empirisch erforschen ließe, sondern etwas, was sich nur lebensweltlich-existenziell vollziehen und erhellen lässt: *Gegenwart*, *Vergangenheit* und *Zukunft* sind keine Attribute oder deskriptiven Bestimmungen von Ereignissen, sondern die temporalen Grundunterscheidungen unserer orientierenden Bezugnahme auf die Ketten von Ereignissen von unserer Position in diesen Ereignisketten aus. Anders als *hier* und *jetzt* markiert Gegenwart nicht einfach unseren Ort in der Zeit, sondern zeigt an, wie wir uns auf die uns zugänglichen Ereignisketten von unserer Lokalisierung in diesen Ketten aus zeitlich beziehen, indem wir zwischen *Gegenwart*, *Vergangenheit* und *Zukunft* unterscheiden. Und weil wir uns in der Folge der Ereignisse immer wieder neu lokalisieren und unsere orientierende Bezugnahme auf die Ereigniskette neu justieren müssen, verändert sich auch das, was wir jeweils vergangen, gegenwärtig oder zukünftig nennen.

Anders als die zeitlichen Ordnungsstrukturen der Ereignisreihen, die, wenn sie eingetreten sind, immer gelten, sind die temporalen Orientierungsunterscheidungen *Vergangenheit, Gegenwart* und *Zukunft* von jeder Position aus anders zu entwerfen.

Niemand lebt immer nur an einer Stelle in den Ereignisreihen, niemand lebt an seiner Stelle in exakt derselben Gegenwart wie ein anderer, niemand hat eine identische Vergangenheit mit anderen oder dieselbe Zukunft wie andere. Immer gibt es zwischen uns und anderen nur relative Nähen und Fernen, Übereinstimmungen und Differenzen, Überlappungen und Unterschiede in unserer jeweiligen zeitlichen Orientierung im Leben, obgleich wir alle in denselben Ketten von Ereignissen existieren und leben. Wir leben stets in einer konkreten Gegenwart, die wir mit keinem anderen exakt teilen und von der aus wir jeweils zwischen dem *für uns* Vergangenen, Gegenwärtigen und Zukünftigen unterscheiden. Gegenwart singularisiert. Sie macht uns in der Zeit in striktem Sinn zu Einzelnen, gerade weil sie zu einem System temporaler Orientierungsunterscheidungen gehört, die wir alle verwenden, um konkret handeln zu können.

An diesem Punkt kommt Gottes Gegenwart ins Spiel. Es gibt keine Lokalisierung in der Zeitreihe der Ereignisse und damit keine konkrete Gegenwart ohne sie, aber zugleich ist sie von jeder derartigen Gegenwart unterschieden. Sie ist nicht nur die konkrete Lokalisierung eines anderen in der Zeitreihe: Das würde Gott nicht von uns unterscheiden und ihn zu einer temporal veränderlichen Größe machen. Der Unterschied zwischen Gottes Gegenwart und unserer jeweiligen Gegenwart ist auch nicht vergleichbar mit dem Unterschied zwischen den Ereignisreihen des Früher, Gleichzeitig und Später und unseren Unterscheidungen zwischen Vergangenem, Gegenwärtigem und Zukünftigem von innerhalb dieser Ereignisreihen. Gott ist kein Ereignis in der Kette der Ereignisse, und er ist auch nicht die Totalität dieser Ereignisse und Ereignisketten (sonst wäre er ein Moment der Welt bzw. identisch mit der Welt). Gottes Gegenwart ist aber auch nicht identisch mit unserer Gegenwart (sonst wäre Gott lokalisiert in der Ereigniswelt und nur relativ verschieden von uns). Aber Gott ist nicht nur relativ, sondern absolut anders als wir. Er ist kein Geschöpf, sondern der Schöpfer, der es möglich macht, dass es in seiner Schöpfung sowohl die Ereigniswelt mit ihren Zeitstrukturen gibt als auch die lokalisierende Gegenwart in dieser Ereigniswelt, ohne die ein menschliches Leben und Handeln nicht möglich wäre.

Das erste tut er, indem er Möglichkeiten schafft, die nicht alle kompossibel sind, also nicht alle zugleich wirklich sein können, so dass Ereignisreihen aus dem Nacheinander der Aktualisierung unvereinbarer Möglichkeiten entstehen. Und das andere tut er, indem er es möglich macht, dass in diesen Ereignisketten und durch deren rekursive Komplexitätssteigerungen bewusstes Leben entsteht, das sich nicht nur temporal zu seinen Ereignisstrukturen ins Verhältnis setzen kann, indem es Vergangenes, Gegenwärtiges und Zukünftiges unterscheidet, sondern das auch nach den Bedingungen der Möglichkeit der Ereignisketten und der zeitlichen Orientierung in diesen Ereignisketten fragen kann.

Damit schafft Gott selbst die Bedingungen dafür, dass seine Gegenwart in der Schöpfung als das in den Blick kommen kann, ohne das es keine Möglichkeiten, keine Aktualisierungen von Möglichkeiten (wirkliche Ereignisse) und keine aktuelle Zeitorientierung in diesen Ereignisreihen geben könnte. Gott ist weder in den Ereignisreihen zu finden, die sich wissenschaftlich erforschen lassen, noch in den zeitlichen Orientierungen menschlichen Lebens in diesen Ereignisreihen, weil er von beidem verschieden ist. Er ist kein wissenschaftlich erforschbarer Sachverhalt und kein lebensweltlich beschreibbares Phänomen. Beides gibt es nur in der Schöpfung, aber Gott gehört nicht zur Schöpfung, sondern ist ihr Schöpfer.

Auch seine Gegenwart ist deshalb die des Schöpfers, nicht die eines Geschöpfs. Gott gehört nicht zu den Ereignisreihen, die seine Schöpfung kontingent konkretisieren. Er gehört auch nicht zu denen, die sich wie wir zu diesen Ereignisreihen von unserer Lokalisierung in ihnen aus in zeitliche Beziehung setzten können. Es gibt keine Gegenwart ohne ihn, aber keine Gegenwart, die es für uns Geschöpfe gibt, ist mit seiner Gegenwart identisch. Gott ist kein Gegenwärtiges unter Gegenwärtigem in unserer Gegenwart, sondern der, ohne den es keine andere Gegenwart als seine eigene gäbe. Gott ist nicht nur anders als alles andere, sondern alles andere ist nur, weil Gott es möglich macht.

Diese asymmetrische Differenz ist entscheidend. Sie ermöglicht es Gott, seinen Gegenwartsbezug zu uns zu gestalten, so oder anders gegenwärtig zu sein, seine Gegenwart zu erschließen oder zu verbergen, sich als Gott zu vergegenwärtigen oder nicht. Gott ist ein Gott der Gegenwart, weil er sich so auf seine Geschöpfe bezieht, wie sie in ihrer jeweiligen Gegenwart sind und ihren Schöpfer nötig haben. Ihm verdanken sie ihr Dasein: Ohne ihn wären sie nicht da. Ihm verdanken sie die Möglichkeiten ihres Soseins: Ohne die Möglichkeiten, die Gott ihnen zuspielt, könnten sie nicht so leben, wie sie es tun. Und ihm verdanken sie ihr Wahrsein: Würde Gott ihre Interessen nicht zu seinen machen und sich dort für sie einsetzen, wo sie nicht wirken können oder wollen, würden sie die entscheidenden Chancen ihres Lebens verfehlen, unter ihren Möglichkeiten leben und nicht das werden, was sie als Gottes Geschöpfe sein könnten und sollten: Nächste Gottes unter Gottes Nächsten.

Bibliographie

Adelung, J. Chr.: *Versuch eines grammatisch-kritischen Wörterbuchs*, Bd. 2, Leipzig 1755.

Affolter, F.: *Wahrnehmung, Wirklichkeit und Sprache,* Villingen-Schwenningen [10]2007.

Alston, W. P.: *Perceiving God: The Epistemology of Religious Experience,* Ithaca/London 1991.

–: Knowledge of God, in: M. Hester (Hg.), *Faith, Reason, and Skepticism,* Philadelphia 1992, 6–49.

–: Response to Greco, in: *Perspectives on the Philosophy of William P. Alston,* hg. v. H. D. Battaly/M. P. Lynch, Lanham/Boulder/New York/Toronto/Oxford 2005, 111–120.

Anselm von Canterbury: *Proslogion, Opera omnia,* hg. v. Franciscus Salesius Schmitt. Seckau u. a. 1938–1961, ergänzter Neudruck Stuttgart/Bad Cannstatt 1984, Bd. 1, 89–139.

Aristoteles: *Physica,* hg. v. W. D. Ross, Oxford 1973.

–: *Metaphysica,* hg. v. W. Jaeger, Oxford 1957.

Augustinus: *De Trinitate* (lateinisch: https://bkv.unifr.ch/works/7/versions/694/divisions) (deutsch: https://bkv.unifr.ch/works/7/versions/17/divisions/106023).

Ayres, A. J./J. Robbins: *Bausteine der kindlichen Entwicklung. Die Bedeutung der Integration der Sinne für die Entwicklung des Kindes,* Berlin 1998.

Baillie, J.: *The Sense of the Presence of God,* New York 1962.

Beilby, J.: Plantinga's Model of Warranted Christian Belief, in: D.-P. Baker (Hg.), *Alvin Plantinga,* Cambridge 2007, 125–165.

Bergson, H.: *Essai sur les données immédiates de la conscience* (1889) (deutsch: *Zeit und Freiheit,* Frankfurt am Main 1989).

–: *Matière et mémoire* (1896) (deutsch: *Materie und Gedächtnis: Essays zur Beziehung zwischen Körper und Geist,* Jena 1908).

Bernstein, D.: *Essentials of Psychology,* Wadsworth [5]2011.

Blumenberg, H.: *Zu den Sachen und zurück*. Aus dem Nachlaß hg. v. M. Sommer, Frankfurt am Main 2002.

Böhmer, O. A.: Der Gegenwartist, in: Ders., *Schopenhauer oder die Erfindung der Altersweisheit*, München 2010, 100–106.

Boethius: *Anicii Manlii Severini Boethii Philosophiae Consolatio*, hg. v. Ludwig Bieler, Brepols [2]1984, *Corpus Christianorum. Series Latina*. Band 94.

Brentano, F.: *Philosophische Untersuchungen zu Raum, Zeit und Kontinuum*, aus dem Nachlaß hg. v. A. Kastil, Hamburg 1976.

Calvin, J.: *Institutio Christianae Religionis, Opera selecta*, hg. v. P. Barth/W. Niesel/D. Scheuner, 5 Bde., 1926–1936, Bd. 3–5, deutsch: J. Calvin, *Unterricht in der christlichen Religion*, übers. v. O. Weber, Neukirchen-Vluyn [3]1984.

Capetz, P.: *Christian Faith as Religion: A Study in the Theologies of Calvin and Schleiermacher*, Lanham 1998 (reprint, 2011).

Collingwood, R.: *An Essay of Metaphysics*, Oxford 1969.

Dalferth, I. U.: Gott und Zeit, in: D. Georgi u. a. (Hg.), *Religion und Gestaltung der Zeit*, Kampen 1994, 9–34.

–: *Die Wirklichkeit des Möglichen: Hermeneutische Religionsphilosophie*, Tübingen 2003.

–: *Becoming Present. An Inquiry into the Christian Sense of the Presence of God*, Leuven/Paris/Dudley 2006.

–: Von der Gleichzeitigkeit zur Gegenwart, in: R. Egloff/G. Folkers/M. Michel (Hg.), *Archäologie der Zukunft*, Zürich 2007, 53–65.

–: *Selbstlose Leidenschaften. Christlicher Glaube und menschliche Passionen*, Tübingen 2013.

–: *Radical Theology. An Essay on Faith and Theology in the Twenty-First Century*, Minneapolis, MN 2016.

–: Gotteserfahrung, in: *Gott neu vertrauen*, EKD Das Magazin zum Reformationsjubiläum 2017, Frankfurt am Main 2016, 23–25.

–: Gibt es eine wissenschaftliche Rede von Gott? In: M. Kleinert/H. Schulz (Hg.), *Natur, Religion, Wissenschaft. Beiträge zur Religionsphilosophie Hermann Deusers*, Tübingen 2017.

–: *Die Kunst des Verstehens. Grundzüge einer Hermeneutik der Kommunikation durch Texte*, Tübingen 2018.

–: Hier und Jetzt. Anwesenheit und Abwesenheit als Modi der Gegenwart Gottes, *Archivio Di Filosofia/Archives of Philosophy* LXXXVI 2: La Presenza (2018) 27–41.

–: *Sünde. Die Entdeckung der Menschlichkeit*, Leipzig 2020.

–: Gott der Gegenwart. Was Christen heute zu sagen haben, *Publik-Forum* 17 (2020) 28–33.

–: Fiktion und Negativität. Zur Rolle des Negativen im Fiktiven, in: M. Firchow/M. Moxter (Hg.), *Vernunft – Fiktion – Glaube*, Leipzig 2020, 29–53.

Dawkins, R.: *The God Delusion*, Boston/New York, 2006.

Dawes Hicks, G.: *Critical Realism. Studies in the Philosophy of Mind and Nature*, London 1938.

Derrida, J.: *Die Schrift und die Differenz*, Frankfurt am Main 1967.

–: *Die Stimme und das Phänomen*, Frankfurt am Main 1967.

–: *Grammatologie*, Frankfurt am Main 1974.

Dilthey, W.: *Der Aufbau der geschichtlichen Welt in den Geisteswissenschaften* (1927), *Gesammelte Schriften*, Bd. 7, Stuttgart/Göttingen [8]1992.

Dischner, G.: *Wandlung ins Unsichtbare. Rilkes Deuten der Dichterexistenz*, Berlin/Bodenheim 1999.

Dummett, M.: A Defense of McTaggart's Proof of the Unreality of Time, *Philosophical Review* 69 (1960) 497–504; deutsch: McTaggarts Beweis für die Irrealität der Zeit. Eine Verteidigung, in: Zimmerli/Sandbothe, *Klassiker der Modernen Zeitphilosophie*, 120–126.

Ebeling, G.: Fides occidit rationem, in: Ders., *Lutherstudien* III, Tübingen 1985, 181–222.

–: *Dogmatik des christlichen Glaubens* III, Tübingen 1979.

Meister Eckharts Traktate, hg. und übers. v. Josef Quint, Stuttgart 1963, Unveränderter Nachdruck 1987.

Feldman, R.: Plantinga on Exclusivism, *Faith and Philosophy* 20 (2003) 85–90.

Flasch, K. (1993): *Was ist Zeit?* Frankfurt am Main 1993.

Fülleborn, U./M. Engel (Hg.): *Materialien zu Rainer Maria Rilkes „Duineser Elegien"*, Bd. 1, Frankfurt am Main 1980.

Gasser, G./A. Kreiner/V. Weidner (Hg.): *Verborgenheit Gottes. Klassische und aktuelle Beiträge aus Theologie und Religionsphilosophie*, Stuttgart 2020.

Geach, P. (1969): *God and the Soul*, London 1969.

Graeser, A. (1993): Das hermeneutische ‚als'. Heidegger über Verstehen und Auslegung, *Zeitschrift für philosophische Forschung* 47 (1993) 559–572.

Greco, J.: Alston's Epistemology of Perception, in: *Perspectives on the Philosophy of William P. Alston*, hg. v. H. D. Battaly/M. P. Lynch, Lanham/Boulder/New York/Toronto/Oxford 2005, 95–110.

Gritschke, H.-K.: Abwesenheit, *HWPh 1* (1971) 70–72.

Gumbrecht, H. U.: *Diesseits der Hermeneutik. Die Produktion von Präsenz*, Frankfurt am Main 2004.

Günther, H./A. Ernst: *Wahrnehmungsauffällige Kinder in der Grundschule*, Stuttgart 1998.

Gutting, G.: *Religious Belief and Religious Scpeticism*, Notre Dame/Indianapolis 1982, 79–82.

Harris, J.: *Analytic Philosophy of Religion,* Dodrecht/Boston/London 2002.

Harris, S.: *The End of Faith: Religion, Terror, and the End of Reason*, London 2004.

Hasker, W.: Can eternity be saved? A comment on Stump and Rogers, *International Journal for Philosophy of Religion* 87 (2020) 137–148.

Heidegger, M.: *Sein und Zeit*, Tübingen [11]1967.

–: *Kant und das Problem der Metaphysik*, Frankfurt am Main [3]1965.

–: *Die Grundprobleme der Phänomenologie, GA* 24, Frankfurt am Main 1975.

–: *Holzwege, GA* 5, Frankfurt am Main [5]1975.

Held, K.: Nachwort des Übersetzers, in: L. Robberechts, *Edmund Husserl. Eine Einführung in seine Phänomenologie*, Hamburg 1967, 126–158.

Hendricks, P./K. Lougheed: Undermining the axiological solution to divine hiddenness, *International Journal for Philosophy of Religion* 86 (2019) 3–15.

Hennig, J.: Zur Stellung des Begriffs ‚gegenwärtig' in Religions- und Geistesgeschichte, *Zeitschrift für Religions- und Geistesgeschichte* 17 (1965) 193–206.

–: Gegenwart, *HWPh* 3, 136–138.

Henry, M.: *Radikale Lebensphänomenologie. Ausgewählte Beiträge zu Phänomenologie*, Freiburg 1992.

Herms, E.: *Offenbarung und Glaube*, Tübingen 1992.

Heyde, J. E.: Gegebenes, *HWPh* 3, 101–103.

Hick, J.: *Faith and Knowledge*, London 1966.

Hitchens, Chr.: *God Is Not Great: How Religion Poisons Everything*, London 2007.

Hoegen-Rohls, Chr.: *Der nachösterliche Johannes: Die Abschiedsreden als hermeneutischer Schlüssel zum vierten Evangelium*, Tübingen 1996.

Howard-Snyder, D./P. K. Moser: *Divine Hiddenness: New Essays,* New York 2002.

Howard-Snyder, D./A. Green: Hiddenness of God, *The Stanford Encyclopedia of Philosophy* (Winter 2016 Edition), Edward N. Zalta (Hg.), URL = https://plato.stanford.edu/archives/win2016/entries/divine-hiddenness/

Hübner, H.: *Biblische Theologie des NT*, Bd. 1, Göttingen 1990.

Husserl, E.: *Phantasie, Bildbewusstsein, Erinnerung. Zur Phänomenologie der Anschaulichen Vergegenwärtigungen.* Texte aus dem Nachlass (1898–1925), hg. v. E. Marbach, *Husserliana* XXIII, Berlin 2008.

–: *Vorlesungen zur Phänomenologie des inneren Zeitbewußtseins*, hg. v. M. Heidegger, *Jahrbuch für Philosophie und phänomenologische Forschung* X (1928) = *Husserliana* X: *Zur Phänomenologie des inneren Zeitbewußtseins* (1893–1917) hg. v. R. Boehm, Berlin 2008.

–: *Cartesianische Meditationen und Pariser Vorträge*, hg. v. S. Strasser, ²1978, *Husserliana* I, Nachdruck der 2., verb. Auflage. 1991, Berlin 2008.

–: *Zur Phänomenologie des inneren* Zeitbewusstseins, hg. v. R. Bernet, Hamburg 2013.

Jäger, Chr.: Religious Experience and Epistemic Justification: Alston on the Reliability of ‚Mystical Perception', in: C. U. Moulines/K.-G. Niebergall (Hg.), *Argument und Analyse*, Paderborn 2002, 403–423.

James, W: The Perception of Time, *Journal of Speculative Philosophy* XX (1886) 374–407; dtsch: Die Wahrnehmung der Zeit, in: Zimmerli/Sandbothe, *Klassiker der Modernen Zeitphilosophie*, 31–66.

Janicaud, D.: *Le tournant théologique de la phénoménologie française*, Paris 1991.

Janowski, B.: *Konfliktgespräche mit Gott. Eine Anthropologie der Psalmen*, Neukirchen-Vluyn 2003.

–: *Das hörende Herz. Beiträge zur Theologie und Anthropologie des Alten Testaments 6*, Göttingen 2018.

–: *Anthropologie des Alten Testaments. Grundfragen – Kontexte – Themenfelder*, Tübingen 2019.

Jeffner, A.: *Six Cartesian Meditations*, Kampen 1993.

Jüngel, E.: *Gott als Geheimnis der Welt. Zur Begründung der Theologie des Gekreuzigten im Streit zwischen Theismus und Atheismus*, Tübingen ⁷2001.

Jung, M.: *Erfahrung und Religion. Grundzüge einer hermeneutisch-pragmatischen Religionsphilosophie*, Freiburg im Breisgau 1999.

–: *Gewöhnliche Erfahrung*, Tübingen 2014.

Kaiser, O.: *Der Gott des Alten Testaments. Theologie des Alten Testaments,* Bd. 2, Göttingen 1998.
Kant, I.: *Träume eines Geistersehers, AA* 2, 315–374.
–: *Kritik der reinen Vernunft, AA* 3.
–: *Metaphysik der Sitten, AA* 6, 203–493.
Kellenberger, J.: *The Cognitivity of Religion. Three Perspectives*, Berkeley/Los Angeles 1985.
Kettl, S.: *Ist Gott wahrnehmbar? Willliam P. Alstons Epistemologie religiöser Erfahrung in „Perceiving God" und ihre Rezeption im religionsphilosophischen Diskurs,* Berlin 2006.
Kraay, K.J. (Hg.): *Does God matter? Essays on the axiological consequences of theism*, New York 2018.
Kraus, J.: *Wort und Begriff ‚Gegenwart' bei Goethe*, Diss. Berlin (Humb.) 1962.
Kühn, R.: Theologische Wende in der Phänomenologie? Zur Problematik der ‚absoluten Präsenz', *Theologische Revue* 89 (1993) 275–282.
Landsberg *P.L.: Die Erfahrung des Todes*, hg.v. E. Zwierlein, Berlin 2009.
Leppmann, W.: *Rilke. Leben und Werk*, Bern/München 1981.
Luhmann, N.: *Die Wissenschaft der Gesellschaft,* Frankfurt am Main 1990.
Luther, M.: *Galaterbriefvorlesung, WA* 40/1 (https://archive.org/details/werkekritischege40luthuoft)
–: *Großer Katechismus, BSLK*, 543–733.
–: *Disputatio Heidelbergae Habita* (1518), *Martin Luther. Lateinisch-Deutsche Studienausgabe,* Bd. 1: *Der Mensch vor Gott,* hg. W. Härle/M. Beyer, Leipzig 2006, 35–69.
Mallarmé, S.: *Ein Würfelwurf*, Übersetzt und erläutert von M.-L. Erlenmeyer, Olten und Freiburg o.J. (1966).
–: *Sämtliche Dichtungen*, München/Wien 1992.
–: *Gedichte*, übersetzt und kommentiert von G. Goebel unter Mitarbeit von F. Bünde und B. Rommel, Gerlingen 1993.
–: Crise de Vers/Vers-Krise, in: *Kritische Schriften*. Französisch und Deutsch, hg.v. G. Goebel/B. Rommel, Gerlingen 1998, 210–231.
Marcel, G.: *Geheimnis des Seins*, Wien 1952.
–: *Gegenwart und Unsterblichkeit*, Frankfurt am Main 1961/Paris 1959.
Marcel, G.: Reply to Gene Reeves, in: *The Philosophy of Gabriel Marcel*, ed. P.A. Schilpp/L.E. Hahn, La Salle 1984, 272–274.
Marion, J.-L.: *Givenness and Revelation*, Oxford 2016.

Markschies, Chr.: *Gottes Körper. Jüdische, christliche und pagane Gottesvorstellungen in der Antike*, München 2016.
Marx, B.: „Meine Welt beginnt bei den Dingen". Rainer Maria Rilke und die Erfahrung der Dinge (https://www.vormbaum.net/index.php/download-center/gedicht-des-monats/3051-rilke-und-die-erfahrung-der-dinge/file).
McTaggart, J. M. E.: The Unreality of Time, *Mind* 17 (1908) 457–474 (deutsch: Die Irrealität der Zeit, in: Zimmerli/Sandbothe, *Klassiker der Modernen Zeitphilosophie*, 67–86).
Meeker,K.: William Alston's Epistemology of Religious Experience: A ‚Reformed' Reformed Epistemology? *International Journal for Philosophy of Religion* 35 (1994) 89–110.
Melllor, D. H.: *Real Time*, Cambridge 1981.
–: *The Facts of Causation*, London 1995.
–: *Real Time* II, London/New York 1998.
–: Wahrmacher, in: I. U. Dalferth/Ph. Stoellger (Hg.), *Wahrheit in Perspektiven: Probleme einer offenen Konstellation*, Tübingen 2004, 103–118.
Merlau-Ponty, M.: *Le visible et l'invisible*, Paris 1964.
–: *Phänomenologie der Wahrnehmung*, Berlin 1976.
Müller, G. L.: Unsichtbarkeit, *LThK*³ 10 (2001) 431–432.
Nancy, J.-L.: *The Birth to Presence*, Stanford 1993.
Neidhart, L.: *Gott und Zeit*, Münster 2017.
Oepke, A.: παρουσία, πάρειμι, *ThWB* V, 856–869.
Oppermann, M.: *Der Augenblick*, Wien 2020.
Orth E. W. (Hg.): *Studien zur neueren französischen Phänomenologie. Ricoeur, Foucault, Derrida*, Freiburg 1986.
Passmore, J.: *100 Years of Philosophy*, London 1966.
Pattison, G.: *God and Being. An Enquiry*, Oxford 2011.
Peursen, C. A. van: *Phänomenologie und analytische Philosophie*, Stuttgart 1969.
Plantinga, A.: Is Belief in God Rational?, in: C. F. Delany (Hg.), *Rationality and Religious Belief*, Notre Dame/London 1979, 7–27.
–: Is Belief in God Properly Basic? *Nous* 15 (1981) 41–51.
–: Reason and Belief in God, in: A. Plantinga/N. Wolterstorff, *Faith and Rationality. Reason and Belief in God*, Notre Dame 1983, 16–93.
–: *Warrant: The Current Debate*, Oxford 1993.
–: *Warrant and Proper Function*, Oxford 1993.
–: *Warranted Christian Belief*, Oxford 2000.

–: *Knowledge and Christian Belief*, Grand Rapids, MI 2015.

Platon, *Phaidon*, Platonis Opera, hg. v. John Burnet, Oxford 1903 (http://www.perseus.tufts.edu/hopper/text?doc=Perseus%3atext%3a1999.01.0169%3atext%3dPhaedo).

Rilke, R. M.: *Geschichten vom lieben Gott*, Frankfurt am Main 1904.

–: Brief an Pfarrer Rudolf Emanuel Zimmerman vom 25. Januar 1921 (http://www.rilke.de/briefe/250121.htm).

–: *Verse und Prosa aus dem Nachlaß*, Leipzig 1929.

–: *Briefe in zwei Bänden*, hg. v. R. Sieber-Rilke/C. Sieber, besorgt durch K. Altheim. Zweiter Band: 1914 bis 1926, Wiesbaden 1950.

–: *Sämtliche Werke*, Bd. 1, Frankfurt am Main 1987.

–: *Sämtliche Werke*, Bd. 2, Frankfurt am Main 1987.

Rogers, K.: Foreknowledge, Freedom, and Vicious Circles: Anselm versus Open Theism, in: B. H. Arbour (Hg.), *Philosophical Arguments against Open Theism*, London 2019, 93–109.

Rosenzweig, F.: *Stern der Erlösung*, Frankfurt am Main [4]1993.

Royère, J.: Paul Cézanne – Erinnerungen, *Kunst und Künstler* X (1912) (https://digi.ub.uni-heidelberg.de/diglit/kk1912/0495).

Russell, B.: *The Analysis of Mind*, London 1921.

Scheler, M.: *Vom Ewigen im Menschen*, Leipzig 1921.

Schellenberg, J. L.: *Divine Hiddenness and Human Reason*, Ithaca, NY 2006.

–: Would a Loving God Hide from Anyone?, in: R. Solomon/D. McDermid (Hg.), *Introducing Philosophy for Canadians*, Oxford 2011, 165–166.

–: *The Hiddenness Argument: Philosophy's New Challenge to Belief in God*, New York 2015.

–: Divine Hiddenness: Part 1 (Recent Work on the Hiddenness Argument), *Philosophy Compass* 12 (2017) (https://doi.org/10.1111/phc3.12355).

–: Divine Hiddenness: Part 2 (Recent Enlargements of the Discussion), *Philosophy Compass* 12 (2017) (https://doi.org/10.1111/phc3.12413).

Schiller, F.: *Wallenstein* (http://gutenberg.spiegel.de/buch/wallenstein-3306/13).

Schleiermacher, F. D. E.: *Der christliche Glaube nach den Grundsätzen der evangelischen Kirche im Zusammenhange dargestellt.* Zweite Auflage (1830/31), *KGA* I/13,1.

Scholl, H.: *Erinnerung und Authentizität. Zur Zeitphilosophie bei Husserl, Bergson und Heidegger mit einem Exkurs über Proust*, Books on Demand 2015.

Schopenhauer, A.: *Senilia. Gedanken im Alter*, hg. v. F. Volpi/E. Ziegler, München ²2015.
Schwaetzer, H. /H. Stahl-Schwaetzer: *Aisthesis. Die Wahrnehmung des Menschen: Gottessinn, Menschensinn, Kunstsinn: Ein interdisziplinäres Symposion*, Regensburg 1999.
Sehrt, E.: *Notker-Glossarium. Ein althochdeutsch-lateinisches-neuhochdeutsches Wörterbuch zu Notkers des Deutschen Schriften*, Tübingen 1962.
Smart, J. J. C.: The River of Time, *Mind* LVIII (1949) 483–494.
Steiner, G.: *Von realer Gegenwart. Hat unser Sprechen Inhalt?* (1989), München/Wien 1990.
Stoellger, Ph.: *Metapher und Lebenswelt. Hans Blumenbergs Metaphorologie als Lebenswelthermeneutik und ihr religionsphänomenologischer Horizont*, Tübingen 2000.
Streubel, Th.: *Das Wesen der Zeit: Zeit und Bewusstsein bei Augustinus, Kant und Husserl*, Würzburg 2006.
Ströker, E./P. Janssen: *Phänomenologische Philosophie*, Freiburg 1989.
Teichmüller, G.: *Geschichte des Begriffs der Parusie*, Halle 1873.
Theunissen, M.: *Negative Theologie der Zeit*, Frankfurt am Main 1991.
Türcke, Chr.: *Vermittlung als Gott. Metaphysische Grillen und theologische Mucken didaktisierter Wissenschaft*, Lüneburg 1986.
Tugendhat, E.: *Vorlesungen zur Einführung in die sprachanalytische Philosophie*, Frankfurt am Main 1976.
Valéry, P.: *Cahiers*, Paris 1957–1961.
–: London-Bridge, *Oeuvres* 2, Paris 1960.
Vandergriff, K.: Re-evaluating the hiddenness argument from above, *International Journal for Philosophy of Religion* 85 (2019) 193–211.
Vigorito, J. V.: On Time in the Philosophy of Marcel, in: P. A. Schilpp (Hg.), *Philosophy of Gabriel Marcel*, Atlanta 1984, 391–417.
Vogt, F.: Symbole der Transzendenz bei Rilke, (Hausarbeit), Frankfurt am Main 1994.
Wais, K.: *Mallarmé, Dichtung-Weisheit-Haltung*, München ²1952.
Wagner, F.: *Was ist Religion? Studien zu ihrem Begriff und Thema in Geschichte und Gegenwart*, Gütersloh ²1991.
Wasmaier, M.: *Zwischen Pragmatismus und Realismus. Eine Analyse der Religionsphilosophie von William P. Alston*, Berlin/New York 2007.
Weber, O.: *Grundlagen der Dogmatik*, Bd. 2, Neukirchen-Vluyn ²1972.
Weidner, V.: *Examining Schellenberg's Hiddenness Argument*, Cham 2018.

–: Verborgenheit Gottes, in: K. Viertbauer/ G. Gasser (Hg.), *Handbuch Analytische Religionsphilosophie, Akteure – Diskurse – Perspektiven*, Berlin 2019, 245–254.

Wiertz, O. J.: Allgegenwart, (Außer-)Zeitlichkeit und Unveränderlichkeit, in: K. Viertbauer/G. Gasser (Hg.), *Handbuch Analytische Religionsphilosophie,* Stuttgart 2019, 159–174.

Wiesinger, Chr.: *Authentizität. Eine phänomenologische Annäherung an eine praktisch-theologische Herausforderung*, Tübingen 2019.

Wolff, Chr.: *Vernünftige Gedanken von den Kräften des menschlichen Verstandes*, Halle 1713.

Wolterstorff, N.: *Reason within the Bounds of Religion,* Grand Rapids, MI ^{2}1976.

–: *Thomas Reid and the Story of Epistemology,* New York 2001.

–: Can Belief in God be Rational if it has no Foundations?, in: A. Plantinga/N. Wolterstorff (Hg.), *Faith and Rationality. Reason and Belief in God*, Notre Dame 1983, 135–186.

Zagzebski, L. (Hg.): *Rational Faith: Catholic Responses to Reformed Epistemology*, Notre Dame 1993.

Zedler, J. H.: *Großes vollständiges Universal-Lexikon aller Wissenschafften und Künste, welche bishero durch menschlichen Verstand und Witz erfunden und verbessert worden*, Bd. 10, Halle/Leipzig 1735.

Zeillinger, P.: *Nachträgliches Denken. Skizze eines philosophisch-theologischen Aufbruchs im Ausgang von Jaques Derrida*, Münster/Hamburg/London 2002.

Zender, H.: *Die Sinne denken. Texte zur Musik 1975–2003,* Wiesbaden ^{2}2018.

–: *Denken hören – Hören denken. Musik als eine Grunderfahrung des Lebens*, Freiburg 2016.

Zimmerli, W. Ch./M. Sandbothe (Hg.): *Klassiker der Modernen Zeitphilosophie*, Darmstadt 1993.

Namensregister